企业智能化转型方法与实践

联想启示录

联想全球学习中心 著

U0336297

机械工业出版社

CHINA MACHINE PRESS

图书在版编目（CIP）数据

企业智能化转型方法与实践：联想启示录 / 联想全球学习中心著 . —北京：机械
工业出版社，2024.6
ISBN 978-7-111-75557-9

Ⅰ. ①企… Ⅱ. ①联… Ⅲ. ① IT 产业 – 企业管理 – 研究 – 中国 Ⅳ. ① F492

中国国家版本馆 CIP 数据核字（2024）第 071247 号

机械工业出版社（北京市百万庄大街 22 号 邮政编码 100037）
策划编辑：王 颖 责任编辑：王 颖
责任校对：郑 婕 张亚楠 责任印制：张 博
北京联兴盛业印刷股份有限公司印刷
2024 年 6 月第 1 版第 1 次印刷
170mm × 230mm · 21 印张 · 3 插页 · 248 千字
标准书号：ISBN 978-7-111-75557-9
定价：129.00 元

电话服务 网络服务
客服电话：010-88361066 机 工 官 网：www.cmpbook.com
 010-88379833 机 工 官 博：weibo.com/cmp1952
 010-68326294 金 书 网：www.golden-book.com
封底无防伪标均为盗版 机工教育服务网：www.cmpedu.com

纵观人类发展史，每一次生产力的跃进，几乎都伴随着核心技术的突破。当下，继蒸汽革命、电气革命、信息革命之后的第四次工业革命——数字化、智能化革命正在推动以人工智能技术驱动的新一轮生产力变革。在这个智能化新时代，企业只有正视生产力变革的大趋势，围绕新型生产力制定战略，实施智能化转型，才能更好地迎接未来，提升企业价值。

智能化转型可以助力企业提升的价值有：

运营价值，主要体现在通过智能化转型实现企业运营过程中的降本增效，驱动现有业务增长以及持续提升客户体验；战略价值，主要体现在创新业务模式、打造新增长引擎和建立韧性发展能力；行业和社会价值，主要体现在推动并赋能行业变革以及履行社会责任。

以联想集团为例，我们早在 2017 年就开始探索人工智能和数字化技术可能带来的战略契机。在深入调研和反复研讨之后，联想的智能化战略日益明确，转型路线图也逐渐清晰，并首先启动了自身的以数据智能为核心的智能化转型，利用自有技术，形成覆盖"研、产、供、销、服"全价值链的智能化技术架构及管理体系，从而更好地满足客户个性化、定制化的需求，实现企业的提质增效。

数字底座是企业智能化转型的"根基"。支撑高效的全价值链卓越运营，需要基于"端-边-云-网-智"的新IT⊖架构来建设企业的数字底座。联想高度重视并着力投资、建设了自己的数字底座，使之成为驱动联想自身智能化转型的核心引擎。与此同时，联想还通过自主研发，结合投资合作来布局前沿技术生态，进行未来技术的孵化和积累。围绕物联网、边缘计算、云计算、大数据、人工智能等智能核心技术展开技术研究和探索，为推进智能化转型夯实基础。

要成功落实智能化转型，在大力推动技术创新的同时，组织与战略的匹配同样重要。很多企业的智能化转型未能有效展开，究其原因是组织观念、组织结构没有同步跟上。为了保障战略执行，联想不遗余力地招募硬核技术人才、打造组织文化、以客户为中心调整组织架构，全方位提升整个组织引领智能变革的能力。这些举措，有效地支撑了联想的智能化转型。

2019 年，联想集团正式提出了围绕 Smart IoT（智能物联网）、Smart Infrastructure（智能基础架构）和 Smart Verticals & Services（行业智能及服务）的 3S 战略，立志做智能化变革的引领者和赋能者。随着 3S 战略的明确，联想的智能化转型得到深化，多元化增长引擎的马力日益强劲，全球运营效率进一步提升。在此基础上，我们把自身转型过程中积

⊖ Intelligent Transformation，智能化转型。

累的技术、经验和能力固化为解决方案与服务，开始为其他企业的转型赋能。目前，联想已经在汽车、3C、能源等众多行业为成百上千的企业客户提供了智能化解决方案，帮助他们提质增效，实现更精确的业务洞察和决策。

在实施智能化转型的过程中，联想经常接到来自客户的问询。他们对联想转型过程中的战略规划、业务流程重塑、数字底座建设以及组织调整都抱有巨大的兴趣。面对客户期待，联想以开放的态度分享自身在研发、生产、供应链、市场、销售、服务五个方面的实战经历，提炼出我们在转型实践中所积累的经验、方法和认知。如果能对众多处于智能化转型过程中，或者正在谋划智能化转型的企业有所助益，那是我们最乐于见到的。

面对新一轮人工智能技术所催化的新时代机遇，联想从未停止脚步，我们将继续加速打造混合式人工智能实力，加快建立人工智能原生的智能 IT 引擎，与时代同频，与客户共创，成就智能联想。

联想集团董事长兼 CEO 杨元庆

| 序二 |

面对经济下行、行业过剩的压力，不少企业希望转型，但对大中型企业来说，转型并不容易，进入一个完全不熟悉的行业风险更大。管理大师查尔斯·汉迪（Charles·Handy）的第二曲线为我们提供了一种跨越周期、转型升级的思想方法。事实证明，每个企业和组织都有着一个诞生、成长、成熟、衰退、死亡的生命周期。汉迪认为，如果企业能在衰退到来之前开启增长的第二曲线，就可以安全跨越周期。第一曲线的业务已经非常成熟，处在平台期，未来的趋势是减量发展，即便如此，在衰退期来临之前还是要持续地发挥出它的优势，并用基础业务的稳定效益去反哺第二曲线业务的投入与研发。其实，这也是企业对业务结构所进行的一种战略性调整。

企业要把跨越生命周期和转型升级当成重要的事情去提前布局谋划。对大多数企业而言，应在深耕、自身领域基础上，构建增长的第二曲线、第三曲线等，朝着高端化、智能化、绿色化、服务化的方向转型。尤其是被创新颠覆和被新产品替代的行业更需要果断转型。

第一，高端化。高端化是指加大结构调整和技术创新的力度，综合运用制造业服务化、产研结合、集成创新等模式，进一步延伸产业链和价值链，不断向产业链高端跃升，提升上下游产业链的整体价值。企业在战略上要做好协调和平衡，充分利用双循环机遇，巩固我国的全球制造中心地位；在战术上也要采取进退有度的策略，有效调整产品战略，利用智能化升级浪潮重塑产品和竞争优势。

第二，绿色化。绿水青山就是我们的金山银山，美好的环境是我们赖以生存的基础。为了应对气候变暖，我国提出在 2030 年前实现碳达峰，2060 年前实现碳中和，这就要求每个企业都要从自身做起，实行绿色生产，走绿色发展道路。对企业而言，现在只要顺势而为，在其中就可以找到很多发展机会。

第三，服务化。服务化是指推动制造业向高端延伸，增加服务要素在生产经营活动中的比重，由单纯提供产品和设备向提供全生命周期管理及系统解决方案转变，实现价值链和商业模式的重构。

第四，智能化。作为中国上市公司协会会长，我这几年调研了 200 多家上市公司，让我印象深刻的是企业数字化、智能化转型的速度竟如此之快。新一代人工智能技术赋能了一些新的应用场景，云计算、大数据、元宇宙、工业互联网、物联网等，支撑着产业数字化转型。智能化已经成为实现高端化、绿色化、服务化的基石。

当下，以人工智能为代表，算力、算法与数据融合的新质生产力，正在成为企业智能化的重要驱动力。新质生产力不仅改变了企业的生产方式，还重塑了企业的运营模式，帮助企业快速适应变化的市场环境，实现长期稳定的发展。企业需要全面引入新质生产力，这意味着企业不仅要在技术层面进行投入和升级，更要在管理理念、企业文化、人才培养等方面进行全面的改革和创新。只有这样，企业才能更好地实现智能化转型战略，实现可持续发展。

2017 年，联想就开始着手围绕"端–边–云–网–智"的新 IT 架构进行全栈布局，目前已形成 AI 内嵌的智能终端、AI 导向的基础设施、AI 原生的方案服务的业务布局。这些业务布局都经历了试错、迭代、优化、巩固的过程，在实施过程中积累了大量经验和方法。在"价值引导，体系化推进"这一理念下，联想充分结合对数百家企业的调研成果，以自身智能化转型实战为基础，开创性地提出了"智能化转型框架"。除此之外，联想还与中国信息通信研究院联合发布了智能化成熟度模型。该模型可以准确衡量企业的智能化成熟度水平，帮助企业更好地推动智能化转型战略的落地。

联想以价值实现为引导，以智能化转型战略、数字底座、智能业务运营、组织与文化变革等互为支撑的转型框架，推动了全价值链的智能化转型。这不仅为联想自身带来了巨大的价值，也为众多企业树立了一个典范。《企业智能化转型方法与实践：联想启示录》一书，详细记录了这一过程，为企业实施智能化转型提供了丰富的案例和深刻的洞见。该书重视实战化和体系化，有方法，有工具，有案例。我相信，通过阅读本书，读者将能更好地理解智能化转型的本质，从而更有效地实施智能化转型策略。

宋志平

中国上市公司协会会长

中国企业改革与发展研究会首席专家

人类社会发展的一个重要推动力是生产力，生产力越发达，社会文明程度就越高。众所周知，生产力发展的源泉是不断的创新，这其中既包括技术的创新，也包括管理的创新。在人类发展的历史长河中，我们看到许许多多的技术创新，从原始人发明的简单工具，到中国的四大发明，再到后来西方主导的历次工业革命。技术创新十分引人注目，这或许是因为其载体都是看得见、摸得着的，如蒸汽机、电气设备、计算机等。相比之下，我们对管理创新的关注度就要大打折扣了，因为它的呈现方式更多的是制度、方法，而这些通常都不是显性的，它们常常隐藏在人们的思维方式、决策过程中，或体现在组织中、流程的设计中。但即便如此，管理创新的重要性不容忽视。不同的企业，虽然处在同一个技术时代里，但因为企业管理方式的不同，而遭遇截然不同的命运。有的企业因为管理不善而濒临破产甚至销声匿迹，有的企业因为卓越的管理而反败为胜或从胜利走向更大的胜利。20世纪上半叶的通用汽车就是一个经典的例子。通用汽车在福特汽车的强有力竞争之下，举步维艰、濒临破产。那个时期的汽车市场已经发生了很大变化，人们购买汽车的目的已经不只是获得一个交通工具，而是夹杂着其他情感因素如追求某种内心世界的表达。换言之，汽车市场已细分多个不同市场，由此通用汽车领导层对其组织架构进行了变革，成立事业部制，使不同的事业部对应不同的汽车细分市场；另外，还进一步改革了管理制度，把政策的制定和政策的执行分离开来，前者放在集团总部，而后者则交给了各个事业部。以上改革拓宽了通用汽车的产品线，调动了积极性，更好地服务了客户需求。到20世纪中叶，通用汽车由此反败为胜，成为美国最大的汽车公司。由此可见，卓越管理对于一家企业而言是多么的重要。

那么，在数字技术、人工智能飞速发展的当下，我们的企业管理都在发生怎样的变化呢？去年，我带队走访调研了国内30家智能制造标杆企业，其中22家为灯塔工厂，也包括联想集团旗下的合肥联宝科技。整个调研过程历时10个月，跨越无锡、苏州、南京、青岛、潍坊、合肥、成都、长沙、广州、佛山、深圳、上海12座城市，覆盖装备制造、家电、汽车、快消品等行业领域。这次调研活动是上海交大安泰经济与管理学院践行"纵横交错、知行合一"战略的一个成果，其目的是通过学术研究与行业研究的交叉融合，促进理论与实践的紧密结合。这是商学院研究范式改革的一次大胆探索，而企业调研则是这项改革的核心。通过这次智能制造标杆企业的调研，我们深感中国制造业的深厚"家底"，这是改革开放几十年创造的奇迹。全球有一百六十多家灯塔工厂，超过三分之一在中国，既有跨国公司在中国的工厂，如博世、西门子、联合利华、宝洁、富士康等，也有中国本土企业的工厂，如美的、三一重工、潍柴动力、联宝科技、青岛啤酒等。我们注意到那些跨国公司在中国的企业，它们往往是集团公司在全球生产网络中的佼佼者，也因此常被邀请介绍其成功经验，这说明中国有十分有利于制造业发展的土壤。我们还发现许多管理的基础理念并没有发生变化，变的是这些理念的不断进步的实现手段。精益生产是企业数字化、智能化转型的基础，精益思想为转型指明了方向。管理的本质是发现问题、解决问题（这也是精益思想的核心）。在智能化转型的浪潮之下，企业发现问题的手段和解决问题的能力都有了很大的提高。例如，机器视觉的广泛应用，可让我们更加及时地发现问题，从而及时地解决问题；数字孪生和机器学习，可让我们更好地预见问题，做好设备的预测性维护，达到"治未病"。成功企业的经验表明，不管具体技术应用如何千变万化，关键是要坚持问题导向，企业不是为了转型而转型，而是为了更好地发现问题、解决问题。

管理是生产力，而智能化转型是企业大幅提升管理水平的一次大好机会，这也将成为第四次工业革命的一道亮丽的风景线。但是，转型不易，这里既有攻克新技术应用的技术难题，又有如何重构生态规则体系、重塑价值创造体系的战略难题。

基于自身的转型实践，联想全面系统地梳理了智能化转型过程中的经验和方法，编写了《企业智能化转型方法与实践：联想启示录》一书。该书犹如雪中送炭，为智能化转型中的企业提供了一部难得的实操宝典。书中不仅详细介绍了如何规划智能化转型战略、重塑业务流程，还深度解析了如何升级数字底座、再造组织文化。让我感触最深的是联想供应链的智能化转型。联想在 AI 刚开始兴起的时候，就开始探索 AI 技术与供应链的融合，尝试用智能技术重塑供应链全过程。至今，联想供应链依托智能技术，通过实时连接、数据共享、快速联动，实现了供应链的高度智能化。这使得供应链整体成本大幅下降，订单交付的准确率大幅提升，协同效率也变得极为高效。还有，联想利用智能技术，打造了全球绿色供应链管理平台，让联想供应链在 ESG 方面，走在了众多企业的前列。联想对制造的智能化升级同样卓有成效。凭借对智能制造的独特认知，结合"端－边－云－网－智"的新 IT 架构，联想总结形成了制造智能化的实践方法论——智能制造"十八般武艺"。这套方法论指导了联想全球各工厂的生产管理，实现了成本、质量和效率的有效平衡。

《企业智能化转型方法与实践：联想启示录》将成为智能化转型企业的必读之书，它就像智能化转型航程中的一座灯塔，指引、照耀、鼓舞着奋力前行的转型大军。不管企业目前处在哪个转型阶段，相信都能够从书中获得灵感，并把联想的深度思考和经验总结付诸于转型实践中，不断提高企业的管理水平，最终取得智能化转型的成功。知识就是力量，管理就是生产力！

陈方若

上海交通大学安泰经济与管理学院院长

上海交通大学行业研究院院长

正在加速进化的新 IT 技术，正在成为推动人类社会进步的重要力量。近几年，区块链、元宇宙、5G、AI 等技术不断创新并相互叠加，牵引着生产关系在底层嬗变重构。数据不再是业务发展过程中的附加品，而是成为重要的生产要素。数据驱动成为促使企业深度变革的重要引擎，以数字化、智能化为核心的企业智能化转型大幕已经全面拉开。

AI 技术的快速发展，给产业升级带来了无限可能。以大模型为基础的 ChatGPT 聊天机器人，点燃了人们对智能重返舞台中心的兴趣之火。其实 AI 技术早已在多个不同领域得到应用。比如，它在制造业的应用已经全面展开：在车间生产线上，智能机器人不仅能够自动完成装配，还能与人互动，在自我学习中实现性能的迭代优化和自我成长；在过程管控中，AI 技术可以对生产过程中的数据进行实时监控和分析，及时发现潜在的质量问题，从而降低不良品率；对于后端研发环节，设计师利用 AI 技术可以对历史产品数据与零部件型号进行挖掘和分析，获得有价值的创新思路，从而加速产品研发进程等。

AI 技术正在改变生产效率的定义。如何利用智能化新技术推动业务增长和创新，实现业务价值链的全面智能化升级，成为每一个企业都面临的全新课题。AI 技术在两个战略方向的可能性，格外引人注意。一方面是塑造企业核心竞争力。外部环境的不确定性和多变性，使企业的经营成本变高，对市场需求的响应变慢，对自身业务的创新能力变弱。为了更好地驱动业务增长、降本增效，企业需要通过智能化转型来重塑核心竞争力。另一方面则是变革业务。企业智能化转型有助于打造第二增长引擎，甚至加速行业变革。由此，如何通过系统工程来推动业务模式变革，是企业领导需要思考的重要命题。

联想集团（以下简称联想）在 21 世纪初以敢为人先的魄力和勇气，通过并购与整合实现了全球化布局，进而在计算机行业占据了全球领先的市场地位。在持续巩固引领地位的过程中，联想的企业信息化也迎来了蓬勃发展。联想的 IT 系统在这个阶段不断穿越火线，在高速奔跑中持续迭代，有效地支撑了集团全球化战略的落地实施。

联想全球化战略所取得的成就，离不开全球信息系统全面整合的"助攻"。实战出真知，这使得联想在信息化时代就已经普遍形成了"IT 即生产力，IT 即战略价值"的认知，这为全公司上下主动拥抱数字化技术和智能化革命，打造了极为有利的组织氛围。新 IT 技术作为成就战略价值的高级生产力，已经成为联想的一种共识与信念。

联想作为"双实企业"，积极应用新 IT 技术和数字技术，在智能化转型的道路上持续探索和实践。从 2017 年开始，联想就着手围绕"端-边-云-网-智"的新 IT 架构进行全栈布局，目前已形成了 AI 内嵌的智能终端、AI 导向的基础设施、AI 原生的方案服务三个业务板块（联想 3S 业务）的完整业务布局，并在每一个业务板块上均有着竞争优势突出的关键能力。

这些业务布局在大量的实践和方法论的基础上，都经历了试错、迭代、优化、巩固的过程。联想将这些实践和方法论总结为"智能化转型框架"，这个框架融合了联想的自身转型操作，也广泛汲取了业界已有的理论和相关研究成果。为了加强实战的效果，这个框架还吸收了战略及业务咨询服务机构、服务及解决方案提供商等多家机构的想法。整个过程中，联想的智能化转型框架与技术路线图，也得到了很多企业的采用，并取得了很好的成效。

在"智能，为每一个可能"（Smarter technology for all）以及"联想智慧中国"的使命和愿景的推动之下，联想决心将这个框架以图书方式进行呈现。本书结合了联想的自身转型实践，总结了转型经验，提炼了转型方法论，并且进行了系统的结构化，尽量使其具有普适的意义。

同样，联想也意识到，新 IT 技术的发展和创新速度非常快，与新技术引入相比，企业转型中更重要的是关注技术与业务的融合。联想将智能化转型的实践历程总结成书，以期给企业和读者以启发。联想的智能化转型是个复杂的体系化工程，我们很难将转型历程全部呈现，也只能在保证还原历史真实性的情况下，对转型的历程进行重点介绍。

全书共 6 章，第 1 章通过叙事的方式，带领读者了解联想智能化转型的背景，以及转型过程中的关键思考。坚定的信念、明确的战略要求、新 IT 技术的加持是联想智能化转型成功的基石。

第 2 章着重介绍了联想智能化转型的战略，阐述了联想是如何制定转型框架、设计转型规划、明确转型路线、建立业务 KPI 驱动的闭环管理体系的。这套经过抽象化的转型方法论，具有超越企业个体经验的普适性，为诸多企业智能化转型在方法论层面提供了参考。

第 3 章系统性地介绍了联想数字底座的升级，重点总结了联想复杂数据治理的经验以及基础设施的云化过程。数字底座建设是智能化的首要任务，也是一个基本门槛。它需要长期建设和不断迭代，而非一劳永逸也无法一锤定音。

第 4 章展示了企业全价值链的智能业务运营，无论是前端的营销、销售、客服，还是后端的供应链、制造、产品管理和职能业务，要实现智能运营，往往并不只是优化业务，而是要彻底变革模式。AI 的广泛应用则是联想业务智能化的一个显著特征。

第 5 章聚焦于智能化时代下，组织的升级、人才的培养和文化的落地。转型的全过程要持续地深度调整组织、建设新型人才、再造文化，组织与转型战略相适应，智能化转型才能结出累累硕果。

第 6 章叙述了联想智能化转型从"变革业务"到"成为业务"的过程和方法论。联想的智能化转型，成功开启了第二成长曲线，这本身就是一个孵化新业务的奇妙经历。联想智能化转型的成果，包括了联想自我成长的内生价值和对外服务的外化价值。联想将继续深化 3S 全栈布局，不断创新产品、方案和服务，为千行百业的智能化转型注入源源不断的动力。

在创编这本书的过程中，每一次整理历史资料、访谈转型亲历者都让我们不禁感慨：联想的智能化转型是一个极其精彩又十分复杂和庞大的体系化工程。任何人深入其中，都会被其震撼。正因其庞大和复杂，本书很难全方位地呈现联想智能化转型的每一个精彩瞬间，难免有挂一漏万之处。

联想的智能化实践，呈现出了智能化转型的巨大威力。现在正是时候，邀请企业走进这段奇妙的旅程，找到智能化转型的开门钥匙。

致谢

在本书的成书之旅中，有很多联想内部和外部的专家给予了非常大的支持与帮助，使得本书的撰写可以顺利完成。在此，特别向所有为本书的创作和出版做出贡献的专家（姓名不分先后）表达最深切的感谢。

感谢联想集团杨元庆、刘军、高岚、Arthur Hu(胡贯中)、Barry Au(区德荣)，他们为本书提供了背书和支持。在本书创作初期，是他们高瞻远瞩的决策和坚定的信任，为本书创作提供了坚实的基础。在创作过程中，是他们开放和包容的态度，为本书撰写指明了方向，使得本书能客观地向读者展示这段精彩纷呈的转型历程。同时，也感谢他们提供了大量的资源支持，这极大地推动了撰写的顺利完成。

感谢联想集团芮勇、乔健、关伟、李欣、阿不力克木·阿不力米提(阿木)、戴炜、李时、王传东、王立平和张华。他们作为智能化转型的推动者，还原了联想智能化转型的历史，厘清了转型历程的整体脉络，清晰呈现了本书的框架。在他们的指导下，本书得以围绕核心主题展开，结构严谨、逻辑清晰、体系性强，为读者呈现了一幅完整的联想智能化转型的画卷。

感谢内容编写团队的所有成员。联想集团高汪军、王卓、郭占宏，他们对本书第 2 章做出了突出贡献。他们严谨的态度保证了该章对联想智能化转型战略规划与落地的清晰解读，启发性强。联想集团姚振宇、夏凝、颜涛、辛海、苗辉、王卓，他们对本书第 3 章做出了突出贡献。他们的专业能力确保了本书内容在技术层面的精准性。联想集团杨海强、闫君、关相儒、张天羽、郭强、朱辉、冯昭、肖霄、周锋、王平、陈时、孙炜、张莉、骆金星、顾旭光、刁晓昕、郭勇、邹德顺、朱彦达、杨云，他们对本书第 4 章贡献了才智。他们对业务智能化场景的细致描述，展示了智能化技术在各个环节的应用以及如何提升效率、降低成本、优化用户体验，从而推动全价值链的升级和转型。联想集团张艳、LEE Hwang Jann（李煌展）、关相儒、廖志宏、王腾对本书第 5 章做出了突出贡献。他们对数字化组织、人才的深刻理解以及对联想组织升级底层逻辑的精准把握，让该章的内容精彩纷呈、引人入胜。联想集团杜若超、赵晶在第 6 章中清晰地展示了联想业务内生外化的过程、生动的案例和实践指导，使得智能化转型的理念更加深入人心。联想集团阿不力克木·阿不力米提（阿木）、关相儒以及以林雪萍为主的外部专家团队，在本书统稿工作中做出了卓越贡献。他们不仅深入研究、精心撰写，还不断地进行讨论和修改，力求使每一章节、每一段落都达到最高的质量。

感谢联想集团毕巍、宋涛、陈晰以及在本书创作过程中提供宝贵意见的客户们。他们对图书真诚和坦率的反馈，让我们能够及时发现并改正不足，不断完善和提高。特别感谢联想智能化转型研修院院长阿不力克木·阿不力米提（阿木）。他作为本次图书编撰联合项目组组长，凭借深厚的专业知识和丰富的行业经验为项目提供了战略指导，通过高效的团队管理和资源协调确保了编撰工作的顺利进行，并通过对图书细节的关注和对内容质量的严格把控，保证了图书内容的专业性和实用性。

最后，感谢所有支持和期待本书的朋友们。是你们的关注和期待，给了我们前进的勇气和力量。联想的智能化转型是一个复杂的体系化工程，我们在总结提炼的过程中，一定还有疏漏以及不完美的地方，希望得到大家的斧正和谅解，我们也希望本书能够不负众望，为大家带来启发与思考，成为大家书架上的宝贵财富。

目录

1

|第 1 章|
智能化转型势在必行

2016 年，AlphaGo（阿尔法狗）战胜了世界围棋冠军，一时间人工智能的概念冲击着全世界。2022 年年底，ChatGPT 的横空出世成了举世瞩目的焦点，人工智能再一次如不期而至的完美风暴，震撼了我们乃至整个社会。这一次，人们意识到，智能革命是真的到来了，智能化世界已然清晰地呈现在眼前。对于大型企业而言，要想借智能化的时代东风，需要及早地洞见企业发展的时机，并对智能化时代下的转型战略进行主动布局，才能顺利把握智能革命的历史机遇，建立领先的战略优势。

1.1 以客户为中心转型的使命召唤

在联想的全球化战略取得巨大成功之后，"战略转型"成为联想的全新主题。这个时期的战略转型的核心是推动以客户为中心、以服务为导向的全价值链模式变革。从以产品为中心转向以客户为中心是需要率先突破的课题。这意味着联想在建立起前端直达客户的业务模式（直接联络客户、经营客户、服务客户）的同时，后端的全球研发及供应链体系也要尽快变得更加柔性、敏捷，以快速响应客户灵活的定制需求。

为此，联想着手建立以客户为中心的直达客户业务模式，加速多元化业务布局，以更好地满足客户日益个性化、方案化的数字化需求和智能化需求。

1.1.1 业务模式变革：客户直达

对客户的关注和承诺，是联想由来已久的传统。联想在成立初期依靠分销模式得以蓬勃发展。要服务更多的客户，充足的渠道和全方位覆盖的通路十分关键。后来，联想为应对市场竞争独树一帜地推出了双模式变革（大客户为主的 R 模式和交易型为主的 T 模式[⊖]）并取得巨大成功。这套双模式体系非常有效，通过直接经营的方式而与客户近距离接触，使得联想在市场上越战越勇，取得了全球 PC 龙头的市场地位。

然而，随着消费互联网的日益普及，品牌商与各种类型客户的沟通路径都发生了根本性改变。传统分销模式下，PC 企业与客户之间的沟通链路至少有两层，有时甚至有四层，很多有价值的信息和交流都消耗在中间链路上。很显然，依靠传统的分销体系，品牌商获得用户的信息是间接和不对称的，并且沟通非常缓慢。而消费互联网平台则搭起了一

⊖ 联想"R+T"的业务模式，即关系型（relationship model）和交易型（transaction model）模式。R 模式表示关系型销售，主要针对大型企业、金融、教育等行业客户；T 模式表示直接交易型业务，更多针对个人用户与中小型企业客户。

座 PC 企业与客户直接沟通的桥梁，使得产品信息变得对称和透明，甚至可以直接与客户进行互动。

整个社会环境已经发生变化，密切快速地响应客户需求，已经成为明显的市场发展趋势。互联网公司快速发展，电商平台上的各项服务也日益完善，产品的快速开发、技术的快速迭代，一切围绕用户体验而展开。对于联想来说，更本质的问题在于，无论是想巩固 PC 基本盘，还是向客户推介更多元的产品，都面临如何更好地贴近客户、服务客户的现实问题。那种缺乏与客户直接互动和持续联系、更多集中在与渠道商一锤子买卖的交易模式，短板凸显，已经与市场发展趋势背道而驰。

作为一个实体产品公司，联想深切感受到了互联网模式所带来的冲击。多年来，联想一直在倡导以客户为中心的服务意识，大力推动"客户就是指挥棒""客户在哪里我们就在哪里"等文化。然而近年来，这种"以客户为中心"的服务意识，显然迫切需要改进。如何将这一理念进行关口前置，让员工能感受到用户的需求，联想的各个部门都开始思考服务的边界。

渠道需要变革，而产品的服务形态也正在发生变化。以前，产品销售出去之后，服务客户就是做好产品的维修、维护和维保。而随着移动互联网的普及和在线触达的便利性提升，"以客户为中心"的理念也需要进一步升级。产品销售出去，只是完成了第一步，增加客户黏性形成对用户的持续经营，成为联想服务的新理念。

卖出产品，不是客户关系的终结而是刚刚开始，这种意识的形成需要非常大的意识转变。在这种情况下，联想一方面加快推动以设备为原点的"设备+"（Device+）战略理念，这需要丰富附加在设备上的各类用户友好界面和应用程序，通过设备终端就可以建立与客户的直接联系和持续服务客户的能力。另一方面，联想布局直达客户的线上线下营销触点，以及官方销售服务平台，开始规模化发展可互动、可经营的会员。

作为一个通过积极的全球化战略而成为足迹遍布180多个国家和地区的全球化公司，中国市场一直是联想的全球活力策源地和创新大本营。全球化能够取得成功，很大一部分原因也是基于中国本地优势的向外输出。这一次，在联想转型战略推进的初期，联想中国区再次承担起集团战略创新策源地和转型变革先锋军、试验田的角色，率先开始谋划以客户为中心业务模式变革及布局多元化业务的探索。

经过3个多月的调研、讨论和酝酿，联想于2017年率先在中国大本营启动了"日出东方"战略，开始了一场注定艰难却又波澜壮阔的转型。"以客户为中心转型"和"3S转型"，成为联想发展的两个关键转型。

"以客户为中心"的各种细节，开始被放在显微镜下端详。日常运营流程的每一个环节，都需要完全站在客户视角，用客户旅程（CJ）的方法论来进行推演。例如，对于客户如何接触产品，要从客户视角来理解触达的正确方式；对于客户体验，需要从关注产品购买，调整为关注全旅程的整体体验；而对客户需求，则从单独的PC产品交易扩展到满足更多的信息技术设备、服务和解决方案需求；同样，产品销售也不再以渠道商的视角来发现问题，而是从客户利益出发，在创造价值的方式和利益分配的机制上反推和设计每一个环节。

只有建立起能够直达客户、围绕客户提供持续关怀与服务的新业务模式，才能真正实现"以客户为中心"。对于联想来说，这是一次重大的模式升级与变革。唯有如此，才能真正理解客户更多样的需求，从而指导产品、方案与服务的创新。

要落实"日出东方"战略，必须要有构建核心竞争力的基石。智能 IT（Intelligent Transformation，智能化转型）引擎成为日出东方战略下推动企业智能化转型，尤其是驱动以客户为中心转型的第一核心竞争力。事实证明，要完成从信息化到数字化、再到智能化的升级，绝非易事。这不仅涉及前沿的数字技术与智能技术，而且与新 IT（Intelligent Transformation，智能化转型）技术、业务模式变革、融合创新等息息相关。

1.1.2　传统信息技术架构与转型战略之间的矛盾日益凸显

智能化转型并非横空出世，它受益于企业在信息化和数字化进程中的积累和经验。这些宝贵的经验，促进了企业运营管理的精耕细作，也让人们意识到好的 IT 架构的重要性。然而企业信息化得以成功的要素，却不能直接将企业推送到新的轨道。企业在信息化时代能够提升管理效率、降低成本、提高竞争力，部分原因与使用传统商业套装软件或系统的模式有关。这种传统商业套装软件，源自以卖方市场主导的工业化生产时期，加之稳定的商业环境，具有明显优势。然而，当面对海量客户快速变化的旅程行为以及层出不穷的个性化需求时，固化在传统商业套装软件的"最佳实践"就显得有些僵硬，无法跟上需要快速响应客户需求的步伐。

　　企业要实现直达客户，不仅需要直接覆盖广泛客户，还要经营每一个客户，从关注到个性化需求表达、到心动下单、到产品交付、再到持续使用与分享、评论与二次购买等全旅程。为了能够让所有客户都能有最佳体验，需要对海量个性化需求进行多触点侦测、实时响应。这意味着，企业要与每一个客户进行持续互动，给予客户长期关怀。

　　然而，曾经在信息化时期建立起来的传统 IT 架构，却开始出现种种不适应，出现"响应慢、成本贵、迭代难"等问题。例如，对于"双 11""618""828"等这类在线购物高峰时刻，很多创新的营销工具往往需要在促销日的两三周之前根据客户行为和流量分析确定下来，并快速上线。这使得很多传统 IT 架构很难适应。联想也曾经面临这类问题。联想当时使用的主要是传统信息化时代所开发的客户关系管理（CRM）系统和其他包括 ERP 在内的大量套装软件。IT 部门承接上述需求需要半年以上的时间，而各种系统功能的开发和部署全部完成则至少需要 10 个月。这种 IT 系统半年研究、半年开发、半年联调上线的方式，根本无法适应市场变化快、时间要求紧、需求频繁且琐碎的特点。

　　然而，"响应慢、成本贵、迭代难"还不是传统信息技术架构所面临的全部问题，"数据孤岛"带来的问题更严重。由于信息化时代的信息系统都是各自建造、封闭运行，相互之间数据互不连通，导致围绕客户的数据价值也无法被充分利用。联想在全球化战略的推进阶段，由于多次并购和整合，不可避免地造成多世代、多信息系统和工具并存的局面。技术架构设计复杂，以及缺乏面向客户个性化经营所需的可扩展性和灵活性，使得联想已经建立起来的上千个信息系统中，很多都是数据孤岛。

烟囱式的应用系统对于数据口径的定义也各不相同，缺乏统一标准。由此导致的数据口径不一致、数据确权模糊等又会导致分析口径不一致。这就需要进行大量手工对齐，而浪费了合并报表的资源和时间。而且，只能实现极其有限的机器优先的实时报表分析，数据导向的深度、实时经营分析与决策则难以实现，遑论针对每一个客户的个性化实时推荐。在这种情况下，直接运营海量客户必然会带来成本的几何级上升。仅靠人工的力量，客户直达模式完全无法深入。传统信息技术架构和众多数据孤岛，成为联想加速以客户为中心转型落地初期的主要瓶颈。

以客户为中心的模式变革，意味着要重构生产关系，企业要围绕海量客户提供全周期个性化服务。传统信息技术架构这一全球化时代极其成功的生产力，则需要进行一次全面升级和颠覆性重构。

1.1.3 后端运营体系变革：敏捷个性化

"以客户为中心"的模式变革所牵引的企业变革，并非只在局部组织发生。企业上下结构的联动更新，才能提供根本性的动力。这需要建立一种系统制胜的机制。联想要往前迈入以客户为中心及多元化布局并行的战略转型，还要经历来自后端的供应链体系的巨大挑战。

全球供应链分工体系变得越来越复杂，影响供应链的黑天鹅和灰犀牛事件的发生愈加频繁。客户个性化的需求大规模增加，提升客户满意度的难度也不断提升，这使得企业内部运营复杂度和难度呈现几何级增长。这些变化所带来的挑战在联想内部的运营过程中也开始更加频繁地出现，例如个性化销售预测准确率低、订单经常会被取消或变更、紧急加塞的订单明显变多、生产计划不断进行调整导致交期波动等。进一步，被取消或变更的订单所造成的物料积压和临时加塞进来的新物料叠加，也使得传统稳态模式下的供销协同机制、订单与排产计划等工作越来越无法有效指导采购和生产。

传统信息技术的沉重也同样限制了敏捷性，以简单的工厂打印面单标签为例，在传统工厂，发货、打印、标签等这些流程接口都有规范。常见的企业管理软件（如 SAP）也提供了标准的打印服务，模板很严格。然而随着互联网电商呈现出多品种、小批量和订单不稳定的特点，多样化的快速交付越来越普遍，这就需要针对前端营销的各种场景标记增设二维码，以跟踪商品出现的场合，从而使要打印的电子面单具有多样性的特征。而传统企业资源计划（ERP）系统中，并没有考虑如此丰富多样的应用场景。如果要变更流程、修改系统和模板，按照传统信息系统开发的节奏，将会经历漫长的时间，成本非常高。看似不起眼的面单标签，却是牵一发而动全身，信息系统需要进行全面更新。传统信息技术开始表现得难以满足"以客户为中心"业务模式下所需要的多样、轻便、灵活的需求。

维持企业运营的支撑机制，是一套复杂的"业务操作系统"。要建立能够支撑个性化需求、适应多元化业务的运营能力，联想必须完成对全球研发及供应链体系在内的"业务操作系统"的全面升级，建立柔性化、智能化的运营体系。

全球化时期联想成功建立起来的业务运营体系，有力地支撑了 PC 业务的全球化发展。然而在全新的客户旅程与个性化需求面前，联想开始面临越来越大的效率挑战。在传统运营模式下，研发、生产、供应、营销、销售、服务等环节的成本改善及提升客户满意度的难度不断增加，短期收益与长期价值越来越难以平衡。

更直接的问题体现在联想引以为傲的大规模生产制造和供应链体系与前端越来越纷繁多样的数字化营销需求之间的错配。网络电商带来的订单数量经常是爆发性和不可预期的。例如，商家在线促销一次，销售订单瞬间达到数万台规模。然而按部就班的工厂，却往往因没有能力对客户订单做出准确的交期预计和承诺而很难按时履约交付。当这些各式各样、不同品类的产品订单生成时，某些型号的产品难免会出现缺货的现象。这意味着市场营销与上游制造环节并不完全匹配。前端销售的出货与后端供应链缺乏统一的管理。当供应链无法满足市场需求时，营销端自然也不敢过度发力，导致无法从容应对竞争对手越来越频繁的脉冲式营销。

要应对这种不确定订单，联想需要实现从围绕渠道的规模化需求驱动的稳态运营，转型为向直达海量客户个性化需求驱动的柔性运营。联想多年来一直在打造"全球资源、本地交付"的能力，这需要在全球配置资源，从而寻求最优组合。

因此，联想决定加快推进实现供应链的实时反应和敏捷运营能力。通过打造统一的智能供应链平台，将市场、销售、生产、采购、物流、财务等各部门数据全面整合并打通，实现前端需求动态预测、后端计划灵活调整、客户承诺交期和质量可靠交付。前端动态需求预测如果不准，会给上游供应商带来很大的麻烦，而且会产生供应链逐级误差放大的牛鞭效应。仅仅依靠前端营销销售部门提供的信息，显然不足以完成这样的预测。只有建立个性化与规模化需求预测模型，进行模拟分析与预判，才能从容应对。当前端客户需求发生变化，可以快速传递到后端供应链体系，甚至也可以提前进行准确预判，从而进行更加动态的备料协同和生产准备。

只有对每一笔个性化订单都进行全生命周期管理，才能实现供应链敏捷运营。这是一个跨部门、端到端的长流程，需要在符合数据安全、隐私保护等合规要求前提下，将众多环节的数据打通，并且使之能够自动运行。每个部门都要介入其中。以可视化订单履约为例，它需要服务的对象跨越外部客户，以及内部不同部门的业务人员，比如销售、商务、订单履约、供应链、财务团队等。多样化的使用角色，会带来对订单关注点的个性化及差异化需求，必须合理平衡差异化需求，实现订单数据的统一呈现，才能更好地实现敏捷运营。

1.2　新 IT 技术革命

当前，新一轮科技革命和产业变革加速演进。以神经网络算法、大模型为代表的人工智能技术不断取得突破，其他数字技术也正在快速进化。人们正在经历从信息技术到数字技术，再到智能技术驱动的生产力变革。继蒸汽革命、电气革命、信息革命之后的第四次工业革命——智能革命，正在越来越确定性地展开。

1.2.1 AI 技术加速第四次工业革命

近年来，人工智能领域不断取得惊人的突破，呈现出技术创新快、应用渗透强、国际竞争激烈等特点。AI 技术正加速与制造业深度融合，深刻改变制造业生产模式和经济形态，展现出强大的赋能效应。

随着智能技术的蓬勃兴起，诞生了一批新的算法公司，他们凭借更加敏捷柔性的数字底座，利用先进的数字技术和人工智能技术率先爆发式发展。这些数字原生企业正在释放移动互联网、大数据与人工智能算法的威力。而电商平台、视频直播平台等令人目不暇接的客户触点的崛起，也使得企业有机会以低成本来大量获取用户的在线行为和消费习惯。这些都可以转化成可以精确分析的数据，为人工智能的应用提供丰富的数据材料。

人工智能核心产业规模正在不断增长。在中国，这类企业数量超过 4400 家[〇]，智能芯片、开发框架、深度学习算法等创新成果不断涌现。云算、智算、超算等协同发展，算力规模位居全球第二，东数西算等重大工程也在加快推进。人工智能与制造业深度融合，使得近万家数字化车间和智能工厂得以快速发展。

第四次工业革命的核心是通过智能化转型，将 AI 生产力融入业务发展中，而 AI 技术正是实现这一转型的主要驱动力。AI 技术不仅提高了生产效率和产品质量，还推动了新产品的创新和开发，优化了企业的运营和管理。例如，在智能化生产方面，AI 技术使得机器可以自主学

〇 https://www.gov.cn/lianbo/fabu/202401/content_6927364.htm，国务院新闻办发布会介绍 2023 年工业和信息化发展情况，2024-01-19。

习和自适应，从而实现生产流程的自动优化；在质量控制方面，AI 技术能够进行实时的质量监控，通过图像识别和数据分析技术来检测产品缺陷，从而提高产品的整体质量；在产品设计和创新方面，AI 技术不仅能加速产品设计过程，还能在设计阶段进行模拟和优化，从而在实际生产前就可以发现并解决潜在的问题。在供应链管理方面，AI 技术可以优化供应链管理，通过预测分析来减少库存成本，提高响应速度，降低供应链中的风险；AI 技术在处理和分析大数据方面具有显著优势，它可以从海量的生产数据中提取有用的信息，帮助企业做出更加精准的市场预测和生产决策。对于中国制造业而言，深入理解和有效应用 AI 技术，是实现产业升级、增强全球竞争力的关键途径之一。

2023 年以来，AI 大模型和生成式 AI 等技术多点爆发，AI 驱动产业加速变革，新的时代拐点已经到来。当前，中国正在形成独有的 AI 生态，以科技创新引领现代化产业体系建设，这需要包含大模型应用、智能基础设施、终端 AI 技术等在内的全栈技术的支撑。

联想从 2017 年开始，就坚定了 AI 赋能的理念，并进行了全栈智能布局。一方面为提高业务运营效率，另一方面也为中国 AI 生态汇聚合力，为中国企业智能化转型塑造新动能。

1.2.2　新 IT 架构加速形成

联想在 2015 年提出的"新 IT 架构"，是以千行百业智能化变革的场景化需求为驱动，以模块化、陪伴式服务为主导，以行业领先实践为引领，以普慧算力为基础，以"端 – 边 – 云 – 网 – 智"为技术架构，更加灵敏、主动的技术、服务与解决方案。此后，以数据资源和 AI 生产力为核心的新 IT 架构逐渐形成。图 1-1 所示的"端 – 边 – 云 – 网 – 智"的新 IT 架构,以智能作为牵引,形成了五位一体的智能化整体架构。

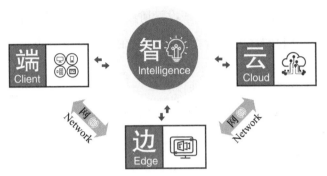

图 1-1　"端 – 边 – 云 – 网 – 智"的新 IT 架构

"端"指的是各种终端设备和物联网设备。这些设备在各种场景下是以硬件、软件、服务三位一体的方式体现的,既包括面向消费者的手机、计算机、平板显示设备、增强现实 / 虚拟现实(AR/VR)、智能家居、可穿戴等各种新型智能硬件终端,也包括面向商用领域的智慧大屏、智能机器人、物联网设备等。"端"是整体解决方案必不可少的重要组成部分,既是采集和获取数据的重要端口,也是反馈和处理数据的重要计算平台。

"边"指的是边缘计算。5G 所催生的海量物联网设备产生的数据需要在本地或就近处理,从而可以快速处理数据并对需求做出响应。海量智能终端的使用,使得约 85% 的数据不需要上云,而是在本地运行。要快速处理这些边缘端的数据,满足更高时效的要求,计算力下沉成为必然。边缘计算应运而生,并且已经成为新 IT 架构的标准模块。本地端数据大爆发,需要边缘计算,这也推动了端与云的新生态计算。

"云"的形态已经开始变得多元化。它不仅是数据中心的硬件，也是 IaaS（基础设施即服务），还叠加了 PaaS（平台即服务）的功能，而且包含 SaaS（软件即服务）的一部分。数字化、智能化所需要的极其重要的数据资产，在公有云、私有云及混合云之上的大数据平台中得以存储、管理、调用和分析。

"网"则需要对上述资源进行有效连接。海量设备之间的互联已经成为不可阻挡的趋势。随着 5G 时代的到来，5G 云基站、5G 专网核心网、网络功能虚拟化 NFV 等产品，既能够为公有网络提供 5G 智慧新型室内分布的解决方案，也能为企业和工业园区提供 5G 专网或虚拟专网的解决方案。

"智"的本质是"智化"，是一个动词，是应用。当"端"产生的海量数据，通过"边–云–网"提供的算力驱动数据和 AI 的运行时，"智"开始出现。而数据、算法和算力，则是通过"端–边–云"的组合来承载和赋能的。

"端–边–云–网"都是生产力的基础支柱，而耀眼的明星则是人工智能的应用，这是重塑企业价值的新动力引擎。这也是联想一直坚持称之为"智能化转型"，而非"数字化转型"的原因。如果无法引入人工智能，那么生产力即使在柔性和敏捷方面有所提升，也依然没有真正得到解放。

在新 IT 技术的生产力中，智能应用是重点。在数字化时代，不能只是计算资源虚拟，或只是沉淀数据，也不能只有极少比例的数据被应用。企业需要将沉淀下来却没有被开发的数据应用到业务环境中，以释放数据的价值。无论"端 – 边 – 云 – 网"的架构如何，设备端采集多少数据，采用多么敏捷的"边 – 云 – 网"等结构，如果不能实现智能化应用，都会极大折损转型的效果。

只有认识到新 IT 技术革命的颠覆性，以及以客户为中心的转型之路充满了艰险，企业才能够真正意识到：无论企业在过去的发展如何成功，智能化转型都是一个崭新的课题。只有采用全价值链的视角，实施全公司的联动，转型才有可能成功。对于联想而言，要有效直达海量客户、满足个性化需求、提供全周期服务，这也是一个前所未有的挑战。仅靠"稳如磐石"的传统信息系统和"斯巴达式"的矩阵组织是远远不够的。只有掌握更加敏捷柔性、更多人机协作的新一代生产力，创造"智能 IT 引擎"，才能真正实现转型战略。

第 2 章

谋定价值驱动的智能化转型战略

智能化转型的切入点和驱动力是什么？这是很多企业在智能化转型过程中遇到的问题。处于智能化转型早期和中期的企业，容易受制于业务部门对技术应用认识的不足而形成消极参与的局面。而技术部门对业务缺乏深度认知，又容易导致"唯技术论"。技术应用与业务需求脱节，会使企业陷入业务与技术"两套话语体系、两张皮相互分离"的困境。

解决这种困境的方式，就是提升对智能化转型的认知。智能化转型，其实是一个战略性课题，是企业的转型和蜕变，是一次穿越周期的大胆尝试。这更是一个全局性的话题，它对应着数字底座重构、组织架构调整、人才能力更新、全价值链运营等的从思想到行动的转变。基于战略价值导向，不仅能够打破传统业务自上而下建设的壁垒，推动技术

与业务更加系统化地融合与创新，更重要的是能够基于统一的价值主
张，更好地实现跨组织、跨部门的数据流动和模式创新。

2.1　确定智能化转型框架

企业要实现智能化转型，通常会经历规划、实践、再迭代、再实践
的螺旋式上升过程。有一套经过实践检验、系统化的智能化转型框架，
对于企业转型而言是至关重要的。联想基于自身转型需要以及为众多客
户提供数字化和智能化服务的心得体会，总结出一套智能化转型框架。
这套框架的起点是转型企业对自身的综合评估。这种因地制宜的方式，
是基于企业智能化转型的起点和坡度各有不同的基本事实。联想的智能
化转型框架重点突出了智能化转型战略的目标与价值，这是一个至关重
要的顶层设计优先的法则。

不同于一般以技术架构为主要逻辑的框架，联想智能化转型框架强
调"价值引领、体系化推进"的转型理念。从图 2-1 所示的联想智能化
转型框架中可以看到，在明确传递企业智能化价值主张的基础上，联想
构建了一个涉及智能化转型战略、智能业务运营、数字底座、组织与
文化变革的实施模型。创造企业智能化价值，与形成智能化转型战略共
识、实施和优化智能业务运营、投资和升级数字底座、推动组织与文化
变革一起，构成了立体式的企业智能化转型之路。

联想的智能化转型框架描述了企业实施智能化转型所需要考虑的要
素和关系。在价值的引领下，企业智能化转型可以分解成智能化转型战
略、智能业务运营、数字底座、组织与文化变革等四个方面，形成了系

统性的智能化转型之路。

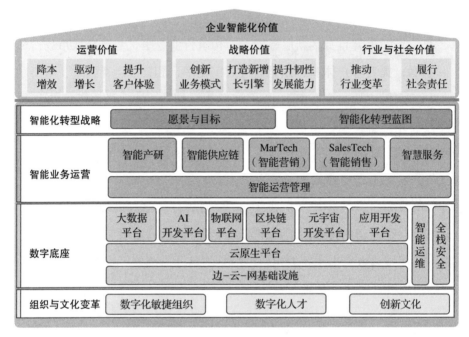

图 2-1　联想智能化转型框架

2.1.1　以三大价值为引导的智能化转型框架

智能化转型是一个重塑价值创造的过程，企业需要不断深化应用新 IT 技术，加速业务优化升级和创新转型，创造、传递并获取新价值。企业智能化价值可以分为企业运营价值、战略价值、行业和社会价值。

1. 运营价值

运营价值中的价值创造主要集中在企业内部价值链，通过数字化和智能化转型实现企业运营的降本增效、驱动主营业务增长以及持续提升客户体验。降本增效指的是通过智能化转型，优化端到端的业务流程、提升运营和决策质量、降低资源浪费、提高人均产出率等；驱动主营业务增长，指的是围绕主营业务适应市场趋势，持续深耕核心领域和目标客户，不断提升自身创新服务能力，构筑行业竞争优势，获取市场份额和利润；提升客户体验，则是通过数字化平台和智能运营技术，基于客户的需求做出快速、准确响应，创新个性化、智能化体验，提升客户满意度、增强客户黏性，积累忠诚客户。

2. 战略价值

战略价值专注于发展壮大数字业务，价值创造和传递活动由企业内部价值网络转变为开放价值生态，价值获取主要来源于与生态合作伙伴共建的业务生态，从而对原有的业务体系进行颠覆性创新。为了应对外部环境变化，企业需要从基本的经营理念和组织体系上做出调整，这种巨大的变化也被称为"范式转换"（paradigm shift），即改变游戏规则的前提下，企业发生了根本性剧变和创新型突破，而不是原有业务的渐进式变化。

战略价值可以进一步展开为三个方面：创新业务模式、打造新增长引擎和建立韧性发展能力。创新业务模式指的是数字化和智能化技术为企业带来了业务流程和运营机制的变革，延长价值链，开辟全新的业务发展模式。打造新增长引擎，指的是数字化技术赋能产品创新、个性化服务、智能客服等多个环节，重塑企业价值链，打破商业边界，从而为企业带来全新的盈利增长点。建立韧性发展能力，指的是以技术创新为本，深化健康经营，敏锐感知环境变化，打造柔性组织，从而保持稳健、可持续、高质量的增长。

3. 行业和社会价值

行业和社会价值彰显了企业更大的抱负，已经成为部分领先企业或具有较强的社会公益性质的企业进行智能化转型的价值追求。比如一些生态型企业会突破企业边界，将自有平台开放给上下游企业，推动行业整体的智能化转型。行业和社会价值包括两个方面：一是推动行业变革，企业通过开放企业数字化 / 智能化平台和转型实践，带动整个上下游，赋能和推动行业整体升级，从而让企业自身以更加无可撼动的地位引领产业。二是履行社会责任，企业利用数字化和智能化技术更好地保护数字及隐私安全，更有效地创造节能减排、环境保护等长远价值。

值得注意的是，图 2-1 中的企业智能化价值部分只是智能化转型的目标，并非是企业追求的终极目标。因为企业的战略落地，不只依靠智能化的手段，还需要自上而下的步步分解企业战略，从中解读出智能化转型相关的价值目标。

为了实现企业追求的智能化价值目标，企业智能化转型需要从智能化转型战略、智能业务运营、数字底座、组织与文化变革四个维度有机地推动、螺旋式迭代。

2.1.2 智能化转型战略

企业首先需要明确智能化转型战略。智能化转型战略具有纲举目张的作用。企业需要通过充分研讨和论证，并在企业内部各部门、各层级达成普遍共识。智能化转型战略通常需要回答以下几个问题：

- 我们想去哪儿？（愿景和目标）

- 我们怎么去那儿？（转型蓝图）
- 是否已在内部达成共识？（战略落地的关键）

企业智能化转型战略的基石是愿景和目标，并且需要在企业一把手和高层管理者之间达成共识。企业内部讨论和论证的过程，需要自上而下来实现。企业需要从整体愿景和目标出发，进行论证分析，逐步凝练，成为自上而下的"顶层规划"。

在愿景和目标的指引下，还需要分解和制定分阶段的转型蓝图。智能化转型蓝图一般包括制定转型实施路线图、制定投资预算及管理规划、推动转型持续动态迭代等。联想的智能化转型实施路线图一般规划到未来 3～5 年，并明确了不同年份的重点任务和里程碑。联想在转型实践过程中为了更加合理地安排预算，建立了基于数字化投资回报的智能化转型总投资管理体系，囊括了详细的投资及回报测算。企业要实现智能化转型，绝非一帆风顺，一定会经历规划、实践、再迭代、再实践的螺旋式上升阶段，因此分阶段的转型蓝图能够让企业认清现状，推动转型持续，动态迭代可有效指导转型。

如果说战略是高层管理者谋划的结果，那么达成战略共识就要将企业内部团队之间打通，也就是战略"拉齐"的过程。值得注意的是，在联想，战略共识并不是将一把手对战略的思考向团队进行宣讲，而是以共创的方式逐步形成。高层在分享自己的思考基础上，以开放的态度进行不同观点的倾听。为了避免出现不同部门各自规划、分散投资、平台功能重复建设等问题，企业内部需要在愿景和目标方面达成广泛共识，确定统一的转型战略与蓝图，做到上下同心。

2.1.3 智能业务运营

智能业务运营是直接创造企业价值的核心活动，即在数字底座上培育出业务数字化运营的"枝干"。智能业务运营的内涵是建设基于数字底座、敏捷柔性的业务中台，对企业价值链各环节，如研发、生产、供应、营销、销售、服务等进行数字化、智能化升级改造，同时建立企业内部统一的、贯穿价值链全过程中的智能运营管理体系。在此基础上，随着业务智能化的深化、智能应用的落地，企业甚至可以重构企业价值创造过程，创新业务模式。

企业价值链环节的各个业务部门都需要寻找新场景，利用数字化和智能化的手段和工具去实现业务赋能，加速业务创新。

1. 智能研发创新

利用数字化和智能化手段提升研发创新效率，基于统一的协同研发管理平台，开展敏捷开发，应用虚拟仿真、AI 算法等技术辅助决策，实现产品和服务的快速响应、快速迭代和动态优化，降低整体研发成本，提高研发质量。如通过收集和综合分析内部数据（例如产销数据）、外部数据（例如客户需求和舆情数据）做出更加科学、全面、正确的产品决策等。打造智能研发创新体系通常应做到以下几方面：

- 从端到端研发创新管理角度挖掘数据价值。
- 整合产品全生命周期的数据。
- 摒弃传统"瀑布式"研发模式，采用敏捷研发模式。
- 应用数字孪生、AI 算法等技术辅助研发设计和决策。
- 沉淀行业经验，通过研发创新体系进行知识封装并赋能行业。

2. 智能供应链

打造智能供应链可降低企业外部波动的风险，建立整体竞争优势具体包括：

- 建立需求管理、采购计划、生产计划、订单履约计划以及运输管理的流程自动化。
- 梳理和整合客户需求平台、物料需求计划、供应商信息等系统。
- 建立从预测到采购、订单到收款等流程的高度自动化等，形成供应链的数字化、在线化协作。智能化在制造领域的应用愈加广泛，例如通过落地智能排产、智能检测等 AI 应用，可以构建端到端的智能决策分析，探寻生产过程的精细排程、预测性设备维护、智能质量检测、自动物料调配、工业机器人等多种智能化场景，从而有效帮助生产制造的提质、增效、降本、减存。打造智能供应链体系通常应做到以下几方面：
- 从端到端供应链全流程角度挖掘数据价值。
- 整合供应链上下游各方的数据系统。
- 摒弃传统链式运作模式，采用网状运作模式。
- 应用物联网、AI 算法等技术提升自动化水平和供应效率。
- 沉淀行业经验，创建多方共赢、生态融合的供应链平台。

3. 智能营销

营销通常是企业主要的费用开支之一，因此智能营销要以提升投资回报率为目的，精准为每一笔支出费用进行效果评估，具体包括数字营销触点的建立、营销数据的打通、以客户细分、客户标签等大数据为基础的精准营销等。同时，基于营销过程产生的大量数据，AI 技术可广泛应用在智能推荐、营销内容自动生成、营销策略自动调整等场景中。打造智能营销体系通常应做到以下几方面：

- 建立数字营销触点，应用数字化营销工具。
- 整合客户全生命周期的数据系统。
- 制定清晰的营销 ROI 标准和 KPI 评估体系。
- 建立基于大数据分析的客户标签和客户画像体系。
- 应用 AI 算法等技术提升营销自动化和智能化水平。
- 沉淀行业经验，创建多方共赢、生态融合的营销平台。

4. 智能销售

统一的销售管理系统可提高商机跟进效率和赢单率。在数字化销售模式中，AI 技术广泛应用于精准产品定位、定价优化、线索评分、客户细分等场景。打造智能销售体系通常应做到以下几方面：

- 运用数字化的销售管理工具。
- 整合全渠道、全链路的销售数据。
- 建立基于大数据分析的产品推荐和销售决策体系。
- 应用 AI 算法等技术提升销售管理智能化水平。
- 沉淀行业经验，创建多方共赢、生态融合的销售管理平台。

5. 智慧客服

智慧客服指客户服务体系的智能化，主要体现在，统一的客户信息和多媒体接入，服务流程的数据拉通，智能客服机器人甚至虚拟数字人等 AI 应用。客户服务的智能化不仅能够显著降本增效，提升客户体验，提高客户忠诚度，还能够协助打通从服务到客户裂变、赢得口碑和实现复购的闭环，产生业务价值。打造智慧客服体系通常应做到以下几方面：

- 全面引入线上客服体系（如微信、官网等）。
- 整合客户全生命周期的数据系统。
- 应用 AI 机器人等技术提升客户服务效率。
- 实现从"成本中心"向"价值中心"的转变。
- 沉淀行业经验，创建多方共赢、生态融合的服务平台。

6. 智能运营管理

智能运营管理指建立企业级的智能化日常运营管理体系，基于统一的数据平台，进行综合判断和决策，能够让企业的运营管理以数据为驱动，实时决策、科学决策，实现全价值链数字化和智能化运营。打造智能运营体系通常应做到以下几方面：

- 运用数字化的运营管理工具。
- 整合企业内部各价值链的数据系统。
- 搭建统一的运营指标管理和闭环体系。
- 应用大数据、AI 算法等技术提升企业运营决策效率。
- 沉淀行业经验，创建多方共赢、生态融合的运营平台。

2.1.4　数字底座

数字底座是企业智能化转型的"根基"。传统信息技术架构的扩展性和灵活性往往有着固有的局限性，如信息系统开发、改造和运维难度大，难以支持企业对市场随时应变的需求。任何一个新功能的调整，往往都会牵一发而动全身，导致响应缓慢、成本高。联想基于"端－边－云－网－智"一体化的新 IT 架构建设数字底座，高效支撑了智能业务运营。

这个建设过程也是一个循序渐进的过程。先要将传统基础设施升级到以混合云为基础、云边协同、云网融合、软硬一体的边 / 云 / 网基础设施。然后，陆续建设企业统一的、中台化的云原生平台、大数据平台、AI 开发平台、物联网平台、元宇宙开发平台、区块链平台以及应用开发平台等技术中台，向下能与基础设施解耦，向上能为业务运营数字化、智能化提供敏捷的技术支撑能力。最后，围绕全新的数字底座，建立 AI 驱动的智能运维能力以及关注全栈安全的保障能力。

需要澄清的是，数字底座不是仅仅构建一个私有云。它包括了云化的基础设施、中台化和云原生的技术平台、运维和安全在内的整体"根基"。例如：技术中台的云原生平台，包含面向云原生应用开发所必需的容器云、微服务框架、DevOps 平台；大数据平台是一个企业从信息化走向数字化、智能化的重要基础，企业需要构建贯通全企业、全价值链，甚至产业链上下游生态伙伴数据要素的大数据中台，才能进行有效的数据治理；只有将企业跨环节、跨领域的数据标准做到统一定义、统一来源、统一出处，由统一的数据平台进行存储、处理和管理，才能真正地开展数据分析和 AI 应用，为智能业务运营提供坚实基础；AI 开发平台是面向各种智能化应用的、封装好、易调用的"AI 预制件"；应用开发平台则囊括了低代码开发平台、公共开发工具、移动端开发平台等各类开发工具；而部分智能化转型领先企业正在进一步探索和创新，开始搭建的元宇宙开发平台等也都成为数字底座"根基"的一部分。只有在先进而健壮的数字基础设施之上，企业才能够建设更加敏捷、柔性的业务中台和智能应用。

2.1.5　组织与文化变革

智能化转型不仅仅是技术和业务层面的变革，同时也是组织与文化的深刻改变。文化往往反映了一家企业的价值观和优先事项，也深刻地影响着员工的认知、态度和行为。企业文化会影响员工对智能化转型的接受程度和使用效果。如果企业文化偏向保守和传统，那么员工遇到新技术和进行智能化转型的第一反应往往是抵制或拒绝改变，从而导致转型遇到无形的困难。与此相反，在倡导开放、创新、协作、信任的文化中，员工接受新技术和智能化转型的意愿和热情更高，往往也更倾向于担当发动机的功能，从而在不断地更新迭代中逐步推进智能化转型。因此建立一个开放、创新、积极拥抱变革的文化对成功实现智能化转型尤为重要。

要成功实现企业的智能化转型，组织层面上的变革也不可或缺，具体包括：一是引入和培养未来所需的人才和技能；二是重新定义工作角色和职责，设计新的工作流程和系统；三是重新构造管理层和公司决策模式，在基于数据和人工智能基础上更加高效和敏捷地做出业务决策；四是提高企业数字化和智能化转型战略的透明度，让员工清楚了解并积极参与其中，从而增加员工对公司战略的投入感和认同感。

2.2　共识智能化转型愿景与目标

企业智能化转型的难点往往在于企业内部仍然停留在信息化时代的传统认知中，对智能创造价值的理念认识不统一、行动不同步。因此，智能化的转型起点，就是让内部达成愿景与目标方面的基本共识。那么，首先要解决的问题是"共识为什么如此重要"，而下一个需要回答的问题就是"共识什么"。在联想智能化转型愿景和目标的共识形成阶段，有两方面的共识是极为关键的。一方面是共识转型价值，即通过智能化转型期望优先达成的企业价值。另一方面是共识重构数字底座，即联想亟须敏捷、柔性、嵌入 AI 的数字底座的支撑，来实现智能驱动业务运营，加速战略转型。

2.2.1　共识智能化转型价值

企业战略框架的顶层是愿景和目标。但是在谈论智能化转型的时候，很多企业领导却容易跳过愿景和目标的反复锤炼，直奔技术手段而去。尤其是当领导提出智能化转型思路时，很多员工可能会想当然地认为这只是 IT 部门的工作。让 IT 部门负责转型，而其他部门正常做业务和运营，是"转型不共识"的常见现象。

在联想智能化转型战略的研讨初期，每个业务部门都受到邀请，描述对智能化转型愿景和目标的认识和理解。结果发现，不仅认识和理解大不相同，一起讨论的时候歧义也众多。即使同样的一句话、一个词语，不同的员工对其含义的理解也可能完全不同。因此，要引领大家走出转型迷雾，需"拉齐"战略理念和价值主张。以客户为中心的模式变革，作为智能化转型战略共识中的重要战略理念，从一开始便起到"灯塔"的作用。为了达成智能 IT 引擎驱动的以客户为中心的模式变革的最大共识，联想采取了多项"外部学习、内部讨论"的措施，首当其冲的是标杆学习。联想组织高管团队去外部公司参观学习，并邀请大量数字智能方面的实践专家和技术专家进行分享交流，介绍应用实例。而联想在内部，则大量地组织研讨会。每次研讨会都只设定一个专题，大家不断地思考和辩论。在这样一个大家共创智能化转型愿景和目标的过程中，共识逐渐变得清晰起来。

为了促进共识的形成，联想成立了由中国区总裁、首席战略官和智能化转型官联合组成的顶层设计小组，共同勾勒智能化转型战略的顶层架构。除了在顶层设计上达成共识，也要求每个事业部都建立 3 人以上的联合转型小组，业务一把手和智能化转型伙伴要带头参加。而转型小组的任务，就是要透彻理解战略意图，将战略意图与业务动作进行有效关联。

毫无例外，联想所有业务的负责人都是转型小组的成员。大家按月、按季度地不断讨论智能化转型的项目，使得各个管理层都能够深入介入到转型的浪潮之中。就是这样，大家从同一个清晰的原点出发，逐渐找到了共同认可的理念。共识并非能够一步看透、一气呵成，而是包含了反复迭代的磨合，需要领导和下属、各部门之间的多次互动而形成。而且，愿景和目标也很难一次确定，往往需要经过反复讨论，才能逐渐形成一个牢不可破的理念。这样的理念一旦形成，就会产生循环不断、激荡向上的能量。

联想内部开展了关于智能化转型愿景和目标的大讨论。在形成共识之后，"新 IT 生产力" 的理念开始发挥强大的力量。大家愈加频繁地使用 "引擎" "驱动" 这样的字眼描述其价值，而信息化时代挂在嘴边的 "支持" "保障" 等观念逐渐淡去。在联想，从高层到核心骨干，大家热烈地讨论数据的价值、算力的力量和人工智能的威力。大家相信人工智能的崛起，将会带动个人、企业、行业乃至社会的高速发展，而联想自身也必然会从中受益。在当时，"数字化转型"算是很新的概念了，而"智能化转型"的图景已经在联想高管的脑海里深扎根基。

在推进价值共识形成的过程，联想转型小组需要深刻理解价值的多元化。不同的业务主体，都有各自不同的绩效指标考核，转型小组需要将这些指标的主导力量，汇聚成潜在的合力。

近年来，在转型战略不断推进的大背景下，联想的三大变革诉求变得越来越迫切。一是端到端运营体系，需要柔性而健壮，实现在满足个性化需求的同时进一步降低运营成本、提高运营效率，重振主营业务的增长，并创造更高的客户满意度，积累忠诚客户。二是加快以客户为中心的业务模式变革，并带动多元化业务加速发展。三是尽快将新IT技术与环境、社会和公司治理（Enviromental,Social and Govenance,ESG）战略相结合，深入践行可持续发展理念，为企业高质量发展和保持长久竞争力提供有力保障。

经过对自身战略的深度解读，借鉴行业领先企业的做法，并通过深入分析新IT技术的创新与应用趋势，联想将成就多业务个性化卓越运营、驱动以客户为中心模式变革、新IT技术赋能ESG作为智能化转型战略的总体方向和价值主张。其中，成就个性化卓越运营和驱动以客户为中心模式变革被进一步归纳为联想CARE模型（见图2-2）：从以功能为中心转向以客户为中心（C，客户导向），快速响应商业创新（A，敏捷），从经验转向数据指导决策（R，实时），通过标准化和自动化实现降本增效（E，高效）四个方面进行价值整合和传递。

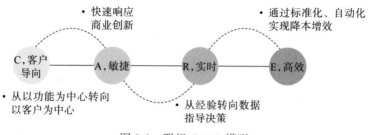

图 2-2 联想 CARE 模型

2.2.2 共识重构数字底座

新 IT 技术是实体经济转型升级的内生源动力之一，是企业智能化转型的核心工具。我国已经快速完成信息化的大规模建设，传统信息技术已经发展成熟并充分融合到了企业日常生产经营活动中。而在智能化时代，以 AI 为代表的新 IT 技术所驱动的智能革命，意味着企业智能化转型必然要升级内部信息技术架构，打造不同于传统信息技术的生产力，构建全新的数字底座。

联想对数字底座的认识，是在实践中逐渐积累起来的。2017 年以前，为了应对电商购物节的冲击，联想已经开始小范围地推动数字化营销。例如，在一次面对电商平台的 6 月份大促销的时候，月底才决定上线一个新系统，用以支持促销期间的会员互动。当时只剩下 20 天的时间，系统如何上线？以往解决这类问题，IT 部门只能是靠临时增加技术人员来应对。然而这种为了短时的促销而临时增加人力不仅比较难以实现，而且成本昂贵。无论对于技术部门还是业务部门，都是一个沉重的包袱。在促销之后，这种新系统就会下架，临时组建的队伍还要迅速解散。IT 部门感受到了巨大的压力：交付周期越来越短，而且费用预算也越来越少。更麻烦的是，类似这样的需求正在越来越频繁地从各部门涌来。

IT 部门综合研判了内部需求和新 IT 技术趋势，明确采用全新的模式来应对这种不确定性。要想大幅度提升业务需求响应效率，支持敏捷业务模式变革，就必须改变现有的信息技术架构和运作模式。在集团层面建设一个云化、中台化、AI 广泛嵌入的敏捷、柔性的数字底座势在必行。这并非偶然的心血来潮，而是对未来趋势的一种笃定。在智能化转型战略仍在研讨和酝酿之时，主动寻找更加敏捷的 IT 架构、战略性投资数字底座改造，已然成为一种"非它不可"的信念。这也为日后智能化转型战略快速落地见效奠定了技术基础。

有了明确的目标，大家的思考就容易收敛。联想上下、IT 部门与业务部门之间很快在重构信息技术架构方面形成共识，改造与升级的大幕也随之正式拉开。重构联想数字底座，就是对传统信息技术基础架构进行云化、中台化升级。这意味着对后台技术、中台能力和前台应用之间充分解耦，在基础信息系统之上建立起敏捷、柔性的技术支撑。传统 IT 部门的主要职能是支撑业务，而新的数字底座可以用来驱动业务模式变革。当然，这并非是要推翻传统信息技术架构的底层系统、重新投资，而是对原有业务系统的技术环境进行改造升级，并解耦、整合诸多技术组件，逐步沉淀出可复用的技术中台。这样的改造升级方式，使得很多应用系统依然可以在原有的稳态架构上运行，但具备了敏捷响应的能力。让人们充满期待的数字底座，呼之欲出。

2.3 描绘智能化转型蓝图

企业的智能化转型是一个长期的过程，不能一蹴而就。企业应避免陷入纯粹的技术思维而形成纯技术战略规划，也不能丢失战略目标而形成为了数字化而数字化、为了智能化而智能化。在制定具体的智能化转型战略的过程中，企业绘制模块化、可伸缩、易扩展的企业智能化转型蓝图至关重要，进而可建立短期、中期和长期的能力架构体系以及发展目标基线。

联想智能化转型战略四部曲如图 2-3 所示。如果说 2017 年是联想共识智能化转型愿景与目标、决定开启智能化转型战略的首年，那么 2018 年则是联想智能化转型进入"参透棋局"的一年。正是在这一年，联想正式推出智能化转型战略。自此，联想在智能化转型中，无论是明确目标、定义架构、规划路线图，还是制定指导实施迭代的价值投资与管理规划，都进入正轨，并实现了动态调整、创新发展的连绵之旅。

图 2-3　联想智能化转型战略四部曲

2.3.1　智能化转型顶层能力架构

智能化转型战略中的顶层能力架构规划，是智能化转型蓝图中极为关键的部分，需要围绕企业战略而展开。联想的 3S 战略，即智能物联网（Smart IoT）、智能基础架构（Smart Infrastructure）、行业智能及服务（Smart Verticals & Services）和"一个联想"（One Lenovo）战略，是智能化转型蓝图的基础。对于联想战略部门、智能化转型部门、IT部门的负责人而言，非常重要的一项工作就是尽早描绘出智能化转型顶层能力架构。在这里，蓝图成为真正的"实际图纸"。人们在这个图纸上将智能化转型的各种想法，进行了大胆的尝试和组合，就像是建筑物的轮廓图一样，地基、柱子和横梁被反复地加上、擦去和挪移。

企业智能化转型的三大价值，为联想的智能化转型顶层能力架构的制定提供了强有力的理论依据。联想通过结合内部战略要求、外部行业洞察，以及把握新IT的技术发展趋势，最终形成了早期的联想智能化转型顶层能力架构图，如图2-4所示。

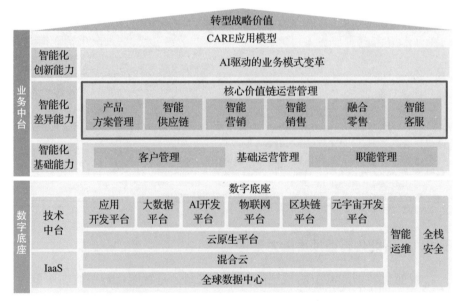

图 2-4　联想智能化转型顶层能力架构图

总体而言，联想的智能化转型战略分为三层结构。战略图的顶层是从硬件向服务及解决方案转型，是智能化转型目标，为集团总体战略目标服务。智能化转型目标表明了企业的商业模型是从"一次性的硬件销售"转变为"以客户为中心"的服务。

图 2-4 的中间层是业务中台，是围绕全价值链的智能业务运营，自下而上，分为三大能力抓手。一是智能化基础能力，指能够保障全价值链智能化运营所需的客户管理能力和职能管理能力。二是智能化差异能力，指通过构建业务中台，打造联想独有的差异化竞争力，包含产品方案管理、智能供应链、智能营销、智能销售、融合零售、智能客服模块。业务中台化的核心就是共享业务能力，高效地支持业务拓展。三是智能化创新能力，即将 AI 技术导入业务运营层，通过人机协作，支持业务模式创新。智能业务运营中的这些能力模块，更多的是通用的业务能力。例如智能营销平台（MarTech）作为实现从线索到商机的能力模块，不仅可以支撑面向大型企业用户的业务单元，也可以被来自中小型企业的线索和商机管理需求复用。这种能力中台化的设计，具有强大的扩充性。将各类业务能力作为中台化模块进行开发，以更好地支撑业务模式的不断创新与发展。由于每个应用都可以调用不同的业务模块并进行复用、组合或者加强，这使得业务前端可以组合出更多创新应用。能力模块化是与前台应用、后台技术进行双向解耦，从而实现从业务导向转变为能力导向的系统架构设计。这正是智能化业务运营的支撑逻辑。

战略图的底层是数字底座，是联想智能化转型战略图的重中之重。联想从根本上对技术架构规划上进行了"刷新"与"重构"，通过基于

"端 – 边 – 云 – 网 – 智"的新 IT 架构规划出全新的数字底座。联想的这个数字底座包含了遍布全球的私有数据中心，以及建立在私有数据中心之上并辅之以公有云服务的混合云。全新的技术中台也贯穿其中，包括云原生平台以及生长于云原生环境下的应用开发平台、大数据平台、AI 开发平台、物联网平台、区块链平台、元宇宙开发平台等。

技术中台是模块化解耦、统一标准的技术能力服务平台，是数字底座中关键的智能化使能技术。而云 / 边融合的混合云则通过更具弹性的资源环境为技术中台和业务中台赋能，保证了技术中台和业务中台的灵活、敏捷、高效、可靠的部署和运行。围绕新 IT 架构的智能运维能力和全栈安全能力也被重点突出出来予以规划。云化、中台化技术的广泛应用，使得整个数字底座触手可及、使用便捷。使用者能以更敏捷、更低成本、更灵活地获取各类计算资源和技术资源，实现业务智能化应用的快速开发和部署。

2.3.2　智能化转型实施路线图

除了静态的智能化转型顶层能力架构，企业制定智能化转型战略时还需要有一个动态执行过程的阶段目标图，即智能化转型路径射线图（见图 2-5），共同作为智能化转型蓝图的一部分。这张图又是实施路线图，是一个折叠的多任务组合。每个阶段的进一步展开，都对应着非常详细的项目列表，包含项目名称、目标、起止时间、投资额、责任部门、核心要求等（图 2-5 中折叠的部分，未显示）。这是真正意义上可以拿来即用、指导实践的实战路线图，包括转型期间一共有多少个项目，每个项目多少费用等（图 2-5 中折叠部分）非常详尽的描述。

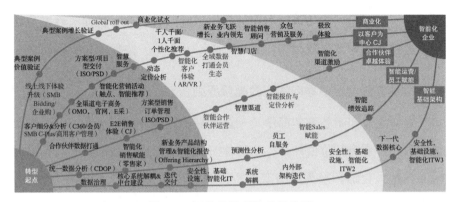

图 2-5 智能化转型路径射线图

图 2-5 所示的"智能化转型路径射线图"是联想智能化转型团队、IT 团队和业务团队一起参与制定，共同评审通过的，也是以上团队经过反复交流最终达成共识的结果。图 2-5 中包含了很多业务目标，如营销投资回报率、会员转化率、人员效率、收入、订单交付周期等。而智能化转型团队和 IT 部门的目标考核也直接跟这些业务目标挂钩。这意味他们不再只是担负着项目的交付，还要共担面向未来的业绩目标。

2.3.3 价值投资及管理规划

要实现企业智能化转型目标，既需要顶层能力架构，也需要落地举措和智能化转型路径射线图，而每个领导都会关心最终的投资回报。因此，智能化转型蓝图中必须覆盖第三个核心问题：智能化转型的投资管理机制。只有充分考虑投资成本因素，达成一致意见，有始有终，转型路线图才有意义，这也是智能化转型成功的前提之一。既要能够做好标杆项目，同时还要建立好整体的风险控制体系，自然需要一种高度警觉的平衡机制。联想在智能化转型蓝图制定初期和实践过程中，便开始着手建立一套完整的战略创新和价值投资风险管控机制，从而有效避免转型失去控制而导致失败。

1. 建立分层价值导向的资源配置原则

战略落地和闭环管理都涉及企业计划和资源分配，对人、财、物及无形资产都要进行价值评估。如何使资源能够以最合适的方式、在最短时间内最大化地转换为战略成果是智能化转型战略实施中的重要课题。达成某一个战略目标的项目可能非常多，哪一个能获得最大的投资回报率呢？怎么从策略执行角度对项目优先级进行分类和排序呢？

联想基于战略角度和业务转型角度，对整体智能化项目进行分类管理，分成战略型项目、常规业务型项目和即时型应急项目，如图 2-6 所示。根据项目类型的不同，每个项目所获得的资源也有所不同。

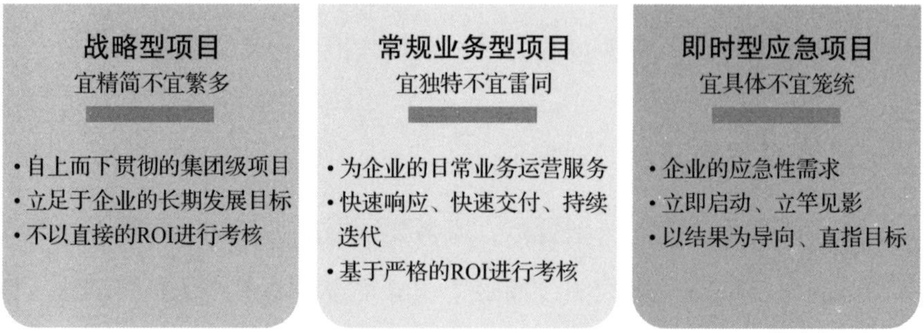

战略型项目 宜精简不宜繁多	**常规业务型项目** 宜独特不宜雷同	**即时型应急项目** 宜具体不宜笼统
• 自上而下贯彻的集团级项目 • 立足于企业的长期发展目标 • 不以直接的ROI进行考核	• 为企业的日常业务运营服务 • 快速响应、快速交付、持续迭代 • 基于严格的ROI进行考核	• 企业的应急性需求 • 立即启动、立竿见影 • 以结果为导向、直指目标

图 2-6　基于战略角度和业务转型角度的项目分类

（1）战略型项目是自上而下贯彻的企业级智能化能力建设项目。这类项目会被写入公司年度经营计划，并不是当年取得成效，而是两三年才能实现的重大转型成果。这种成果无法以直接的投资回报率体现，而需要用更为长远的战略目标来考量，比如数字底座建设、全球供应链智能化升级、联想官网建设等。此外，联想数字化、智能化平台支撑的新生业务集团——方案服务业务群（SSG）发展了订阅服务和复杂项目交付业务，这些业务后期也成为集团层面的战略型项目，以满足客户对于跨硬件、软件和服务的端到端解决方案的需求。

联想在智能化转型的开始就全面投资数字底座、升级新 IT 架构，并对云化、中台化的新一代数字底座进行战略性投资，为数据资产的挖掘和沉淀、业务中台的建设奠定了基础，以满足敏捷、柔性、低成本、快速响应业务的数字化创新需求。

联想在新 IT 架构的升级过程中需要面对原有的多样化 IT 系统。例如，在信息化时期，联想 1000 多个系统里用过 20 多个数据库，有 SAP 的 S/4 Hana、SQL Server、IBM 的 DB2 等。不同系统的数据库即使都是采用同一个品牌商的软件，但也有十多个版本。不同版本还有不同的补丁，这都需要花时间精力、人力去跟踪。由于不同的数据库有不同的标准，需要不同的运维团队，由此造成了运维成本居高不下。

为了实现大数据平台的统一、降低运维成本，IT 部门对现有的数据库做了全面评估、规整、简化、统一，借助战略型项目的投资预算，实现公司级大数据平台的建设。这不仅大幅降低了统一公司数据、建设统一数据湖、实施企业级数据治理的难度，也大大降低了运维成本，提高了运维工作的标准化、自动化、智能化，更好地保障业务运行。

总体而言，战略型项目是与集团战略转型密切相关、同智能化转型价值高度匹配的核心项目，是支持联想转型战略落地的重要驱动力。

（2）常规业务型项目是常规的数字化、智能化能力提升项目或者基础流程改善项目。这类项目主要来源于企业的日常业务运营的数字化、智能化应用需求，比如财务部门推广在线自助报销、供应链部门实施智能库存管理等。常规业务型项目是经常发生的，项目之间有很多平行和交叉。这类项目的整体实施周期更强调快速响应、快速交付、持续迭代，上线后会持续追踪业务价值是否符合立项规划，以便决定是继续投资迭代、放大价值，还是控制投资、调整甚至下线。

常规业务型项目的考核都是基于严格的投入产出比的，分析每一个项目的真实需求、预计的业务价值产出、业务逻辑、投入需求等，并同其他项目之间进行交叉比对，识别出公共业务组件和技术组件需求，完善业务中台和技术中台建设，以被更多常规业务型项目所调用。

如果说日常业务数字化、智能化运营工作是基础优化的话，那么还有一类创新探索型项目则是突破未知边界进行创新探索，面向未来尝试多样化的可能性，在新 IT 架构和业务模式上进行突破性变革，以期带来更大的智能化转型收益。这既与融合零售、订阅服务等业务模式变革相关，也跟新 IT 技术的要素（如元宇宙、区块链、生成式 AI 等应用）相关。这两者相互促进、互为因果。业务模式变革是新 IT 技术的重要推动力，新 IT 技术是业务模式变革的重要基础。

业务模式变革有关的项目成果会直接改变智能技术投入的预算和流向，对智能化转型影响巨大。因此，这一部分也是实施项目组合管理的关键点，经常会被重点审视和优先保障。比如以客户为中心转型初期的联想官网和会员体系建设就是直达客户的重要抓手，从一开始便得到优先投资保障，并长期持续投入。在赋能营销和销售部分，联想引入包括大模型在内的 AI 技术，精准经营每一个官网客户的每一个互动环节。通过提升客户体验，帮助企业打造更高的客户满意度来收获更多的订单。大量的 AI 引用探索型项目都得到了投资决策团队的青睐，获得了投资机制的优先保障。

（3）即时型应急项目是年度计划外、出于风险管控与合规需要或者企业的其他应急性需求而制定的，是一旦发生就必须立即启动、要求立竿见影的项目。这类项目是完全以结果为导向、直指目标的项目。

应急型项目常常跟安全合规、法务要求等法令法规直接相关。比如关于数据的跨境交换和数据使用方面，只要有了新的法律法规要求，就需要快速开展应急项目确保所有系统的所有数据合法合规。2018 年，欧盟正式启动了欧洲通用数据保护条例（GDPR），联想在第一时间启动了关于欧洲数据存储的 IT 项目，并在法律正式生效前完成全部必要的数据系统和流程调整，从而适应了新的监管要求。而在中国实施《数据安全法》之后，各级监管机构陆续发布数据安全相关的标准规范，数据安全建设成为各行业数字化和智能化转型下的必选项。联想也快速启动应急型项目，从自身产品安全性到对外数据安全服务等方面，通过可靠的硬件与强大的智能算法等技术投入，严格保障数据安全。

联想在制订智能化转型年度计划时，先以自上而下为主识别出战略型项目清单，然后各部门再根据年度规划提出各自业务的数字化、智能化改造需求和预算请求，经过内部讨论分析后进行优先级排序，再将其落实为常规业务型项目。

整体而言，需要控制战略型项目的数量，宜精简不宜繁多；而常规业务型项目往往是年度迭代，甚至动态迭代的，宜独特而不宜雷同；即时型应急项目由于游离于计划之外，有很大的随机性，宜具体而不宜笼统。三类项目在年度项目投资计划中的占比有所不同，其所能获得的资源和所起到的作用也有所不同，项目的启动和执行过程同时涉及组织的设置、人员的安排、流程的梳理以及内部考核激励的设置等，这都需要在项目的基础概念和愿景目标上达成统一认知，才能有效开展后续项目投资、部署和运营工作。

2. 制定预算集中、持续迭代的闭环价值管控体系

智能化转型实施过程往往长达数年。由于涉及繁复的需求分析和复杂的架构设计，加之企业规模、数字化基础、智能化成熟度、管理者诉求等诸多方面的差异，一个恰到好处的智能化项目落地并非易事。那么，这就需要建立一套科学的投资价值管理，以更有效地管理项目和防控风险。

企业智能化转型落实到具体项目上，处处都有人、财、物的需求，投资决策也纷沓而至。这就需要考虑投资方式（一次性或分阶段）、建设分期、建后验收，以及验收合格后启动下一个项目等。不同时期的内外形势与战略目标决定了需要关注的重点不同，动态决策资源配置成为将战略有效落地、构建卓越的智能业务运营能力的重要保障机制。在联想，驱动智能化项目方案的规划者采用更简单的解决方案来创造更大价值，那就是如图 2-7 所示的预算集中、持续迭代的闭环价值管控体系。

从时间轴上看，一个完整的智能化项目需要循环往复计划、执行和跟踪这三个阶段。

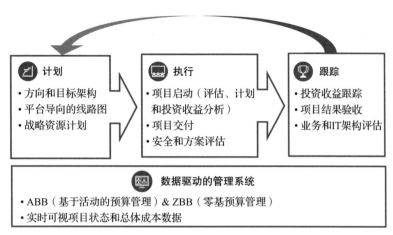

图 2-7　预算集中、持续迭代的闭环价值管控体系

阶段一是计划，即智能化项目的立项阶段，从价值角度说也是价值假说阶段。此时，企业遇到的主要难点是如何评估智能化转型的价值。在联想内部，对于项目团队来说，价值的提出会直接影响立项的结果及预算的审批。项目申请人需要在正式评审之前，完成基于客户、市场、技术等多维度的研究，形成项目研究结果、价值主张和所需的资源预算。

阶段二是执行，即智能化项目启动、交付和评估阶段，从价值角度说也是价值实现阶段。联想依托成熟的项目管理模式，搭建了基于数据驱动的可视化项目管理系统，通过透明化的形式把任务的状态、各个步骤的进度、资源的分配、指标的达成、收益的分析等一目了然地展示出来，从而实现全流程的协同和项目的全生命期管理。

阶段三是跟踪，即智能化项目的持续运营和迭代阶段，从价值角度说也是价值创新和升级阶段。项目上线后，联想会从最终用户、内部用户等多个角度收集反馈。通过反馈的结果可判断下一步是继续投资还是调整方案，或者停止投资转向其他的机会。

　　贯穿三个阶段的核心要义就是项目价值。那么该如何制定和衡量项目价值呢？不同部门会有不同的价值尺度。IT部门会讨论交付何种系统，财务部门计算投资回报率，而业务部门则更关心业务带来的直接变化。为了能够让多方的思考指针指向同一个频道，公司需要有一套价值实现的管理模型，用来管控众多的数字化、智能化项目。为此，联想进一步开发了一套完整的智能化转型闭环价值屋（CLV），如图2-8所示，可以用来定量识别智能化转型项目的价值和风险。这样一来，不同于传统IT项目的闭环终结于项目交付验收，智能化转型项目的闭环则终结于业务价值得以创造。

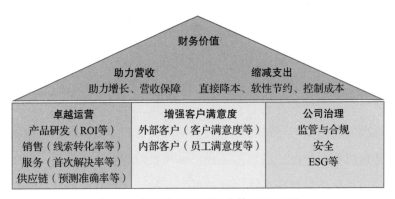

图 2-8　智能化转型闭环价值屋（CLV）

　　在推进智能化转型项目时，企业需要确认指挥棒的一致性，也就是关键绩效指标的自治逻辑。各个业务部门都会有各自的关键指标的描述，许多新的衡量指标也会出现。然而，这些开发项目的衡量指标，与智能化转型的关系是什么？跟公司最重要的指标和目标之间的关系又是什么？回答这些问题，需要对智能化转型项目的目标进行二级分解，甚至分解到三级，以保持业务颗粒度的一致性。然而不管分解到几级，都必须要跟转型蓝图的顶层指标和目标保持紧密的关联。这就意味着，所有智能化转型的项目都需要用规定的指标看待价值，而不是孤立行事，从而保证所有智能化转型项目一定能对企业最重要的 KPI 做出贡献。

联想的智能化转型部门负责对指标进行分解。这个过程采用三头找准的方式。一是调用过去几年数字化项目的经验指标，进行整体汇总；二是从业务部门给出的衡量指标出发进行分解、细化；三是从公司战略等最重要的指标出发，逐级向下延伸，细化出智能化转型的衡量指标。三类指标相遇，对上千个指标进行汇总，然后去粗取精，最终遴选出跟公司重点战略指标相关联的公共指标，并写入公司统一的数据词典。这就彻底打破了从公司战略到部门具体智能化项目之间的数据孤岛。

2.3.4　从价值屋的四个维度看智能化转型

各个部门对智能化转型的绩效指标都有了统一的认识之后，就可以用价值屋的四个维度（财务价值、卓越运营、增强客户满意度、公司治理）来看待智能化转型。

最重要的无疑是业务收入的增长和成本费用的节约。

从收入角度而言，业务收入分为直接收入和非直接收入。直接收入既包括运营价值里的主营业务收入增长，也包括战略价值里的新业务收入增长。

主营业务收入增长方面，除了直接的财务收入之外，还包括带来更多的客户和有效市场信息，也可以是通过触达全新的行业市场和地区，间接实现创收。这也包括了如何利用数字化工具提高营销的效率和销售活动的转化率等。另一方面是战略型新兴业务收入的增长。这包括直接带来新的交付价值，如设备内嵌可运营的用户界面和应用而带来的持续运营收入。同时也包括创新业务模式带来的新业务收入增长，比如通过租赁和订阅平台，就可以发展租赁和订阅服务业务等。除此之外，也有间接收入的增长，例如通过数字化工具可以增加客户黏性，从而维持企业既有收入的稳定等。

从成本费用角度来看，既有如库存等直接成本的降低，也有"软费用"的节省。例如原来没有数字化、智能化工具的情况下，需要大量人力借助 Excel 表格，提取数据进行整体分析。而智能化项目实施之后，就可以节省一部分的工作时间，从而解放人力去创造更大的价值，提升人效。

尽管财务指标经常是决定性的因素，但运营指标也是必不可少的参考。不是所有项目都只能从单一财务指标来评判。例如，很多供应链的项目，更多是运营类指标的提升，如降低产品复杂度、提高预测准确度、提高交付及时性、改善周转率等。这些体现了公司卓越运营能力的软实力，也是智能化转型的关键。而反映客户反馈的满意度和净推荐值NPS，属于智能化转型蓝图中的"运营价值"。这是联想闭环价值圈的重要支柱，也是公司战略理念"以客户为中心"的关键体现。每个企业都会有各自的战略理念，而这些理念一定要在投资价值评估中起到指引作用。

公司治理是构成价值闭环的一个必要项，也是承担社会责任的基本要求。无论是技术上出现了大量云原生、中台化的环境，还是全球化背景下的合规治理、弥补安全漏洞、改善数据出境等都是不可妥协的刚性原则。有了闭环价值屋，可以很好地防范风险，突出创新意识。

在信息化时代，IT 部门通常以完成项目、交付准时和运行无忧等为主要工作目标。项目上线发布之后就是"终点"，后续只是一些维护工作。自从运行转型闭环价值屋管控联想智能化转型项目之后，这一点被彻底打破了。所有的智能化项目，都统一由业务价值指标来驱动，这更强调了客户经营的效果、业务运行的效率、业务收益的高低、模式创新的力度、新业务的发展等，一切以业务和战略价值为基础。智能化转型项目上线不是终点，而是真正的开始。每一个智能化转型项目，都被鼓励可以看到阶段性的业务成功，定期评估它所带来的财务或者非财务的业务价值，以及是否实现了之前预定的业务目标。

2.4　设计螺旋式推进方法论

只有不断变化的生命体，才具有新陈代谢的能力。同样智能化转型的策略，也要在执行中不断迭代，才能快速逼近目标。战略在执行落地过程中，要在从计划到结果的全过程中不断实践、学习、复盘、创新，才能持续创造企业价值。联想的智能化转型实践，就是一个不断动态迭代的升华过程。

在不断迭代并逐渐收敛定向的智能化转型过程中，联想深刻地体会到一家企业的智能化转型是"制定智能化转型战略、需求分析与方案设计、选型实施、持续运营与运维、再迭代智能化转型战略"的全旅程。

这是一个螺旋上升的过程。随着技术不断创新，价值不断体现，外部环境也不断变化，企业的能力就会动态迭代，螺旋式进阶。在绘制多线并行、交错推进的智能化转型路径射线图的同时，还需要引入一套螺旋进阶的路径。为此，联想进一步完善了智能化转型持续改善的三步法：定期评估成熟度、动态更新规划、迭代转型实践，如图 2-9 所示。

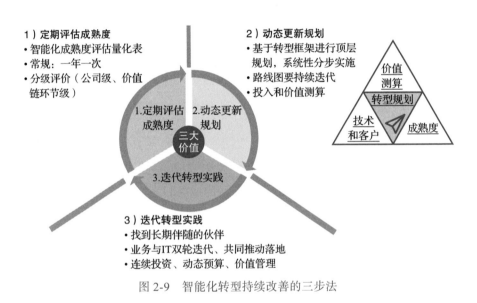

图 2-9　智能化转型持续改善的三步法

2.4.1　智能化转型实践并不断迭代

智能化转型是业务与 IT 的"双向奔赴"，是"业务 +IT"共创业务模式、共担业务转型目标、共创智能应用场景、共促落地迭代的双轮驱动过程。而串接双轮的中轴就是价值共识，即业务和技术人员共担业务责任。这就意味着，为进一步应对转型中复杂多变的需求调整和协同问题，业务部门和 IT 部门的结合将更加紧密。更灵活敏捷的组织架构和流程机制，是企业实现智能化转型的有力保障。联想按照业务与 IT 双轮迭代的方式推动智能化转型落地，如图 2-10 所示。联想在价值管理层面做好战略统筹，在共担业务转型责任基础之上，技术团队以更加专业的角度负责架构升级、技术创新以及各类平台、应用和 IT 环境的运营迭代。而业务团队则持续聚焦于新 IT 技术加持下的模式创新、流程再造以及配套的组织与人才变革。

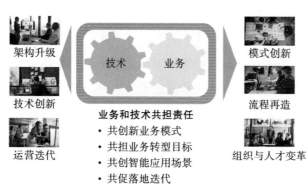

图 2-10　按照业务与 IT 双轮迭代的方式推动智能化转型落地

为了更加有效落地业务与 IT 双轮驱动的转型，联想早在智能化转型战略确立之初，便成立了集团层面、事业群 / 区域两个层面的智能化转型联合投资决策委员会（以下简称联合投委会），对智能化转型项目进行联合审核、跟踪和负责。联合投委会由智能化转型及 IT 部门、战略部、运营部和财务部四个部门负责人共同组成，大家一起对各种智能化转型项目的规划、需求和投资价值进行判断，做出业务价值导向、新 IT 技术应用得力、业务回报明确可衡量的投资决策。

联想联合投委会就像是智能化转型的守望者，捍卫数字技术和智能技术作为战略资源的价值，要求业务投资回报最大化，以及战略相关化。由于资源有限，投资回报往往是联合投委会最激烈讨论的内容。与此同时，联合投委会严格监督项目上线之后的兑现率。如果没有达到目标，往往就很难再获得新的资助。

联想联合投委会得到了集团的鼎力支持，获得智能化转型项目所需的投资，以保证项目推进的优先性和统一性。联合投委会也会鼓励各个业务单元，不要过分强调业务特殊性而呈现的独立性需求，尤其要避免再建烟囱式的孤立系统。一开始所有的业务需求，都是在智能化变革的指引下，将数字化、智能化创新需求描述清楚，把最终带来的业务价值量化出来，尽可能从集团的公共预算获得资助。在开始一段时间里，为了确保总是投资在最具价值的智能化转型项目之上，且始终保证数据打通、技术及业务中台能力充分复用，除了联合投委会之外，所有业务部门都没有独立决策和投资相关项目的权力。这为联想打好转型初期的关键战役，提供了足够的资源聚焦能力。

联想联合投委会的成立，确保了智能化转型的技术投入与业务战略的一致性。每一笔投资都是公司战略资源的定位，因此要确保投入的每一分钱跟公司战略转型完全相关。这直接促成了业务与 IT 双轮驱动，互相绑定。联合投委会还会定期阶段性交叉询问业务价值和技术性能，推动业务部门和 IT 部门的同频共振。业务团队需要将自身的流程、痛点与智能化可实现的潜在价值充分告知技术团队，以便技术团队采集相应的数据，设计相应的算法与工具，形成更有针对性的落地解决方案。而技术团队也需要不厌其烦地将最新的技术分享给业务团队，并不断分享其他企业的场景落地案例经验，分析清楚大数据、AI 等新技术引入后所能带来的业务价值。在这个双向奔赴的过程中，业务场景与新 IT 技术不断融合并持续迭代，从而最终实现智能化项目的业务价值最大化。

定期评估成熟度、动态更新规划、迭代转型实践这三个步骤贯穿了联想智能化战略转型的螺旋式进阶全过程。当这个循环结束之后，焦点重新返回到第一步，重新思考技术、市场、客户端、外界环境等发生的变化，并且进行下一轮的迭代。通过这样的循环往复过程，整个智能化转型变成了一个可追溯、可落地、可迭代的持续过程而非单次事件。联想在前期理论研究和实践总结的基础上，通过深入分析领先企业和行业的转型特征及发展规律，构建起"价值、战略、业务、技术、组织"的设计框架。与此同时，联想也完善了各个环节涉及的流程与方法论。在实践的过程中，联想充分意识到转型蓝图的引领作用。对路线图实施、价值投资和成熟度模型评估，都具有前瞻性价值。智能化转型是一个持续改善的过程，联想采用了"评估、规划、实践"的循环往复的推进方式，使得企业智能化转型可以螺旋上升。当这些流程、方法、路径都基本就绪的时候，建立数字底座这一智能化转型的关键基础设施，就会呼之欲出。毕竟，智能化转型的未来，就是立足在对数据价值的挖掘和应用之上的。

2.4.2　基于成熟度模型定期评估

客观自评，找准基点再出发，是智能化转型的前提。定期评估成熟度立足当下，通过客观评估和诊断企业的智能化成熟度水平，来确定企业在行业竞争格局中所处的位置和企业合适的出发点。联想在最初的实施过程中，在技术不断演变、转型目标持续细化、项目探索逐渐积累的情况下，每年都会进行 2～3 次的客观评估和诊断，转型蓝图也会随之更新。而当数字底座日渐成熟、智能业务运营项目到了深入执行之时，往往就只需要一年评估一次。定期审视智能化战略的效果以及战略的执行情况，这样的战略复盘非常重要。一方面可以发现问题，总结经验，随时纠偏；另一方面可以总结成果、彰显成绩，进入正向激励的良性循环。

在自身螺旋式进阶推进智能化转型的实践过程中，联想总结出企业智能化成熟度模型，将智能化水平具体划分为 L1 ～ L5 5 个级别，如图 2-11 所示。

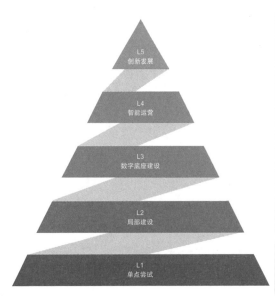

- 智能化内生实践沉淀出全新解决方案、产品智能化创新打造出全新服务，成为企业新增长引擎，赋能行业变革
- 业务与 IT 实现全面融合，AI 人才极大丰富，AI 创新融入企业文化，建立起敏捷、创新、开放的数字化 / 智能化组织

- 企业数字底座全面中台化和云化，全公司数据实现统一，战略性布局企业 Agents 和企业大模型
- 全价值链数字化运营、创新业务模式，AI 应用普遍落地，企业 Agents 和企业大模型成功落地多场景
- 涌现出更多数字化人才和 AI 人才，明确形成数据驱动和 AI 驱动的创新文化

- 企业制定了公司级的智能化转型战略，并达成普遍共识
- 全面规划和投资公司级数字底座，建立企业级数据平台，规划企业 Agents / 企业大模型及企业知识库等能力，开始鼓励和推进 AI 技术应用，展开多场景 PoC
- 明确专门的部门负责推进智能化转型，并与业务形成双轮驱动的工作机制

- 各业务部门内的信息化基本完成，能够产生数据
- 部分业务开始形成各自的数字化战略，在各部门内部开始搭建各自的数据中台，进行数字化专题分析
- 公司层逐步开始意识到统一数字化战略的重要性

- 完成核心业务环节的信息化，通过信息化实现业务流程标准化
- 在局部场景中应对客户和行业压力，被动地尝试数字化应用
- 公司层面和部门层面尚无明确的数字化战略，以采购和运维信息化设备为主

图 2-11　企业智能化成熟度模型

需要强调的是，对于正在经历智能化转型的企业而言，L1 ～ L5 并不是一个循序渐进的路径，也不是一步一步地进阶式发展。企业需要适度前瞻性地布局，以终为始，从上向下。一个企业需要基于未来战略而立足于 L5 创新发展，从这样的目标延展到当下目标。很显然，智能化

转型是有一个基础门槛的，从 L3 数字底座建设开始。

1. L1：单点尝试

处于这一级别的企业，只在一些局部场景中被动地尝试数字化应用或单点智能化产品。比如建立电商能力、投放数字广告等，或者在一些核心业务方面开始了流程标准化、信息化。在单点尝试水平，企业主要关注信息化发挥运营价值，一般能够通过信息系统提高工作效率，在一定程度上帮助降本增效，及通过拓展在线销售渠道促进主营业务增长。由于缺乏系统化规划，尚未形成成熟的智能化应用，智能化转型效果也比较有限。

2. L2：局部建设

处在这一级别的企业，在部分价值链部门（如生产制造、销售和服务等）内进行了数字化，开始了部门级的数据平台探索。例如商机管理系统和客服平台等，开始尝试市场中一些成熟的智能化应用。到达 L2 级别的企业，仍然主要关注运营价值，在降本增效、驱动主营业务增长、提升客户体验等方面有所提升。但由于缺乏全局联动，只有进一步驱动各部门谋求更深的应用，才能有更加明显深入的价值显现。

3. L3：数字底座建设

处在这一级别的企业，企业对智能化转型的认知基本已经进入到一个新的层次，智能化转型战略已经取得普遍共识。企业通过打造包括"边－云－网"基础设施和技术中台，推动统一的数字底座建设，开始有意识地为开展较全面的智能化应用做准备。达到 L3 级别的企业，智能化转型的价值目标已经不局限于运营价值，开始关注战略价值，通过公司级统一数字底座支撑来探索业务模式创新，同时运营价值也能够得到更多的挖掘。

4. L4：智能运营

处在这一级别的企业，不仅完成了数字底座的建设，而且打造了统一的业务中台，AI 技术也得到全面应用，基本实现全价值链的智能化运营，智能成为一种生产力被认同并发挥作用。达到 L4 级别的企业，智能化转型的战略价值已经能够比较明显地得到体现，如贯通全价值链，实现融合零售、客户直达、订阅等业务模式创新，有些企业开始基于数据智能打造新的增长引擎，如创新智能化新产品、智能数据分析、智能预测服务等，并且能够通过协同效应建立韧性发展能力。

5. L5：创新发展

处在这一级别的企业，新一代信息技术已经与业务活动全面融合，并且借力技术变革业务模式。这些企业往往也是所在行业的领头羊，有的甚至开放自身智能化转型的成果，带动本行业商业模式的整体变革，并通过智能化技术孵化企业的第二增长曲线，进一步确立自身在行业中的领先地位。达到 L5 级别的企业，智能化的运营价值、战略价值都能得到比较充分的发挥，智能化战略在迭代过程中能够不断深化价值目标，同时较多企业开始总结自身智能化转型的经验，对外进行赋能，服务和引领行业变革。

智能化成熟度评估，具体依托的是基于企业智能化框架而开发出来的一套量表。需要公司董事长及 CEO、智能化负责人、各业务负责人、关键职能部门负责人，以及组织及人才管理部门负责人联合评价后再加权计算，得出成熟度得分。通过与自身的历史对比、与行业平均水平对比以及智能化转型领先企业得分对比，可以识别自身的智能化转型进展、差距和努力方向，为制定和迭代智能化转型战略提供可靠的依据。

2.4.3　基于成熟度诊断结果对智能化转型蓝图进行迭代

在每一个智能化转型阶段，联想都会定期进行顶层规划的更新，分步实施，并且及时更新投入和价值测算。在更新后的顶层规划基础上再分解成各部门的转型策略，并且保持与各部门当下的业务重点同频，战略落地实施才能走得顺、走得稳、走得远。联想的智能化转型蓝图，从内生驱动业务模式变革，到外化驱动方案服务业务发展，在不同的公司战略使命下，历经 5 年多的时间，反复迭代，已经相对成熟，成为指导战略和业务发展的指南针。

不妨说，智能化转型蓝图本身也是一个产品，需要重点研发也需要不断优化。智能化转型蓝图本身不能太复杂，需要一目了然，同时也要有足够的延展性，为未来探索创新空间。与此同时，为了深度实施，智能化转型蓝图也要逐层细化，指导即刻就能落实的具体实践。比如对供应链而言，智能化转型蓝图顶层中企业的计划、制造、采购、物流等是都合并在一起的，如果将它们再逐层细化，那么业务细节并不相同。对前端客户营销和销售而言，智能化转型蓝图早期专注消费者业务群的客户全旅程直达体验。而在取得初步成功之后，就开始在大客户业务群进行从线索到订单的全平台的智能化转型。在此基础上，面向中小型企业的智能化营销变革也开始展开。此后，各种不同的实践汇集在一起，形成一套完整的智能化转型体系。

3

| 第 3 章 |

统一数字底座，重构擎天引擎

企业从来都不缺乏数据。数据往往被比喻为另一种"石油"，但这是一种难以提取的昂贵的石油，如果企业不具备提取和冶炼技术，反而更容易陷入数据应用的烦恼。若想真正成为数据的主宰者，企业必须打造坚实的数字底座。联想数字底座分为三层，如图 3-1 所示。

第一层为新型数字基础设施，由边缘设备和边缘计算平台、端与边 / 边与云之间的高速互联网络以及稳态和敏态结合的混合云所构成。这是数字底座的根基，为智能化转型提供可靠、灵活、低成本的计算、存储和网络服务。

第二层为基于云原生平台所建构出来的各类技术中台，包括应用开发平台（低代码开发）、AI 开发平台（联想大脑）、大数据平台、物联网平台、区块链平台、元宇宙开发平台等。这些技术中台既能够实现基础设施与上层业务应用的解耦，也能更加敏捷和方便地进行智能化应用的开发与创新。其中，非常重要的两个技术中台分别是大数据平台和 AI 开发平台。大数据平台是基于通用企业数据模型建设起来的，它由完善的数据治理体系提供保障，能够可信地存储、管理、分发数据"石油"的"储油罐"；AI 开发平台则由基础 AI 算法和加速引擎构成，用以释放联想数据资源巨大的智能生产力。

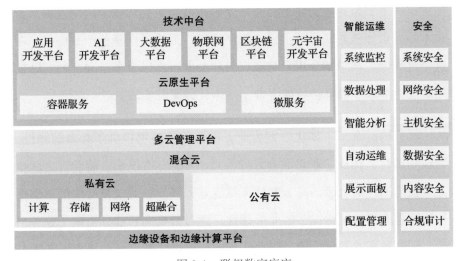

图 3-1　联想数字底座

第三层为智能运维和安全。围绕新型基础设施及技术中台，数字底座还包括全面摆脱手工运维、脚本化运维和自动化运维，全面升级到智能化运维水平的智能运维（AIOps）模块，以及保障端 – 边 – 云 – 网 – 智新 IT 架构整体安全运行的全栈安全模块，来保障联想的数字底座能够敏捷、可靠、安全地运行、响应和迭代。

战略性投资建设的数字底座，加上不断沉淀的业务中台，形成了驱动联想自身智能化转型的核心引擎。

3.1 基础设施全面云化

智能化转型的基础要素是数据，海量数据的存储、分析和计算需要弹性算力、韧性平台和悟性应用作为支撑。联想早在十几年前就开始对云技术进行探索和实践，并初步构建了自有的私有云和云原生平台。而当意识到上云是智能化转型必经之路时，联想更是加速了这一进程。云技术的探索伴随着联想的上云之旅而成长，形成了全新的产品形态。在这个过程中，联想结合用户对私有云和公有云，以及多云混合的实际使用情况，形成了极具特色的混合云一体化方案和实践。

联想的混合云一体化方案为业务的智能化转型提供了必备的弹性、韧性和悟性，构成了联想混合云的特点，如图 3-2 所示。简而言之，该方案就是通过混合云的跨云弹性来赋能业务弹性；通过自适应的基础架构保障重大不确定情况下的业务韧性；通过数据和智能分析赋予业务悟性，洞察数据，发现价值，进而实现业务的优化和创新。该方案终极目标就是满足企业的三大核心诉求：省钱、省力、省心。

图 3-3 所示为联想混合云实践。联想以自主研发的私有云为主体来承载绝大部分的业务，通过多云管理平台纳管和调度必要的公有云服务，实现资源和成本的优化，提高应用的韧性和灵活度，并提供一致的用户体验。构建在混合云之上的云原生平台是云迁移过程中应用现代化的使能者，同时促进了敏捷业务的创新；而智能运维不仅承担了各个云

平台的运维和运营职责，还持续地沉淀和构建可以共享的智能算法和服务模块，为各平台注入智能化原动力。

图 3-2　联想混合云的特点

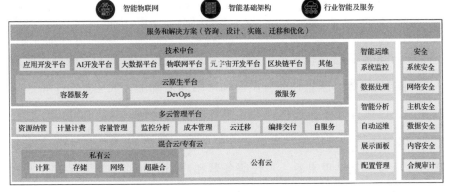

图 3-3　联想混合云实践

混合云的成功研发是联想上云之旅的重大收获。一方面，混合云为数字底座提供了坚实的智能化根基，黏合并支撑了各技术中台和业务平台；另一方面，上云之旅也磨炼了混合云，使之更加成熟和完善。

这一成功的实践也收获了重大的"外化"成果：从联想实践中总结出的 Lenovo xCloud，作为联想混合云自有品牌于 2022 年正式发布，并持续赢得包括行业领军企业在内的大量客户的信任。智能化转型在强化"内功"的同时，外化能量也开始显现。

3.1.1 早期探索与云化准备

智能化转型，云化先行。对此，联想在多年前就开始布局。无论是在基础设施云化准备（数据中心、网络、服务器）、云技术探索方面，还是在云运营模式的设计方面，联想都做了大量具有开创意义的工作。

1. 从小型机到 x86，服务器的云化准备

在 IBM 小型机大行其道，提供高性能算力的年代，联想也将自己的核心应用运行在 IBM 小型机上，支撑联想的全球业务的运行。但是，伴随着 x86 技术的突破和发展，以及联想自有服务器能力的提升，越来越多的 x86 服务器承担了重要的角色，从小型机切换到 x86 服务器成为一种可能和趋势。联想在充分调研和评估的基础上，大胆提出了将原有 IBM RISC 架构服务器迁移到 x86 服务器上的计划，并从 2009 年开始，将近 20 套关键业务应用切换到 x86 服务器。联想 IT 系统的 x86 之路如图 3-4 所示。从结果来看，不仅服务器和应用的性能得到了保障，采购成本也降低为原来的八分之一。更为重要的意义在于，从 IBM 小型机切换到 x86 服务器，为以后基于 x86 架构的服务器虚拟化和云化铺平了道路。

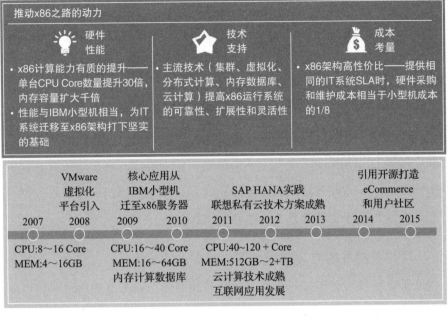

图 3-4 联想 IT 系统的 x86 之路

2. 数据中心和网络的云化改造

智能化转型往往要求数据中心和网络先行。联想需要支持遍布 180 多个国家和地区的业务，多地多数据中心的布局以及稳定高速的网络是重中之重。起初，联想在国内设立三大数据中心。随着收购 IBM PC 业务的完成，联想将数据中心的版图扩大到北美地区，在美国北卡罗来纳州的罗利和弗吉尼亚州的雷斯顿打造了两大数据中心。随着联想业务的飞速发展，海外业务需要新的布局。随着欧洲和亚太地区业务的突飞猛进，这些地区对算力的需求越来越迫切，于是联想又通过调研和选型，在德国的法兰克福打造了全球第四大数据中心，以支撑欧洲的业务。与此同时，国内的数据中心也开始进行改造，通过新技术的引入以及扩容，提前满足了业务对于海外的算力需求。

伴随着全球数据中心的建设，联想进行了网络技术的更新换代，新的网络技术（如 SD-WAN、MPLS、LNXP 等）被广泛采用。全球数据中心和网络建设工作，也成为联想混合云全球布局的先决条件。

3. "双态 IT" ——云运营模式准备

面对瞬息万变的竞争环境，联想提出同时应对"稳定态"（简称稳态）和"敏捷态"（简称敏态）的"双态战略"指导思想。这是快与慢、轻与重的权衡，一方面保持传统业务高速增长，另一方面快速提高业务创新能力，从而确保全球业务持续地高速增长。

联想将现有的 IT 业务进行了"双态 IT"的细分。稳态 IT 业务的特征是业务按照传统方式经营，战略目标明确，业务流程相对成熟，如企业的 ERP、供应链、财务等业务流程。除此之外，还有一种创新业务，也就是敏态 IT 业务，它与企业的模式创新直接相关。应对变化较快的需求，联想需要敏捷开发或者互联网模式进行快速推进。创新业务初期的业务规模较小，但后期随着业务的快速发展可能有爆炸性增长，这对于后端的算力和资源的弹性要求较高。

由于稳态业务和敏态业务的需求不同，对于基础架构、算力、网络等都有不同的要求，这对于云计算的需求更是不言而喻。从基础架构的角度，对于稳态业务，企业的核心应用优先使用混合部署，高并发大体量的数据库部署在物理服务器，对于低并发轻量级的应用则使用私有云的虚拟服务器进行交付，同时引入容器技术进行交付和使用，大大减少需求交付的等待时间，提升整体效率。

双态 IT 模式成为联想智能化转型启动后混合云建设的核心指导思

想之一。双态 IT 模式如图 3-5 所示。对于大型企业的智能化转型而言，这种模式更为务实有效。

图 3-5　双态 IT 模式

4. 云技术探索和试点：私有云及云原生

随着联想数字化和智能化的建设，资源的交付越来越快。早在 2011 年，联想就独立设计和开发了私有云平台，初步实现了云服务虚拟机的分钟级交付。此后，联想大力投入云原生的核心容器技术的研发。

为了确保从传统虚拟机到私有云及云原生平台的迁移平稳进行，联想制定了"分级分批"的迁移策略，并对 200 多个服务实现了业务无感知的零故障切换。从传统虚拟机到私有云及云原生平台的成功迁移，不但节约了研发的运维资源，而且将研发平台的可用率从 99.55% 提升至99.99%。通过应用性能监控工具，联想还实现了服务故障的快速定位，显著提升了运维效率，这大大加快了应用迭代的速度，保证了前端销售订单的变化与后端制造的配置可以实现同步更新。联想在私有云和云原生技术上的锐意探索，以及首批云迁移的项目试点，使联想成为云化道路上的先行者之一。

3.1.2 加速上云，开枝散叶

经过不断地探索和建设，联想的云基础设施逐渐完善，许多新兴业务已经率先上云，并取得了阶段性的成果。2018 年正值联想智能化转型战略全面落地的时间节点，对于业务支撑的全面云化，已经成为重中之重。战略指引明确，技术基本就绪，业务的加速上云计划已经箭在弦上。在经过充分论证和严谨评估之后，联想决定采用相对激进的上云计划，定下"私有云优先的混合云"战略，在 2019 ～ 2022 年，实现了 75% 以上的业务上云，达到业界领先水平。

三年加速上云之旅，对于一个非数字原生的企业来说，是一个巨大的挑战。传统业务的云迁移是一项复杂的系统工程。联想云迁移的路线图被分解为四大项内容，它们齐头并进、相辅相成。

1. 灯塔项目

对于传统业务而言，云迁移不是一蹴而就的。它涉及一项重要的工作，就是要对业务进行必要的改造，使之能够最大化地从云的特性中获益，进而获取最大的业务价值。联想云迁移的 5R 方法如图 3-6 所示。

5 个 R 分别是对业务的重新托管（Rehost）、重构（Refactor）、更改（Revise）、重建（Rebuild）和更换（Replace），对业务的改造程度依次升级。具有实践性和启发性的灯塔项目，是一项重要的先导性工作。灯塔项目在云迁移初期的第一项重要工作是从迁移方法论的维度，识别不同

业务的最佳迁移方法，再选择有典型代表性的业务进行实践。第二项重
要工作则是从业务价值链的维度，选择合适的业务，率先上云。比如在
第一年，联想分别选择前端电商、后端供应链和大数据平台等作为第一
批云迁移对象。灯塔项目从迁移方法论（应用改造）和业务价值链（应
用特性）两个维度获得的经验，照亮了后续迁移工作的道路。联想的灯
塔项目在 IT 部门和业务部门的通力合作下，获得了成功。

	描述	应用场景	所需投入
重新托管 Rehost	直接将应用程序重新部署到云	适用于没有兼容性阻碍的应用迁移	仅需要很少的投资即可更改基础架构配置
重构 Refactor	变更应用架构，使之适用于云	适用于需要进行架构更改或可以带来实质性收益时	需要适度投资，以修改架构框架
更改 Revise	除架构变更外，还需要修改或扩展现有代码，使之与云集成	适用于除架构变更之外，还需要大量代码修改时	需要大量投资，以更改架构框架、代码和语言
重建 Rebuild	舍弃现有技术栈，重新开发应用程序	适用于当旧的技术栈无法支持云迁移或需要进行过量的变更时	需要大量投资，以全面重建应用程序
更换 Replace	舍弃现有应用程序，并采用云上替代解决方案（如公有云的SaaS解决方案）	适用于有替代的解决方案，可提供所需的功能并满足要求时	切换到另外的应用程序（如公有云的SaaS解决方案）

图 3-6 联想云迁移的 5R 方法

2. 加速迁移

加速迁移是联想探索出的一项具有实战意义的工作。简而言之，加
速迁移就是把非生产环境的、小体量的自主研发的应用，从原有的商
用虚拟化平台（VMWare）或物理机加速迁移至自主研发的私有云平台，
快速提升了业务的云化比率，并获得了极高的成本效率。由于联想自主
研发的私有云具有巨大的成本优势，联想的其他业务部门也陆续实施了

从公有云迁移到私有云的项目。

3. 全球混合云建设

全球混合云建设是指在加速上云之旅中，不断打磨提升混合云解决方案能力。可以说，作为数字底座根基的混合云，是与业务的云迁移共生共长的。在整个云迁移过程中，联想增强了近 100 项云特性，尤其是私有云的高弹性和高韧性设计、多元算力支撑体系、混合云的纳管和调度编排、云原生平台、云灾备方案、云数据库、智能云运营、云联网等，都在实战的烈火中锤炼成了真金。作为联想"内生外化"典范的混合云解决方案 Lenovo xCloud 正是从这些实战经验和成果中孕育成熟的。

4. 运营模式

联想采用"私有云优先的混合云"战略，坚持"双态 IT"的云建设和运行模式。这种混合模式给后续的运营带来了极大的管理和治理挑战。因此，运营模式的探索和演进，自然也成为"上云之旅"的一项重要工作。这包括：①从组织层面试点云专家服务，解答疑难问题；②设立云卓越中心（Cloud CoE），对云服务进行规划和治理；③建立 DevOps 团队，对业务进行敏捷开发和云原生改造；④组建云产品团队，以产品制对云产品进行研发和孵化等。此外，从机制和流程方面，联想也建立起了一系列交付、运营和治理模式，并配套研发了先进的自动化工具，以促进这些机制和流程的落地。

上述四项工作，并不是各自独立进行的，而是相互依存、互为表里的，它们合力达成了"加速上云"之旅的成功。至第三年年底，联想业务的云化比率已经达到90%以上，远超当初制定的目标，取得极大成功，而且价值收益巨大，主要体现在以下方面。

- 战略价值。90%以上的上云率为联想业务智能化转型战略奠定了坚实的基础。云化的业务极大地促进业务的弹性应变能力和创新速度。同时，联想的混合云在云迁移中得到反复锤炼，真正成长为值得信赖的数字底座根基。并且，在云迁移中内生出的联想混合云解决方案 Lenovo xCloud，外化成了混合云品牌，是混合云市场的新晋力量，也是联想"内生外化"战略的典范。
- 成本效率。混合云的采用和运营效率的提升，带来了极大的成本效率（每年可以节省约 10 亿元）。
- 业务的连续性和应用性能。业务上云之后，业务的连续性提升了53%，核心应用的性能整体提升了 20% ～ 40%。
- 业务的敏捷性。业务上云之后，新业务的上市时间平均缩短了10 ～ 15 天。
- 业务的支撑能力。在联想远程办公员工数量增加 6 倍时，联想混合云充分发挥出了高弹性优势，为员工提供了高质量支持。此外，联想混合云还安全高效地管理了全部的业务数据（包括公有云上的数据），并通过融合多个云平台的先进云服务，极大促进了业务创新。

经过多年探索和大规模上云的历练，联想水到渠成地将"上云之旅"孵化成了商业化产品，即联想自主品牌联想混合云解决方案 Lenovo xCloud。该方案覆盖"建云、上云、用云、管云"的全周期、全场景，是既有产品又有服务的综合解决方案。

目前，联想混合云已经运行在 21 个云数据中心，遍布全球 17 座城市。灵活定制、贴近用户、随处运营、互联泛在的混合云，犹如强劲的引擎，正为联想的智能化转型提供着持续的动力。

3.2　打造公司级大数据平台

在智能化转型过程中，实现数据驱动业务尤为重要，必须有良好的数据基础，不加治理的低质量数据会给业务造成混乱。但企业往往过于重视数据转化，却忽略了对数据质量的关注。很多企业在智能化转型开始时，就陷入了这个误区。

在智能化转型的初期，联想便制定了明确的数据战略（见图 3-7）。这个数据战略是分为架构与技术、运营模型、组织与管理、指标定义（数据字典）以及涵盖数据集成、数据存储、数据处理、数据访问与消费的数据分析的全生命周期管理五部分的闭环旅程，也是指导企业级大数据平台的建设和应用的唯一准则。

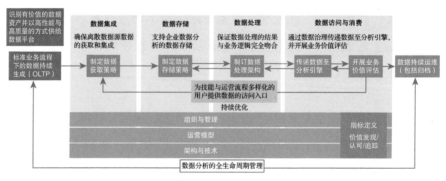

图 3-7　联想数据战略

3.2.1 数据字典：数据治理的起手式

数据治理涉及对不同数据的定义、清洗、归类、对齐等一系列工作。它容易被看成一个技术命题。然而在智能化转型的启动阶段，它却是一个标准的管理命题。来自各个系统的数据有不同的格式和字段，这并不只是数据本身的差异，还包括思考维度的不同。不同的业务部门原本就在不同的语境下进行交流。比如对于月度销售额，销售部门、财务部门、运营部门在不同语境下就有不同的口径。当汇总多来源的数据时，这些口径的不一致性很容易造成决策的缓慢和误导。显然，没有扎实的数据治理，就不能有高效的实时决策。缺乏企业内部的数据生态建设，很难保证智能化转型不会偏离既定轨道。

1. 启动数据治理，源于业务数字化管理无法回避的痛点

越来越多的海量数据导致的数据割裂且无法流通的数据孤岛现象正成为企业智能化转型的一大痛点。而不同系统的数据定义和数据模型不一致，会导致数据即使集成在一起也很难使用。对于联想这样的全球化企业而言，不同国家地区对数据隐私和安全的规定差异很大，很多员工甚至管理者都无法搞清楚哪些数据能用、哪些不能用。这让一些数据有可能成为危险而隐蔽的"隐形炸弹"。如果不能建立一套完整的数据治理体系，那么企业智能化转型将成为空中楼阁。

在智能化转型战略全面落地之前，联想的各业务部门上报的涉及同类业务的数据往往有差异。比如销售数据，有的是不同维度（例如是否包含子公司）的数据，有的则是相同维度下不同时序的数据（确定时间点的方式不同），有的则是不同系统的数据。这就导致了一种奇怪的现

象：一个小时的业务会议，大约七成的时间在核对数据。等到要讨论问题本质和方法对策时，时间所剩无几了，导致会议要么延时，要么草草收场。

管理者要把手中报表的数据对准，其实并不容易。不同部门甚至同部门不同岗位的人员在交互时往往不知不觉地使用了不同语境下的"多国语言"，这种在交互时所用"语言"的差异性，背后却涉及大量的模型和数据计算。这也是为什么不同部门对一件事情的认识会有很大差别的原因。

差异性背后还有忙碌的行政工作。例如，在大区经理开会之前，已经有大量运营人员在制作表格。他们需要从各个系统中抽取数据、补充信息，再分别跟各个部门（如财务、供应链、工厂等）进行核实及整合。即使一个月统计一次运营 KPI 报表，这对运营人员来说也是苦不堪言的。

因此，要理解企业不同部门的行为，弄清楚关键绩效指标（KPI）的内在含义至关重要。KPI 是牵引人们行为的关键指南。当企业进行智能化转型时，KPI 的设置与数据治理直接相关。企业需要在智能化转型蓝图的指引下，从数据治理的角度，对 KPI 进行梳理。要完成这样的工作，需要回到 KPI 原点，重新梳理运营和业务的基础定义。这在联想内部被称为"数据字典行动"。

2. 成立数据治理委员会，发起数据字典行动

为了统一 KPI 的含义，建立明确的价值导向，联想成立了专门的数据治理委员会，抽调智能化转型团队、IT 团队、业务团队的负责人

共同组成。业务团队和智能化转型负责人作为"数据字典行动"的共同负责人，以确保这个项目的最终落地。每一个业务节点所映射的字段含义，都要确保准确性以及在整体业务视角下的统一性。

以前，各部门的 KPI 有各自内部的约束因子，而部门之间则相对独立。现在，"数据字典行动"确保了部门间相互影响关系的一致性，从而在更大的共性基础上考虑约束因子。例如 A、B 两个部门的指标内涵存在差异，如果最终决定采用 B 部门的某个 KPI 作为双方共用，那么 A 部门的对应 KPI 就需要从系统级别、报表级别等做出相应调整。

数据治理委员会确立的重点，是从众多 KPI 进行筛选，定义整体业务层面的核心 KPI。起初数据治理委员会选择了 67 个一级 KPI，然后逐个梳理 KPI 的定义、计算逻辑、计算维度、数据源等，寻找并识别出联想各组织层级的 KPI 差异。通过不断调整，所有 KPI 被逐层分解至底层，都处在同一约束逻辑之下。简单来说，就是统一大家对各自 KPI 的定义、计算规则、数据源获取等。这看似是一个很基础的数据梳理，但对于拥有多元化业务的复杂组织，执行起来是非常艰难的。

随着数据字典的梳理逐步深入，联想率先在中国发布了数据治理标准规范，这涉及了 58 个全新的一级 KPI（包含众多的二级 KPI、三级 KPI），以及准确的定义和使用方式，同时也涉及大量的流程。在这份统一的 KPI 列表中，每一个 KPI 都经过仔细推敲和确认，以覆盖重要的运营考核指标。这份 KPI 列表还有非常详细的口径，比如"总订单""可执行订单""有效订单"等均有具体使用的场景。每个业务部门都需要按照数据字典的统一口径，进行规范用词、统一数据标准。

通过各个部门对数据治理标准规范的充分讨论和实践，数据字典第一版于启动该工作一年后正式问世。统一的 KPI 用词、统一的数据格式，使得各个软件系统之间相互协调，业务人员之间交流顺畅。在会议中，高管们可快速锚定问题、分析问题，不再会因数据分歧而产生争论。

KPI 一旦写入数据字典，就不能任意改动。KPI 的任何修改都需要严格走审批流程。为了匹配业务发展，数据字典每年都会开放一个时间窗口，在这段时间内，可以接受新的建议，从而有可能形成新的版本。这就是接受全员合理化建议而形成的年度更新版本。

3. 普及和推广数据字典

企业智能化转型的核心资产是数据，需要经过千百次的反复使用。由于各种大模型、数据算法都会用到这些数据，一旦数据出现误差，后面推导出来的所有结论就可能是错误的。然而，即使有了标准的数据字典，如果人人还是依照惯例行动，那么这些数据可能很快就会变得僵硬失准。因此，在数据字典正式发布之时，联想便同步展开数据字典普及行动。运营部门率先学习和普及。在数据字典发布时，联想内部设计了数据治理技能的认证等级。获得认证的专家有 60 多人，精英有 140 多人。通过认证的人，再通过各种渠道逐级扩散到各个业务部门中培训他人。这套高效的数据治理理念、组织方式、流程与规范，在联想中国区获得成功之后，进一步推广到整个联想。联想凭借"数据字典行动"树立坚定的信心来驱动智能化转型，这就是战略驱动。

企业不同部门之间要形成合力，就需要 KPI 的协同化、规范化和标准化，而这正是数据治理要解决的问题。完备的数据治理是为未来准备智能化协同作战的地图，如果没有数据治理，就像航海没有卫星定位。业务变革、绩效指标 KPI 和数据治理，三者密不可分。通过数据治理建立企业统一、可信的大数据平台，企业才能真正进入智能化转型的快轨道。

3.2.2　五层架构的数据生态

数据生态是数据多样性集合的生态。数据本身也有不同类型，如产品数据、供应链数据、销售数据等。它们相互连通在一起，就会产生新的洞察力。

为了形成数据驱动业务运营的效果，企业需要建立一个企业级的大数据平台，平台上汇集了所有相关的数据，以打破数据孤岛。为了实现这一点，联想建立了五层架构的数据生态（见图 3-8），完成从应用到数据、从平台到数据、从数据到洞察、从洞察到行动、从行动到收益的全流程数据流转，并实现数据价值的闭环。

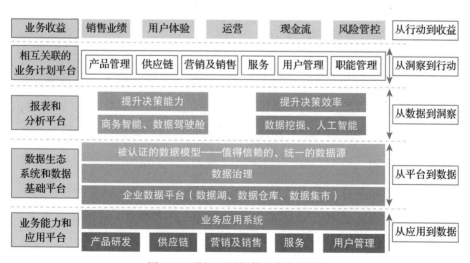

图 3-8　联想五层架构的数据生态

1. 业务收益——从行动到收益

第一层就是业务收益，实现从行动到收益的最终转化。这种收益或者是具体的销售业绩，或者是良好的用户体验，它们都指向清晰明确的企业战略目标。

2. 相互关联的业务计划平台——从洞察到行动

第二层是各个业务部门相互关联的业务计划平台，完成从洞察到行动的转化。不同部门各有自身常用的应用系统，但部门之间的交互也必不可少。各部门的数据之间产生混合和交互，发生化学反应，可以赋予部门感知全局态势的能力。这一层负责将洞察转变成行动，是采取行动的关键所在。每个层级的决策者都会从中受益，不同的权限会与岗位匹配，但所形成的洞察又会超越岗位。这使得一个部门采取行动的时候，会考虑其他部门所受到的影响。而要真正实现，则必须在五层架构的底层上打通数据并建立有效关联。比如销售大区和供应链的数据，可以在统一的数据治理之下，在底层发生数据要素的交换。

3. 报表和分析平台——从数据到洞察

第三层是报表和分析平台，完成从数据到洞察的转化。在这层，大量业务模型被频繁使用而数据作为"燃料"点亮了"洞察力"。在这层，各种报表分析模块和功能模块还会形成各种组合。例如，与营销相关的智能定价系统（PROS）会指导定价，从而使产品既能卖得好，又能有利润；与产品经理相关的则有智能研发辅助系统，可以对产品组合提出建议；而采购人员可以通过智能供应链中的需求预测，进行供需决策。同样的数据也会出现在工厂端，可用于分析那些不可执行订单的失效原因。这些系统都是基于数据驱动的，从而让一线人员突破个人经验的局限性，更加有的放矢。

4. 数据生态系统和数据基础平台——从平台到数据

在第四层，各个 KPI 所定义出来的关联数据，统一在数据生态系统和数据基础平台（企业数据平台）中。数据在这层经过重新清洗和对齐，通过数据字典对数据进行数据治理。各个部门都会使用第三层的报表和分析平台，但它所需要的数据是跨部门的。比如供应链的运行分析，还需要来自销售和财务的数据，这正是依托数据生态系统和数据基础平台的。后者将所有数据全都放在一个大的数据平台中。每个部门的决策，都从同一个位置获得数据，以保证数据源的统一。

利用通用数据模型，企业可解决数据统计口径不一致的问题。比如区域销售、供应链和财务对可执行和不可执行订单会进行不同的分析，但相互之间的逻辑是一致的。

企业可以对各类形式的数据进行机器学习甚至深度学习的训练，在传统决策分析的基础上，增加人工智能分析所形成的辅助判断。企业级大数据平台也需要能够对国际规则迅速做出反应。欧盟的通用数据保护条例（GDPR）于 2018 年 5 月生效，这被认为是极为严格的数据保护法规。当时，联想及时在数据治理策略上进行了调整。GDPR 并非偏重数据主权，更多的是保护个人数据。但是它最终意味着个人信息或者敏感信息，需要知道放在哪里、用户权限如何管理等。各国的数据信息保护法之类的规则也在不停地颁布，这意味着数据字典的更新是一个动态的过程，由此，数据仓库的物理结构需要采用灵活的定义机制，以使数据合规。

5. 业务能力和应用平台——从应用到数据

第五层是全部运营使用的业务能力的应用平台，也是业务人员日常的工作场景。这些应用系统的数据层层向上，不断进行价值转换，经过数据仓库的交汇，通过各种跨部门业务模型的整合分析，进入业务运营的计划平台，从而形成有价值的行动结果。

在数据流转的过程中，数据生态系统要保证数据的统一性。各个系统之间的数据逻辑、原表等关系在这里要完成对齐。所有系统都在数据生态所定义的语境下进行延展。全体业务部门和职能部门共同创造出闭环的数据价值。

3.2.3　企业级大数据平台

在数据生态系统，经过数据治理原则指导的数据仓库极为引人注目，它对提高决策的速度和准确性至关重要。

2017—2019 年，联想在进行大规模数字底座建设，大家都意识到智能化转型需要加速，但也有隐隐的担忧。一位高管曾经提到："现在住在一个滴水的房子里，而所有人都在跟我说明年这个房子会变得富丽堂皇，然而我关心的事实是，这个房子现在还在漏水。"

这代表了当时一种常见的看法，因为当时很多高管对业务的管理依然需要依靠 100 多张手工报表，只能打印出来仔细看。每个月总有几天的工作时间，这些高管会陷入一张一张的报表深海之中。

曾经有一段时间，联想大约七成的业务都需要手工出报表。例如，联想在海外发展的租赁业务，初期完全是一种新兴业务，自然也没有系统支持。传统的系统多是用来支持单次交易的，无法适应租赁业务这种持续付款的方式。这导致部门在开展租赁业务时，很多收付款就只能线下兑付。没有系统支持，这样的业务报表必然就只能手工完成。

另外一个问题则是很多数据存放在不同地方，没有实现单一数据源，诸如智能供应链数据与财务部门无法直接对接的情况。这让人意识到，即使定义好数据和数据所有权，如果流程不统一，那么也无法在同一个界面实现无缝对接。

若要解决这些基本问题，就需要建设一个集团层面统一的数据仓库，把数据都装载其中，实现多元数据联合共同输出报表。

再比如，联想以前有多个事业部，每个事业部汇报工作时可能就有200 张 PPT，每个月要有大量人力围绕 PPT 中涉及的数字而运转。联想开始推动智能化运营的"去 PPT 化"，倡导开会时不使用 PPT。"去 PPT 化"意味着数据使用方式的革命性变化，也意味着管理模式的创新。以前开会时，经理们经常会就某些数据产生讨论。这时就需要看到以往数据或者 PPT 之外的数据，但现场却无法完成这样的实时交互。显然，当数据逐渐增多，分析维度需要多元化且颗粒度要求更细时，现有数据系统对当前业务的支撑不足逐渐显露。全部汇报的"去 PPT 化"看似简单，实则加速了智能化转型的进程。

在这样的背景下，企业级的"麦哲伦平台"建设项目正式启动。联想希望通过如图 3-9 所示的麦哲伦平台，打造面向决策的企业级大数据平台。通过唯一认证的数据来源，联想建立了共享数据模型，形成可信赖的统一大数据平台。另外，有关共享数据模型可以通过可扩展的全球架构被所有用户共同访问。全球数据安全及隐私合规有关内容也在架构设计阶段纳入考虑，以保障大数据平台的所有用户的信息安全与数据资产安全。

图 3-9　麦哲伦平台

　　数据决策与每个管理者息息相关。高层管理者希望可以通过更全面的数据支撑来进行精准决策，中层管理者希望可以随时掌握数据动态、查看问题趋势，而一线运营人员希望可以减少手工工作，并提升数字化专业能力。图 3-10 所示的是联想大数据平台建设与发展的四个阶段。

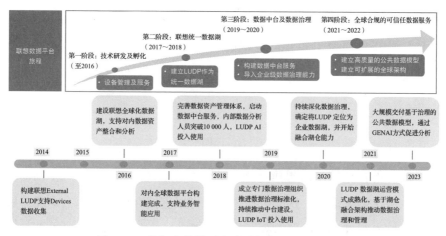

图 3-10　联想大数据平台建设与发展的四个阶段

随着麦哲伦平台逐步建成，联想在集团层面真正实现了"四个统一"，即统一标准（统一 KPI 定义）、统一模型、统一平台和统一展示。

1. 统一标准

统一标准主要指统一联想各业务平台的 KPI 定义。这就是最初"数据字典行动"所做的工作。原有不同部门下的同一个业务 KPI 的计算逻辑不一致，这会导致各个部门的报表中同一个 KPI 的数据不同，容易造成混淆。专门成立的数据治理委员会就是要联合各业务部门梳理当前指标逻辑，对一级 KPI 定义标准，设计算法，并确定正式的审批及发文流程。

2. 统一模型

统一模型指的是针对联想不同业务组织，根据业务核心价值链，从产品／方案、用户／渠道、市场、销售、供应链、售后、财务、用户体验管理等方面搭建统一的数据模型。只有通过这种数据模型所形成的数据，才是联想唯一认证的数据源。通过对数据进行统一存储、加工、访问、使用，以及对跨领域数据的支持及共享，联想真正实现了"单一真源"。这就解决了长期困扰业务的数据源不统一、数据不一致的问题。

3. 统一平台

统一平台指的是联想建立统一的云数据仓库，绕过多个中间系统，直接从源头系统取数。这样数据逻辑就可以直接在数据仓库上实现，从而缩短原有数据链条。后台作业时间显著缩短，报表数据完成效率自然得以大幅提升。

4. 统一展示

统一展示指的是联想利用统一的数据可视化工具，提升报表性能并保证一致性。

此外，麦哲伦平台的中央化权限控制能力确保企业的数据可以被安全存储和访问，确保正确的人访问到正确的数据，避免数据安全风险。

企业的数据平台多种多样。麦哲伦平台是联想数据产品及服务框架的重要组成部分。除此之外，联想还有很多不同的平台来保障不同的业务需求。

联想数据产品及服务框架如图 3-11 所示，目的是保证企业的业务价值可以实现持续交付。它自下而上分为三层。底层是技术平台层，联想构建了企业级数据湖、数据仓库，以及在此基础上的人工智能平台、商务智能平台和物联网平台等。这些能力作为坚实的技术底座，支持着数据的采集与分析。中间层则是数据运营层。这是一个"设计–开发–部署–展现–运营"的闭环管理。这里通过数据驱动决策与运营，而每一次决策与运营活动又会产生新的数据。顶层则是数据战略及治理层。围绕着整体数据战略，制定数据治理措施，并且得到各种产品及服务的支撑。

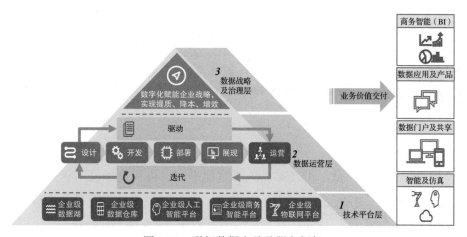

图 3-11　联想数据产品及服务框架

3.3　打造 AI 平台

3.3.1　AI 开发平台

在联想，极具特色与优势的技术中台，就是在长期战略性投资和内生实践中沉淀形成的 AI 开发平台——联想大脑（见图 3-12）。

实体经济企业内部的行业智能化应用往往有三大痛点：一是模型构建难，现场人员了解业务运行情况，但很难给出模型；二是数据样本少，很多时候业务部门难以给出足够的样本数据来进行机器学习；三是现场应用场景非常多元化，很难有通用的方案，导致方案的适配时间很长。

图 3-12　AI 开发平台——联想大脑全景图

"联想大脑"是一个基础的人工智能平台，可深度解决"行业智能化应用"的三大痛点。它的底层由两大引擎组成，分别是"大规模分布式训练 / 微调 / 推理引擎"和"边缘训推一体引擎"。

大规模分布式训练 / 微调 / 推理引擎，是为了解决模型构建难的问题。该引擎通过对模型的"压缩蒸馏"，采用多层级颗粒度和神经网络架构搜索的方式来自动构建模型，并且不断进行寻优操作。此外，高效的分布式训练技术及工具包也为多尺度大模型的训练以及个性化适配提供了保障。

边缘训推一体引擎，则是为了解决样本过少以及方案适配难的问题。它利用面向边缘侧的人在环路（Human in the loop AI）、小样本终身学习和边缘推理，即使在多元化场景中的数据量不足的情况下，仍然可以给出令人信服的语义规则和业务结果。

在此基础上，联想大脑形成了 AI 一站式开发环境，汇集了包括语音处理、自然语言处理（NLP）、知识图谱、计算机视觉及各种开源大模型等 AI 技术。这些 AI 技术的应用场景有语音处理涉及的实时语音识别、语音文件识别、自动语音识别、语音端点检测等；知识图谱则包含实体链接、关系提取、实体知识库建立等。根据不同的应用场景，这些 AI 技术可以重新组合，形成面向自动方案生成的 AI 技术组合库，方便使用者调用。

在联想将 AI 技术与产业结合的实践过程中，联想大脑正在走一条内生外化的成熟路线。在联想内部，联想大脑赋能了多家制造基地，包括武汉工厂、合肥工厂、南方智能制造基地、天津智能园区。这些工厂和园区的手机、PC 生产线都部署了联想大脑的应用。而这些应用过程中出现的情况，则作为重要的反馈，丰富了联想大脑的实践案例。

同时，联想大脑上升为了联想集团的战略级产品，在 "AI for All" 的大背景下，联想大脑嵌入的解决方案正在整个集团全面铺开。联想大脑的能力结合制造业的特点，正在外化更多的行业头部企业和联想上下游企业。在这些企业中，有的直接应用联想大脑的训练平台——炼 AI 大师（产品名称），有的通过边缘训推一体引擎的小样本技术进行行业拓展，有的将智能视频分析方案用于园区管理和智慧交通管理。另外，联想大脑在工业质检领域具有强有力的技术优势，在外观检测、缺陷检测等方面也取得了显著的成效。

3.3.2　AI 智能体开发平台

AI 智能体开发平台（AI Force）是专为企业客户打造的智能体开发

及运行平台，提供基于大语言模型的智能体构建服务，用户可以根据自身业务需求，灵活地结合提示词、知识库和插件等创建专属的企业智能体。该平台的主要功能如下。

1. 模型管理

AI 智能体开发平台提供大模型的接入服务，支持用户灵活对接多种大模型，包含开源模型、非开源模型、本地化或云端模型。此功能模块支持用户集中展示、管理与精选大模型，并支持模型的导入、配置与发布。模型管理具体可实现：

（1）配置模型。维护模型基础信息，包含模型简称、模型类型和描述，以及模型基础配置信息；根据用户维护的模型地址，系统支持模型对接验证。

（2）配置默认参数。用户可根据模型特征设置默认值，预调整模型输出的多样性、随机性和重复生成表现。

（3）模型发布和下线。

2. 提示词工程

提示词工程（Prompt Engineering）是一种旨在通过精心设计和优化输入提示词来提升大型语言模型表现的方法。该方法通过构建更精准的问题或指令，引导大型语言模型产生更加有价值的回答和输出。对于那些仅希望利用大模型自身能力，而不依赖第三方工具或外部知识库的应用场景，基于提示词工程来构建 AI 应用是一个非常合适的选择。通过这种方法，可以充分发挥大型语言模型的语言理解和生成能力，为用户提供高效、准确的智能服务。提示词工程具体提供：

（1）预置模板。基于专业的行业洞察和业务经验，提供企业多垂直领域的预置提示词模板，用户可在智能体编排阶段随选随用。

（2）定制提示词。根据业务需求，定制提示词，系统自动识别变量。

（3）优化提示词。提供提示词优化器，用户可根据提示词需求，定义优化参数（质量优化、缩短提示词、思维链条等）。提示词优化器根据算选参数，自动优化原始提示词，提供推理结果对比，并快速呈现提示词的预览效果，提升了智能体语言处理能力。

3. 知识库

知识库是一种将企业独有的内部知识和大型语言模型的能力相结合的系统，旨在实现针对特定专业领域的智能问答。知识库通过将企业积累的数据、信息和专业知识进行整合，再结合大模型的自然语言处理和理解能力，可以构建提供精确、有针对性的回答和解决方案的智能系统。这不仅增强了大模型的领域专业性，也使得企业能够更有效地利用知识资产为用户提供高质量的问答服务。知识库使得智能体能够更深入地理解用户的问题，并提供更加准确和详细的回答，从而提升用户体验和满意度。

（1）知识导入。知识库支持导入非结构化和结构化知识，用户可从本地文件导入，也可通过 API 导入外部知识库数据。

（2）知识分片。知识库可以将知识数据切分成更小的、易于处理和检索的单元。用户可在知识库创建阶段定义分片模式。知识库支持多种分片方法，例如特色的语义分片方法可根据文本实际语义切分内容，提高了数据处理效率以及智能体的检索准确性。

（3）知识向量化。知识库能在后台将知识片段转化为向量进行存储，从而提高检索的速度和效率。

（4）精细化知识权限管理。知识库能提供文件级别的授权功能，便于知识维护与权限区分。

（5）知识质量评测。为了提高智能体的表现，知识库可从有效性和含义明确性的维度对知识内容进行质量分析、识别无效内容（包含表格、图片、bullet等）和含义模糊程度，并提供具体的优化建议，提高了知识库质量。

（6）知识质量看板。通过平台维度的知识库质量看板，用户可快速掌握知识维护数量、新增趋势，查看整体知识质量分析（包含整体得分，知识库得分分布、得分排名等信息）。

4. 插件调用

基于插件（Function Calls）的AI智能体可以扩展大模型处理问题的能力，大模型通过调用插件可以更好地与外部交互并提供更完整的服务。

（1）插件创建。配置插件能力描述、调用方式、插件地址和请求信息等内容即可完成插件创建。如需参数提取，可配置问题示例来提高插件使用效果。配置完成后用户可在AI智能体开发平台进行一键验证，确保插件有效可用。

（2）插件管理。支持插件的授权、上线和下线等管理功能。

5. 智能体编排

智能体编排是一种功能强大的工具，它为用户提供了一个用于智能体调试和配置的工作台。通过这个工作台，用户可以灵活地组合和组装多种人工智能组件，如大型语言模型、提示词、知识库和插件等，以创建和定制专属的智能体。

（1）配置智能体。为了提高智能体在专业领域的问题解决能力，优化智能体交互性，智能体编排支持用户设置固定提示词，为智能体提供整体任务执行的条件指令；同时，为了满足单个任务执行的独立要求，智能体编排可为智能体设置个性化可选提示词，用户可在操作页面按需选择。

（2）知识命中与相关度评估。这可以帮助用户识别知识检索的准确性，并有针对性地优化知识文档，以提高智能体问答表现。AI 智能体开发平台在智能体配置台中提供了清晰直观的参考资料功能，即通过检索外挂知识库问题回答，用户可从模型反馈下方查看模型所有的参考来源，并附上每个来源的名称、原文片段和检索相关度评分。

（3）全程可视的调试信息。AI 智能体开发平台提供了智能体处理用户问题的推理过程，包含了工具选择、工具调用、结果返回与推理生成。用户可在智能体配置台右侧的推理信息窗口查看每一步的执行细节与处理结果，帮助用户直观地查看导致反馈异常的原因，提高智能体调试效率。

（4）智能体管理。用户通过智能体管理可编辑、发布、下线、授权和删除智能体。

6. 智能体评估

智能体评估是一种全面评价智能体输出效果的方法。用户可以在 AI 智能体开发平台上创建评估任务，并指定用于评估的数据集。随后，AI 智能体开发平台会自动启动智能体进行推理，将这些推理生成的答案与用户提供的参考答案进行比较，以此计算智能体推理结果的准确性。最后，AI 智能体开发平台会生成一份详尽的评估报告，其中不仅包括对整体评估指标的分析和评分，还附有每个评分的详细理由、智能体的整体表现概述，以及优化智能体的建议和方向。此外，评估报告还会详细列出每个测试问题的输出结果和相应的指标评分。用户通过评估报告可迅速识别智能体在交互中可能存在的问题，从而更有针对性地进行智能体的调试和优化。

7. 智能体部署

用户可以根据自己的需求选择相应的应用，并进行打包部署。AI 智能体开发平台提供了两种灵活、便捷且安全的部署方式：API 调用和 SDK 部署包。用户可根据自己的具体场景和需求，选择最合适的部署方案。通过 API 调用，用户可以直接与 AI 智能体开发平台的服务接口进行交互；而 SDK 部署包则允许用户在本地环境中集成和使用 AI 智能体开发平台的功能，确保了部署过程的安全性和便捷性。

（1）API 调用。生成部署包专用的 API Key 和 Secret Key，用户可基于密钥生成智能体访问 Token，从而实施应用部署。

（2）SDK 下载部署。AI 智能体开发平台提供下载即用的 SDK 部署包，用户可在部署阶段设定个性化 UX 细节。

8. 智能体运营管理

智能体运营的关键在平台级别的智能体运营数据看板，AI 智能体开发平台的智能体运营数据看板是一种多角度深入进行数据分析的工具。它能够全面展示智能体的运行状态和性能指标，帮助用户优化智能体的运营效果。

（1）智能组件配置情况。这包含提示词模板、插件、知识库、智能体和部署包的总数量与运行中的数量。

（2）用户请求数量。这包含用户总请求数量与今日请求数量。

（3）消耗 Token 数量。用户调用大模型产生的 Token 数量包括请求时和返回时的消耗 Token 总数，以及所有应用的直接和间接调用 Token 数量，反映了资源消耗情况。

除了以上功能，联想智能体还支持私有化部署。该功能安全可控，让 AI 从全栈到全场景，跨越大模型在企业落地的最后一公里。

3.3.3　边缘 AI 平台

边缘 AI 平台也称为"联想边缘大脑"。它汇聚了联想在边缘计算、人工智能及相关领域的前沿技术和深厚积累，可以为行业用户提供高效、灵活、可靠的边缘智能解决方案。

联想边缘大脑实现了软硬件全栈混合 AI 架构，具有入门门槛低和大模型驱动的小样本学习能力的特点。在工业制造领域的边缘场景中 AI 应用尤为关键，然而这一领域却充斥着大量长尾应用场景，这些场景需求频次低、重要性高、应用分散，且往往缺少标注数据，定制化程度高。这些长尾场景的落地面临三大主要挑战：一是模型构建的难度大，方案周期长；二是数据隐私问题，样本数据稀缺；三是场景多样性带来的行业复制难题。

为解决这三大挑战，联想边缘大脑采用了业界领先的自适应小样本终身学习技术，提供了一站式的解决方案。与传统机器视觉方案相比，这一技术显著降低了工业质检模型训练的门槛。它无须依赖云计算，直接在边缘侧进行模型训练，具有小样本、冷启动、短周期、自学习、低算力、数据不离厂等诸多优点。非算法人员也能轻松进行训练操作，训练周期从原来的数月缩短至数天，极大地提升了效率和便捷性。

联想边缘大脑由自下向上五部分组成，如图 3-13 所示。

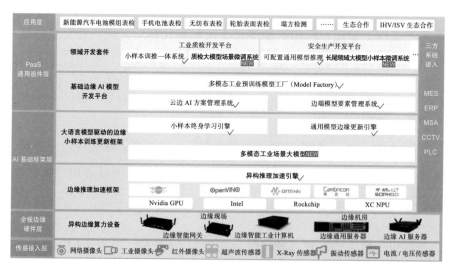

图 3-13　联想边缘大脑

第一层为传感接入层。该层能够兼容边缘场景中各类主流传感器，包括但不限于网络摄像头、工业摄像头、红外摄像头、超声波传感器、X-Ray 传感器、振动传感器以及电流 / 电压传感器等。针对工业摄像头，该层支持面阵、线阵以及 2D/3D 成像技术，并且兼容 GigE、USB 3.0 以及 GMSL 等多种协议。此外，联想还与多家主流的相关厂商建立了合作关系，包括但不限于海康、度申、埃科、大华、奥普特、大恒、堡盟等，从而确保了联想产品的广泛适用性和高度集成性。

第二层是全栈边缘硬件层。该层不仅支持边缘现场的边缘智能网关和边缘智能工业计算机，同样兼容边缘机房的边缘通用服务器和边缘 AI 服务器。

第三层是 AI 基础框架层。该层是联想边缘大脑的核心技术层（联想自主研发），涵盖了边缘推理加速框架和大模型驱动的边缘小样本训练更新框架。前者致力于解决因训练框架多样、推理引擎众多、芯片架构复杂以及边缘侧资源有限而导致的模型部署难题，通过异构推理加速引擎，可实现对主流芯片（如 Nvidia GPU、XC NPU 等）的广泛支持，显著提升了数据接入、模型前处理、模型推理、模型后处理等操作的并行度，从而大幅提高了业务吞吐量。这一框架还有效降低了功耗，实现了端到端的 AI 模型推理性能加速，性能可提升 3 ～ 10 倍，尤其在泛安防领域，支持的摄像头路数增加了 2 ～ 4 倍。大模型驱动的边缘小样本训练更新框架则针对边缘侧样本数据稀缺、训练周期长以及领域适配缓慢的挑战，提供了一套多模态大模型驱动的小样本终身学习解决方案。该框架基于小样本终身学习引擎和通用模型边缘更新引擎，可在脱离云环境的情况下，直接在边缘侧进行模型训练和本地推理自学习。它基于多模态增强的预训练模型，利用无监督建模技术和小样本学习技术，通过多尺度语义特征聚合和语义分布建模，能够灵活应对不同大小和类型的异常情况。在复杂表面混合缺陷数据集上，该框架可达到 99% 的识别精度，有效识别各种不常见或难以预知的缺陷。此外，针对场景变化带来的分布外数据和新类别数据问题，该框架基于类别增量小样本领域自适应技术（联想自主研发），实现了在快速学习新领域知识的同时避免对源领域知识的遗忘。对于适配过程中异常数据样本不足的问题，该框架采用了针对小样本开集识别的元学习技术，赋予了多模态工业场景大模型在边缘设备上快速自适应新任务的能力，训练周期可从原先的 3 ～ 6 个月大幅缩短至 5 ～ 10 天，而训练所需的样本也从 2000 多个减少至 60 ～ 300 个。

第四层是 PaaS 通用组件层，该层集成了基础边缘 AI 模型开发平台和领域开发套件，为用户提供了一站式的解决方案。基础边缘 AI 模型开发平台包括：①多模态工业预训练模型工厂（Model Factory），它基于多模态大模型技术，用户仅需通过 10 ～ 300 个不同的样本，即可快速训练出适用于边缘场景的长尾模型；②云边 AI 方案管理系统，它帮助用户构建 AI 方案，实现模型与硬件的适配和项目管理；③边端模型要素管理系统，它负责模型下放、数据传输以及方案配置管理等功能，确保整个流程的顺畅进行。领域开发套件包括工业质检开发平台和安全生产开发平台。工业质检开发平台能够与不同硬件组合成小样本训推一体系统，实现低门槛的质检项目开发。它内置的质检大模型场景微调功能能够基于具体场景快速进行模型领域适配和共享精调，提升了质检效率和准确性。安全生产开发平台则注重于实际应用场景的需求，提供了开箱即用的可配置通用模型推理功能，可覆盖 24 个常用标准人车物场景。此外，安全生产开发平台基于安防摄像头的边缘长尾场景，提供了长尾领域大模型小样本微调功能，以便用户能够快速进行模型训练适配，满足安全生产领域的多样化需求。

第五层是应用层，该层包括新能源汽车电池模组表检、手机电池表检、无纺布表检、轮胎表面表检、塌方表检，以及生态合作等。

联想边缘大脑还具备强大的开放性和可扩展性，提供了丰富的 API 和开发工具，方便用户进行定制化开发和集成。此外，联想边缘大脑支持与其他系统的无缝对接，实现了数据的共享和协同。

联想边缘大脑在联想的南方工厂、武汉工厂、合肥工厂以及天津工厂等屏幕检测、设置装配的多个场景中大量使用。同时，联想边缘大脑对外进行赋能，给联想供应链客户输出方案，并在新能源领域、轮胎、纺织、液晶屏、汽车等多个行业大量应用。这些成果不仅展示了联想在边缘智能技术方面的强大实力和创新能力，也为行业的发展和进步做出了贡献。

3.4　沉淀更多技术中台

技术中台是模块化解耦的、统一标准的技术能力服务平台。它的核心思想就是"复用"，涉及分层解耦化和分组模块化。前者是为了快速开发、提高交付效率，而后者则可以使得既有功能模块快速复用，形成经验的积累和传递。

企业内部的技术中台既包括了前文介绍的云原生平台、大数据平台、AI 开发平台，还包括物联网平台、元宇宙开发平台、区块链平台、应用开发平台等模块。

尽管这些技术中台也是数字底座的一部分，但它们并不是一开始就被直接规划出来的。它们是在总体框架范围内，随着业务中台的反复调用、识别而自然生长出来的。由于业务中台在完成业务活动的时候，需要调用很多技术组件和模块，从全视图俯瞰视角去看待这些技术组件，很多共性技术就会浮现出来。这些被识别出来的共性技术组件，完全可以只开发一次，并统一到技术中台框架中，从而可以更加方便地支撑业务中台的重复调用。从这个意义而言，在实现业务中台的过程中，很多技术中台就会自然而然地浮现出来。

3.4.1 元宇宙开发平台

元宇宙中存在一个与物理世界平行的虚拟世界，两个世界通过虚实映射、虚实叠加、虚实联动进行相互作用。通过 AR/VR、机器人等元宇宙交互接口，我们可以在虚拟世界中实现与物理世界的协作和互动。值得关注的还有仿真预测，在数字世界中，历史数据可以存储下来，借助人工智能技术，对数据进行分析、计算，并做出决策，机器设备就可实现预测性维护、业务模拟仿真等。

元宇宙中的数字化技术为智能化打开了新的想象空间。联想研究院通过持续研发和积累，叠加联想内部生产制造、园区管理等场景的应用实践，以及对用户的外化服务，逐步沉淀出联想晨星元宇宙开发平台（Daystar World）。这个平台基于计算机视觉、人工智能、数字孪生、数字人、AIGC 等前沿技术，具备三维重建、数字孪生、仿真推演、云渲染、数字人等核心能力和服务，以及元宇宙构建和业务运营的工具。它具备机器人、XR 和智能相机等元宇宙交互接口设备，可实现虚实融合、虚实映射、虚实联动，从而帮助联想和外部用户快速构建与部署元宇宙应用解决方案。联想晨星元宇宙开发平台架构如图 3-14 所示。

图 3-14　联想晨星元宇宙开发平台架构

通过在联想内部数字工厂、零碳园区管理等场景的深度应用和实践，以及后续用户场景中的外化实践，这使得晨星元宇宙开发平台具备很多非常适合实体经济企业落地应用的特点：它可以实现低成本、快速物理环境或物理对象的数字化构建；通过接入多类智能机器人，实现物理世界与虚拟世界的联动与协作；通过数字人工具实现捏脸、换装，构建智能助手等。晨星元宇宙开发平台具备开放接口，可对接大模型平台、物联网平台、大数据平台，实现与外部数字孪生平台的打通，增强平台对城市数字孪生的支持能力。

晨星元宇宙开发平台具有强大的编辑工作台，可快速构建整个工厂的三维空间。在一些场景（如电力变电站机器人巡检）中，编辑器也可在虚拟空间中进行机器人的业务点位编排工作。由于现场巡检任务部署限制较多，在虚拟空间中的操作可以缩短工期，保障业务整体的可行性。编辑平台也支持 AR 培训、虚拟会议等一系列实际业务场景。

联想坚持将实际的业务与技术相结合，通过虚实融合，将三维数字内容业务化，将业务三维数字化，达到创造业务价值的最终目标。联想三维数字化平台如图 3-15 所示。

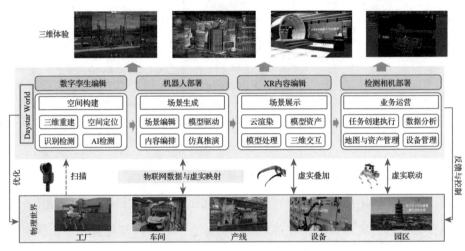

图 3-15　联想三维数字化平台

在能源领域，联想与某电网集团所属变电站合作，实现并落地"晨星元宇宙＋能源"解决方案。该解决方案包括：基于元宇宙开发平台，建设变电站的三维数字模型，实现虚实映射；采用机器人、无人机、声纹等设备实现多模态信息感知，并研制基于元宇宙数字底板的信息合成，实现虚实融合，实现了数字世界和实体世界的多种联动，如点击巡视设备可以实时显示真实画面等，实现虚实联动；基于视觉大模型的生成和检测技术，提升现场缺陷和设备隐患发现率。三维数字空间中的巡视，相对于纯人力巡检，减少约 70% 的劳动投入；相对于二维巡视，人机交互更直观快速，提升人工结果审阅和应急处理效率约 30% 以上。元宇宙智能巡视方案也可以推广应用于城市光伏设备巡检、管廊巡检等场景。

在工厂产线领域，联想与新能源汽车制造、钢铁制造、飞机制造等企业合作，实现并落地"晨星元宇宙 + 工厂产线"解决方案。该解决方案包括：利用联想核心 NeRF 技术，快速构建工厂产线高保真数字孪生模型；通过数字孪生模型及开放接口，实现产线关键设备、产品的实时虚实映射；基于机器人、相机设备等，可以对工厂产线进行实时巡检；基于视觉大模型的智能检测技术，则可实时检测产线异常状况并及时预警，以及进行产品质量的智能检测。"晨星元宇宙 + 工厂产线"解决方案为用户新型智能制造的降本增效起到了关键作用。

在文旅领域，联想与上海自然博物馆、山西应县木塔旅游景区合作，构建了"晨星元宇宙 + 文旅"解决方案。在上海自然博物馆，联想利用数字孪生、AR/VR、实时云渲染、以虚强实等技术，"复活"稀有动植物。这让游客更加生动形象地了解这些动植物，从浏览中学习到更多的知识，也为博物馆提供更加丰富多彩的参观浏览形式。此外，联想基于 AIGC（AI 自动生成内容）的空间重建技术对物理世界的应县木塔进行了数据采集并且三维重建，基于沉浸式交互设备，提供虚实叠加的现状数据、历史数据和理想数据；利用参数化图形生成算法、现实数据模型以及稳定扩散模型的联动，为研究和保护提供数据支撑，从而为文化建筑遗产研究和保护的工作方式带来显著的改变，推动古建筑本体认知、价值评估、溯源探源工作取得重大突破。

3.4.2　应用开发平台

在智能化转型的浪潮下，企业应用开发面临迭代速度快、交付频繁的压力。基于此，联想构建了新一代应用开发平台，该平台以低代码和无代码技术为基础，是面向开发人员和业务人员的一站式集成开发平台。

联想应用开发平台服务列表如图 3-16 所示。在这个应用开发平台上，开发者和设计师可以完成从原型到部署的全流程应用开发，即使普通用户和初级开发者也能快速高效地完成应用开发。

图 3-16　联想应用开发平台服务列表

联想应用开发平台采用前后端一体化的架构设计，开发者无须切换多种技术栈就能快速完成全栈应用的开发。同时，该平台还内置了完善的 DevOps 工具链，支持一键部署和自动化测试等。为了满足定制化需求，该平台采用了灵活的架构以支持扩展和二次开发。联想应用开发平台技术架构如图 3-17 所示。

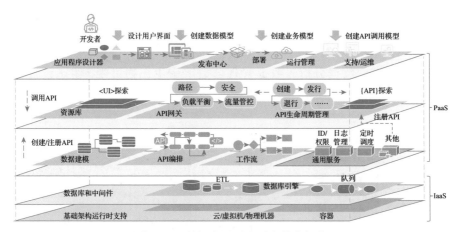

图 3-17　联想应用开发平台技术架构

联想应用开发平台还提供一站式前后端开发工具和共享服务，涵盖应用开发的全生命周期。在前端开发工具方面，该平台通过强大的页面交互设计器，让开发人员甚至业务人员能够通过拖拽实现页面的可视化设计和开发，真正实现设计即开发。在后端开发工具方面，该平台建立了数据建模工具，支持连接多种数据库。除了数据建模工具，后端开发工具还包括数据流开发工具、API 网关、服务集成等。

为了加速智能化应用创新，联想将先进的 AI 自动生成内容（AIGC）技术有机集成到应用开发平台，通过 AIGC 的智能化建模、自动代码生成等功能，进一步降低开发门槛，用户无须编码就能快速交付应用。不断突破的 AI 技术正在赋予联想应用开发平台更强大的功能，助力开发者创造出更智能、更人性化的应用。

3.4.3　物联网平台

物联网通过无处不在的数据连接口，可连接物理设备与数字系统创建了一个设备、传感器、机器人和人实时协作的生态系统。

如图 3-18 所示的联想物联网平台（IoT 平台）包括物联网边缘端与物联网平台端，提供边缘接入、边缘服务器、连接管理、实时计算（时序数据计算）、数据分析、数据管理、数字孪生、物可视（组态设计）、应用设计等功能。

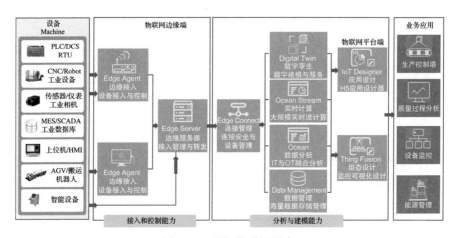

图 3-18　联想物联网平台

联想物联网平台在武汉工厂、联宝（合肥）工厂、南方基地等多个项目中成功落地，成果显著。该平台面向汽车、电子、半导体、石化、装备制造、能源等国民经济重点行业的企业提供服务。通过帮助企业搭建虚实映射的信息物理系统，该平台实现现场工艺、控制数据与信息系统数据的深度融合，并构建从接入、分析、决策到反向的控制闭环，为企业打造智能化新基础设施。

3.5　IT 智能运维

由于能够减少人工并更高效地维护 IT 系统，IT 智能运维近几年成为业界热门话题。尽管业界对智能运维仍然没有统一定义，但对于在全球化过程中接触了大量 IT 系统的联想而言，早在 2012 年，联想就已确立了如图 3-19 所示的运维升级三步走战略，而智能化是三步走战略的最后一步。

图 3-19　联想的运维升级三步走战略

三步走战略包含标准化、自动化和智能化三个阶段。

- 标准化。为了长远实现智能化运维，联想从最初就实施标准化。例如私有云中的宿主机选型、主机的 Host 命名，以及配置管理数据库（Configuration Management Database，CMDB）中各 CI（Continuos Intergration，持续集成）数据的统一。只有标准化 IT 的资产和信息，才能为后续的自动化打下基础。没有标准化就没有自动化，更谈不上更高阶的智能化。

- 自动化。当标准化实施完成后，联想就开始实现自动化，优先将日常烦琐、批量操作等比较耗时耗力的操作进行自动化，一方面可以提高效率，另一方面也可以减少因为人工操作带来的故障。之后，联想陆续上线自动化工作平台（Automation Work Platform，AWP）来简化和自动化日常操作，IT 员工可以自己在系统中定义自己的工作，从而释放出更多的精力和时间。通过一系列自动化的操作，联想最终将自动化率提高到 50%，运维的工作量也下降 60%。

- 智能化。在标准化和自动化完成之后，联想开始推动运维的智能化。这包括智能化 IT 服务管理、标准化运维服务管理、辅助工程师的问题处理、智能化的推荐知识库等，辅助以数字孪生等手段，对数据中心进行运营管理，使数据中心的设施、设备以及环境都得以监控和提前预警。而全域可视化大屏则广泛使用，从而可以运维驾驶舱，直观地看到整体的运维情况。

联想的智能运维经历了"标准化、自动化和智能化"的演进，形成了完整的体系和产品，支撑着公司庞大的运维规模。

3.5.1　构建智能运维的平台

在迅速发展的数字化时代，联想面临着日益复杂的 IT 环境和不断增长的数据管理的挑战。IT 资产最初分散存放在不同的系统，没有统一的资产管理平台，这导致了无法准确追踪和管理所有 IT 资产。这种分散的管理方式导致了低效率、高风险和资源浪费。

为了解决这一问题，结合联想 IT 运维的特点和需求，联想 IT 运维团队开启了 CMDB 智能化转型项目，收集和整合来自各个部门和系统的资产信息，包括硬件、软件、网络设备、许可证等。联想 CMDB 架构如图 3-20 所示。IT 运维团队构建了一套统一的 CMDB 平台，CMDB 充当了中央信息库，将所有 IT 资产的信息集中存储和管理。这个平台是基于最佳实践和领域专业知识建立的，旨在支持双态 IT 的发展，通过构建智能 CMDB 平台，提供了更高效、精确和可靠的配置管理。

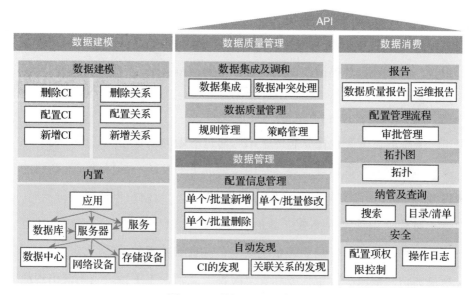

图 3-20 联想 CMDB 架构

建立 CMDB 后，IT 运维团队意识到保持数据的准确性和随时更新，对于智能 CMDB 的成功至关重要。运维团队开始建立 CMDB 与上下游系统的集成，建立了完整的消费生态系统，允许其他部门和团队使用 CMDB 数据，确保所有相关系统都能够获取和更新 CMDB 中的数据，从而促进了数据的贡献和更新。CMDB 集成了容器平台、私有云平台、多云管理平台、微服务平台、数据中心管理平台、数据库平台等 50 多个平台，支撑了自动化运维、IT 服务管理、监控及安全、财务及成本等端到端的 IT 运维场景。

CMDB 作为与其他系统互联互通的桥梁提供基础数据及关联关系，为自动化运维平台提供数据源，为变更管理提供变更影响性分析。为了确保 CMDB 数据的准确性，IT 运维团队还建立了统一的运维流程，包括数据收集、验证、更新和报告。这些流程不仅提高了数据质量，还为决策提供了可靠的数据支持。此外，IT 运维团队还创建了详细的数据报告，综合展示数据健康度及问题，帮助运维人员及时了解数据问题并进行修复。

多年的运维实践让联想运维团队通过清晰的角色定义、闭环的管理流程、先进的数据治理工具，在内部形成了一套统一的标准，为联想的 IT 运维提供了完整和准确的基础配置主数据。当用户申请新的机器时，这一过程变得简洁而高效。新的机器信息可以自动加入 CMDB，并且通过自动化运维与安全管理系统集成，这意味着新的机器可以迅速得到所需的访问权限、运维任务和安全配置，无须人工干预。当系统出现故障时，CMDB 中的智能关联关系发挥了重要作用，运维团队可以迅速查找到与故障相关的所有资产和依赖关系，从而快速定位问题的根本原因。

在 CMDB 建立初期，CMDB 数据的准确性主要依赖运维团队的手工维护，尽管团队非常努力，但随着 IT 环境的变化，手工维护变得越来越困难和耗时。随着转型的不断深入，CMDB 通过更加灵活的自动发现工具自动检测和识别新的 IT 资产及关联关系，包括服务器、应用程序、网络设备等，不断向自动化及智能化升级。此外，IT 运维团队基于联想数据维护的最佳实践，通过先进的自动化数据质量策略管理能力，建立了一套数据治理策略，通过定义规则自动发现问题数据并自动通知管理员，大大减轻了运维团队的工作负担。

随着 CMDB 的逐步成熟，联想 IT 运维团队迈向了智能化的 CMDB

管理。联想引入了智能拓扑关联关系发现工具，能够智能化识别资产之间的关系和依赖，更好地理解整个 IT 环境的复杂性，并及时识别潜在的问题。此外，通过智能的资源分析及健康度可视化，使用 AI 机器学习技术来优化资源分配，提高资源利用率，并识别潜在的性能瓶颈和风险，联想实现了资产信息的洞察，进一步实现了 CMDB 的智能化转型。

当前，联想 IT 运维团队维护的 CMDB 管理资产数量超 34 万个，每天自动化执行的任务量超 5000 个，运维管理超 3 万台服务器，每个任务每年节省 1 万多美元的运维费用，执行严格的运维变更管理且变更合格率超 94%，运维工作量降低 50%，每天节省 12 人天的运维工作量。

3.5.2　转向运维自动化

随着新 IT 技术的快速发展，企业 IT 运维团队面临越来越复杂的系统和应用管理任务。传统的手工操作和简单的工具化已经无法满足快速发展的业务需求，因此，运维自动化成为企业提高效率、降低成本以及确保稳定性的关键。

联想很多开放式创新型业务都构建于云平台之上，这需要频繁地修改资源配置，实现动态的资源扩展和收缩，以满足不同业务需求。在这个背景下，运维自动化成为支持双态 IT 发展的关键要素。为了提高效率、降低成本并提高系统稳定性，联想进行了如下的运维自动化成功实践。

1. 自动化应用部署

为了更好地适应公司智能化转型的需求，联想运维团队早在 2015 年便建立了应用自动化部署平台。该平台提供了一种高效、可靠的方式来部署和管理应用程序，从而提高了应用开发和部署的速度和质量。随着云原生技术崭露头角，联想看到了更大的机会，决定构建一个强大的DevOps工具链，以进一步提高运维的自动化能力。这个工具链不仅支持应用一键部署，还可以更好地管理代码库、测试、持续集成和部署等方面的工作流程，从而能够更快速地交付新功能并及时改进。联想能够在几分钟的时间内完成应用程序的部署，无论是在云端还是本地。这意味着业务可以更灵活地响应市场需求，更快速地满足用户期望。与此同时，应用的自动化部署也大大减少了潜在的人为错误，提高了系统的稳定性和可靠性。

2. 建立统一、灵活、跨异构、融合的自动化平台

很多企业的 IT 运维团队都面临着管理和维护多个孤立的运维工具的难题。这些工具往往是由不同团队构建和维护的，因而导致了烟囱林立的运维环境，也增加了运维人员的负担和管理的复杂性。针对这些问题，联想建立了统一、灵活、跨异构、融合的自动化平台，以提升运维质量和效率，实现一站式运维管理。这个平台不仅简化了运维流程，还提供了统一的界面和安全的远程访问及操作，使运维人员能够更快速地完成任务。

此外，联想还引入了流程机器人（Robotic Process Automation，RPA）技术，实现了对应用程序界面和网页的自动化操作。通过 RPA 技术，IT 运维团队可以将机器人用于执行与应用程序互动、数据提取、表单填写等任务，实现自动化的数据输入、数据提取、表单填写、报告生成等。而这些任务都无须人工干预。

通过建立如图 3-21 所示的统一自动化平台，联想 IT 运维团队取

得了显著的成果。当前，平台已经内置超过 2000 个自动化脚本，全面实现了不同技术堆栈不同场景的运维自动化，整体运维自动化率超过 50%，整体运维效率提高 70%，降低 90% 的手工运维操作风险。这使得运维流程更加高效，而问题的诊断和解决速度也大幅提高。运维团队之间的协作也得到了增强，因为彼此之间可以共享经验和知识。

全面的基础资源支持，丰富的自动化运维场景，预置2000+ 基础自动化脚本						
API接口支持灵活第三方调用及集成						
一键服务交付	自动故障处理	工单处理	灾难恢复	资产生命周期	资源迁移	停机窗口
网络自动化	服务器自动化	存储自动化	应用自动化	云平台自动化	容器自动化	安全自动化
软件安装	**应用部署**	**日常巡检**	**安全及配置**	**数据备份**	**资源管理**	**整合报表**
• 数据库安装 • 中间件安装 • 超算环境安装	• 部署模板 • 部署任务 • 部署回滚	• 各类IT资源巡检模板 • 支持定时巡检 • 巡检结果通知与导出 • 巡检结果建议	• 账密托管 • 系统配置 • 安全合规	• 各类数据库备份 • 支持查看各节点备份状态 • 定时备份与结果通知	• 迁移前自动检查 • 存储自动迁移 • 迁移后自动检查结果	• 基于RPA集成service now、Power BI、Grafana、SAP等系统数据，整合生成报表并定期自动发送
全栈基础设施支持						

图 3-21 联想的统一自动化平台

3. 建立完善的自动化管理体系

除了统一的自动化平台，完善的自动化管理体系也必不可少，这包括整体的运维自动化场景的构建，以及团队培训和文化的建设。自动化管理体系是 IT 运维团队自动化转型的基石，为不同团队提供了共同的框架。这个体系包括流程、工具、指导原则和最佳实践，确保自动化工作的顺利进行。

若要成功建立自动化管理体系，IT 运维团队就需要拉通不同团队的共识，建立具备不同专业人才的自动化运维小组。IT 运维团队与各个团队紧密合作，了解他们的需求和痛点，确保自动化解决方案能够满足他们的期望。这种协同合作帮助 IT 运维团队构建了一个全面的自动化运维场景，这个运维场景涵盖了日常运维的自动化操作、不同技术栈的自动化需求，以及端到端的自动化运维场景，实现了全面的运维场景自动化。

3.5.3　基于 AI 的智能运维

有了自动化运维的基础，运维的智能化转型也就提上了日程。联想 IT 运维团队通过建立全面的可观测性平台、运维数据湖和 AI 智能分析平台，配合自动化平台，实现了端到端的智能运维能力。

联想智能运维 AIOps 平台将 AI 能力集成在统一的环境中，运维数据湖中的数据资源被充分运用起来，通过机器学习、深度学习等技术手段，实现对 IT 系统的智能监控、故障预测和自动化处理等。这个平台提供了 AI 模型的管理功能，使 IT 运维团队能够更好地管理和运营各种 AI 场景。模块化的 AI 能力接入方式可以极大提升 AI 能力的复用性，现有的运维系统不再需要实践 AI 模型生成所必需的功能，只需要通过 API 的方式调取相关的 AI 能力。

基于运维数据湖及统一的 AI 开发平台，联想实现了多个端到端场景的智能运维，包括基于应用的端到端可观测性、智能日志分析、云平台资源智能调度、智能用户分析和体验管理等、自动告警收敛和关联分析。

1. 基于应用的端到端可观测性

应用可观测性是指对应用程序的全面监测、分析和洞察的能力，这不仅包括应用程序本身的性能和健康状态，还包括与应用相关的基础设施、网络、数据库和服务等。AIOps 平台实现了实时展示应用及其关联资源的运行状态的拓扑图，通过实时监测和分析，可以迅速识别并解决问题，提高用户体验，降低运维成本。

2. 智能日志分析

传统日志分析方法通常依赖手动搜索和过滤日志数据，这不仅费时费力，还容易忽略重要信息。而且，随着数据量的增加，企业需要更快速、更智能的方式来理解日志数据。为此，IT 运维团队创建了集中化的日志管理平台，可以收集、存储和分析来自各个部门和应用程序的日志数据，确保数据的一致性和完整性，并基于内部具体实践场景，制定了智能日志分析的策略。

例如，在集成类系统中，跨越多个层级和上下游系统的复杂性常常让运维变得错综复杂。当问题出现时，寻找问题的根本原因需要耗费大量时间和人力，导致运维成本居高不下，同时问题可能得不到及时解决。

基于此场景，IT 运维团队建立统一的日志分类模型和灵活的解析方案。这些方案包括过适配各种日志数据，集成了包括距离和密度估计的经典模型以及新兴的异常检测算法。系统可以实时发现服务异常，并及时产生告警通知，实现了告警邮件与告警详情的可视化联动。这种联动方式让运维人员从被动接受下游用户报单变为实时了解业务运行状态，大大提升了服务的稳定性。此外，系统还构建了统一的可视化大屏，通过 Trace 关联与日志详情下钻功能提供更深入的问题排查工具，更全面地了解问题的根本原因。这使得运维人员可以大幅度提高重复性日志数据梳理和问题排查的效率，而告警响应时间也从过去的小时级缩短到分钟级。

智能日志分析也充分赋能业务。联想全球供应链计划系统涉及800多个工作流，横跨计划系统多个模块，并与供应链上下游合作伙伴系统集成，与公司内ERP、MES等上下游系统集成，横跨多个应用与技术栈。由于该系统承载着全球供应链业务，而各种业务运作高度依赖计划系统按时输出计划结果，如果不能正常运行，不仅仅会导致无法按时发货，更容易形成连锁性的严重损失。针对该系统，AIOps平台监控了6万个以上的工作流节点、100个左右的应用实例，收集了分散的系统日志，利用大数据和机器学习等技术，采用了动态阈值、多指标分析等手段，实现了对全球供应链计划系统的智能预警，规避了15%以上的计划延迟。

3. 云平台资源智能调度

在云平台使用中，IT运维团队经常面临着资源耗尽、资源分配冲突等问题，这可能影响业务并诱发系统崩溃风险。为了解决这一挑战，IT运维团队决定通过数据分析增强云平台的调度计划能力，以更好地管理服务器负载，使其适应不同业务场景的需求。

面对上百台服务器和上千个虚拟机的复杂环境，IT运维团队面临着两大主要挑战：一是需要在服务器间平衡资源，避免资源冲突，以确保系统稳定性；二是在资源调度时，必须最小化对性能的影响，以保证用户体验。

为了应对这些挑战，IT运维团队采用了开源优化算法，用于优化OpenStack的调度计划，以确保资源的合理分配并避免冲突。通过这一方法，IT运维团队能够更智能地配置和执行调度计划，提高系统的资源利用率和稳定性。这项优化工作为团队带来了重要的业务价值。当云计算的某个节点崩溃时，IT 运维团队能够减少数据库和应用集群的崩溃风险，从而提高整个系统的稳定性。而当资源紧张需要竞争时，IT 运维团队能够增加数据库和应用的性能，确保用户在高需求时依然能够享受到良好的性能和响应速度。通过这些改进，IT 运维团队为业务提供了更可靠、更高效的云计算服务，满足用户的需求，确保他们的业务顺利运行，同时也降低系统崩溃的风险。这一优化为内部用户带来了更出色的体验。

4. 智能用户分析和体验管理

智能用户分析和体验管理延续了联想智能化转型"以客户为中心"的战略理念。在这里，每一位员工都是 IT 运维部门的客户。联想的员工总数超过 7 万人，业务遍布全球 180 多个国家和地区，使用超过 1000 套应用系统。这对于 IT 部门而言，本身就构成了一个庞大的"客户群"。通过将大量运维数据沉淀在数据湖并加以分析，AI 开发平台可以对每一位员工的数字技能有着清晰的了解，第一时间了解用户的既有能力，将用户需要的知识在合适的时间推荐给用户，比如在财务结算的月结期间，将应用系统的月结关键注意事项推荐给财务月结人员等，尤其是对于入职不久的新员工帮助更大。这样一来，很多场景就实现了"员工自运维"。

5. 自动告警收敛和关联分析

随着联想 IT 环境日益变得复杂，故障引发点往往防不胜防。这些故障的隐患可能来自上千套的应用系统、超过 4 万多台基础设施设备（云平台、服务器、网络设备、数据库和中间件等）和成千上万的告警轰炸。如果没有得力的助手，这些海量问题的涌入会使得运维工程师们无法集中精力处理系统的关键问题。而 AI 开发平台启用 FP-Growth 等算法对告警相关性进行分析，通过告警抑制及告警收敛等手段，可以对告警进行有效治理，在漏报及误报率保持稳定的前提下，将告警抑制和压缩率提升到 91.6%，明显减少了告警风暴的发生。

基于运维数据湖的实践是企业提升 IT 运维智能化转型的必由之路。而联想则更进一步，开启了基于生成式 AI 的智能运维实践。通过深度融合大模型等前沿技术手段，联想打造了基于生成式 AI 的智能对话机器人、自动作业调度和执行、智能 IT 运维的脚本生成、领域特定数据检索增强生成（RAG）等产品能力。例如，借助生成式 AI，IT 运维团队增强了在 IT 服务一直采用的聊天机器人，它借助大语言模型（LLM）和本地运维知识库，协助用户查询、提单，并采用对话的方式执行运维操作等。基于 LLM 的自动作业调度和执行是采用 LLM 构建的自动化作业调度系统。该系统可以自动识别 IT 运维任务，根据任务类型和优先级进行调度和执行，不再需要手动计划和执行作业，系统会智能地分析和调度任务，从而提高了效率，减少了人为错误的风险。同时，它还可以对任务执行情况进行实时监控和反馈，及时发现异常情况并进行处理。

智能 IT 运维的脚本生成则是利用生成式 AI 技术结合 IT 运维的实际需求和场景开发出的一套自动化脚本生成系统。该系统可以根据用户输入的参数和条件，自动生成相应的脚本代码，从而实现自动化运维的目标。这种方式不仅提高了效率，还降低了人为错误的可能性。智能脚本生成技术能够自动生成适用于不同情境的运维脚本，提高开发者的效率，更快速地应对运维任务，无论是数据处理、系统配置还是报告生成，都可以轻松搞定，是智能运维的一项重要创新。

领域特定数据检索增强生成是 IT 运维团队针对特定的领域和业务场景开发的一种基于 RAG 的数据检索技术。该技术可以通过对领域专家的知识建模和机器学习算法的支持，实现对特定领域数据的高效检索和分析。RAG 技术将数据检索提升到全新水平，这种方式可以帮助 IT 运维人员更快地找到所需信息，提高工作效率和质量。

生成式 AI 技术未来依然会有更多创新运维方式的出现，这是每一个大企业的 IT 运维都可以大展身手的地方。

整体而言，联想的智能运维融合了众多的实战能力，其他还包括基于数字孪生的 3D 数据中心管理（DCIM）、AI 增强的 ITSM、支持低代码开发的运维可视化平台、超算自动化平台、SAP 智能运维、AI 共享服务中心等。这些智能运维的实践得到了严苛的实战验证，因此也获得了大量外部用户的青睐。

3.6 全栈安全

随着全球网络空间快速发展，高危漏洞、大流量分布式拒绝服务（DDoS）攻击、数据泄露等事件频频发生。在高速变化的网络威胁态势中，企业仅仅依靠对漏洞的补救或针对已知问题进行防范是远远不够的。要应对不断涌现的新威胁，企业需要系统化构建全栈安全体系以应对新的安全挑战。

联想作为一家全球化公司，在信息安全和个人隐私保护方面一直与世界同步。20 世纪 90 年代前，联想一直致力于通信保密安全，主要保障传递信息的安全，防止信源、信宿以外的对象查看信息。20 世纪 90 年代后，计算机病毒、蠕虫和木马等恶意代码通过网络传播，造成了更大范围的危害。而现在的挑战更大，除了通信保密之外，计算机操作系统安全、分布式系统安全和网络系统安全的重要性和紧迫性更加凸现。为了解决这些信息安全问题，联想安全团队积极使用防火墙、入侵检测、漏洞扫描及 VPN 网络安全技术，保障联想信息安全。随着联想全球业务的迅速发展，传统的 IT 架构已无法满足新业务的模式，联想通过智能化转型战略，将 IT 架构升级为"端 – 边 – 云 – 网 – 智"的新 IT 架构，如何在新 IT 环境下保障信息安全和数据安全，成为联想安全团队的新课题。以下列举部分实践。

3.6.1　加密

通过冒充来规避相互认证、窃听网络传输是常见的安全隐患。联想安全团队通过几个措施来保障信息安全。

- 访问内网资源必须通过 VPN 通道。
- 使用 SSL/TLS 1.2 以上（安全套接字 / 传输层安全协议）加密协议，并要求对所有传输进行加密，以管理服务器身份验证并防止数据被窃取。
- 安全团队根据不同的级别来实现存储加密，对信息实现分级管理。针对机密级别以上的数据，对应的字段或数据表必须通过 AES256 加密。

- 对于敏感数据，通过隐私团队的合规审查并实施相应的脱敏措施。

3.6.2　身份识别和验证

在云平台搭建的过程中，联想众多内网应用都通过自己独立的认证系统，缺乏集团统一的用户认证系统。由于不同应用团队的安全能力不同，这使得相应的安全问题直接暴露出来。在转型过程中，联想在内部开始了深度的改造，所有内网系统都统一集成 ADFS 来做身份认证，这样就解放了应用团队对于认证系统的设计和管理。用户可以通过单点登录的方式获得极大的便利。由于权限还是由各应用系统控制，用户的认证则由 ADFS 统一管理，这样可以实现对用户账户的全生命周期管理。

3.6.3　保护暴露的 API

无保护措施的 API 会将敏感数据暴露，这会导致恶意攻击并利用身份验证、授权令牌或密钥来操纵个人信息和数据。互联网暴露的 API 一直以来是令人头疼的问题。联想云化之旅的初期，有超过 1500 个应用，许多都有潜在暴露的风险。在充分评估 API 暴露的风险后，通过安全团队和其他多个团队的通力合作，联想开发了集成平台提供的 API 网关系统，给对外发布的 API 提供安全能力。所有对外发布的 API 均需要在封装后再对外发布，这样外部需要访问联想的 API 统一都通过这个 API 网关，从而减少对外暴露的服务，增加系统安全性。联想安全团队也就安全保障取得"三个必须"的共识，即 API 密钥必须和加密密钥、代码签名密钥同等对待；第三方开发者必须确保密钥的安全；在发布 API 密钥之前，必须验证第三方，以避免安全问题。

3.6.4　抵御攻击

通过发出拒绝服务 DoS 攻击，攻击者会让云或移动办公企业变得无法访问。网络服务由于共享资源（例如 CPU、RAM、磁盘空间或网络带宽）固有的弱点，在虚拟环境中易受到干扰。而与拒绝服务 DoS 攻击相比，DDoS 攻击的量大，对应用层的危害程度更高。这是因为 DDoS 攻击从多个源发起，并最终在中间的某个位置开始攻击。当攻击被发现时，网络流量拥挤不堪，网站毫无还手之力。联想应对此风险，主要通过将入侵者流量重定向到缓冲设备来抵御 DoS 攻击。抵御 DDoS 攻击需要强大的 DDoS 缓冲设备，当存在来自多个方向的攻击时，缓冲设备必须能够立即起作用。

3.6.5　防范可能的内部攻击

调研发现，企业受到的攻击很多来自内部员工，包括企业员工和外部顾问。针对该风险，联想做出缜密的安全部署。联想要求无论内外网用户，连入内网都需要使用 VPN，在接入 VPN 的同时检查终端设备是否合规，不合规的机器将不允许连接内网。并且，联想积极落实员工安全教育和管理，比如员工需要签署 NDA 保密协议、对员工终端设备做合规检查、对员工定期进行安全意识培训、实施严格的密码安全策略、限制对公司关键设备的访问等。

3.6.6　建立以数据为中心的风险管理体系

在不断的实践和积累中，联想建立起以数据为中心的风险管理体系，这套体系从数据、人员、产品三个方面建设：数据方面，覆盖采集、分析处理、输出等多个重点；人员方面，建立信息安全评分及员工行为风险量化机制，准确识别和管控员工使用、处理数据过程中的各维度风险；产品方面，对用户隐私进行全方位保护。联想还建立数据安全内控体系和审计监督机制，通过统一身份管理、统一鉴权、统一日志等方式建立体系化的审计监督机制；利用大数据风险分析技术，建立数据使用异常分析控制，及时识别业务运营过程中的数据使用风险。

通过一系列措施，联想安全团队在网络安全日渐严峻的环境下，保证了整个系统的全栈安全。

3.7　竖起擎天引擎

数字底座是联想智能化转型的根基和基础，从技术层面达到足够敏捷、柔性、低成本和高效，以应对快速变化的用户需求以及联想深层次的业务模式变革。然而，要能够真正实现业务的智能化运营，业务层面需要展现同样的特性。同前端应用充分解耦、模块化、组件化的业务中台呼之欲出。通过主动规划和全方位沉淀，覆盖企业全价值链的业务中台与前文介绍的数字底座中的混合云及技术中台部分共同构成驱动业务模式变革的智能 IT 引擎——联想称之为"擎天"（Optimus）。有了擎天这样的智能 IT 引擎，联想的业务运营智能化便插上了翅膀。

3.7.1　沉淀业务中台

业务中台的概念起源于互联网企业。在互联网快速的发展过程中，传统的单一架构、单一业务线的模式已经无法满足复杂多变的市场需求。互联网公司为了适应这种变化，将公司内部的业务能力和业务逻辑进行抽象、标准化、复用，形成独立的业务服务平台，业务中台的概念就此产生。业务中台可以支持不同业务线之间的共享和协同，降低重复开发的成本，同时也能够提高业务应用创新的灵活性。

2017年，互联网公司面临的一系列产品设计和开发问题，联想也感同身受。联想的业务端模式呈现多样化的态势，从客户群来看，有面向消费客户、中小企业客户、政企大客户等全量客群，而在销售模式上则同时存在着直接销售、分销代理等多种方式。因此，联想内部的业务支撑也是多样的。系统开发、升级、运维中的常见问题见表3-1。

表3-1 系统开发、升级、运维中的常见问题

序号	问题	问题描述
1	研发效率低下	传统开发模式下，各个业务线可能会重复开发相似的功能，造成资源浪费和效率低下
2	业务碎片化	传统企业常常存在业务碎片化、各部门信息孤岛的情况，导致信息和资源无法充分共享和协同
3	业务扩展受限	新业务的引入和扩展常常面临架构调整和重复开发的问题，增加了上线时间和成术
4	业务创新受阻	传统业务架构限制了企业对新业务模式的尝试和创新，难以快速适应市场变化

为了能够快速响应市场变化，联想决定逐步从"孤岛系统"的开发中释放一部分力量，投入业务中台的建设。智能化转型团队联合IT团队，在深入理解企业业务、技术架构以及组织文化的基础上，开始规划和实施企业业务中台建设蓝图。

- 团队分析当前业务架构，确定哪些业务模块可以抽象为中台服

务，以及如何将它们标准化、通用化。这需要确定业务中台的
边界，包括涉及的业务模块、技术架构、支持的业务流程等。
同时，也要明确相关的目标，如提高效率、降低成本、加强创
新等。

- 明确业务中台的建设和实施基本原则，强化微服务架构、清晰易
  用的 API 接口和统一的数据架构的设计。

- 通过主动开发、实践沉淀、不断迭代的动态开发路径，在实践中
  逐步沉淀出有效的业务中台架构，形成产品研发管理、供应链
  管理、营销管理（MarTech）、销售管理（SalesTech）、客服管理、
  融合零售、企业运营管理等共享业务能力模块。

在业务中台的建设中，各通用模块不断抽象，公共应用组件不断积
累，形成标准的功能预制板，支撑联想研产供销服全价值链的通用业务
中台得以逐步形成。

3.7.2 重构擎天引擎

联想将覆盖"端 – 边 – 云 – 网 – 智"的新 IT 全栈能力优势应用到
自身的智能化转型实践之中。在此过程中，联想将业务中台与技术中台
各模块组合、集成、封装，逐渐形成一个通用的平台，即服务的 PaaS
平台，沉淀形成新 IT 核心引擎——联想擎天引擎，这也是智能化转型
的关键支柱。

擎天引擎 1.0 的关键词是"重构"，也即云化、中台化。通过"三
年加速上云之旅"，混合云已经成为联想新 IT 系统应用的主流部署方
式；通过打造公司级的大数据平台、建设 AI 平台等技术中台能力、沉

淀业务中台等，中台化成为支持前台应用的主要架构。2018—2020 年的每年初，联想 IT 部门都会进行系统的企业架构讨论和审查，内部称为"Enterprise Architecture Review"，以保持企业 IT 架构的持续迭代和升级，在保持平稳切换的同时，避免重复建设。

2021 年左右，随着云化、中台化的完成，擎天引擎 1.0 继续迭代、升级，形成了相对稳定的擎天架构 2.0。擎天引擎 2.0（2021）如图 3-22 所示。

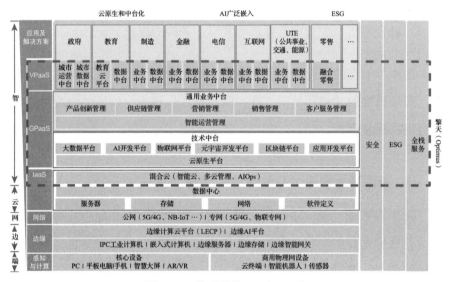

图 3-22　擎天引擎 2.0（2021）

擎天引擎 2.0 具有云原生和中台化、AI 广泛嵌入、ESG（环境 / 社会 / 治理）的特征，凝聚了联想的新 IT 数字底座和在产品创新管理、供应链管理、营销管理、销售管理、客户服务管理等主价值链的通用业务中台能力，成为联想业务运营智能化的强大支撑。

自下而上看，擎天引擎的支撑底层是混合云。第二层则是包括云原生平台在内的技术中台。技术中台具有一定的技术模块的通用性，但并没有业务属性附属其中。第三层则是覆盖全价值链的通用业务中台。通用业务中台则带有很强的业务属性，但它并不直接面向行业应用，因此也不带有行业属性。技术中台和通用业务中台，二者共同构成了敏捷的能力支撑。顶层则是垂直行业平台 VPaaS，它具有完整的行业属性，如制造行业、教育行业等。这些行业之间的应用场景会有不同的地方，需要单独定制开发。但通用业务中台和技术中台仍然有很多通用之处能够被复用。

擎天引擎需要数字底座的先进性来保证效率，而它的中台部分（通用业务中台和技术中台）则确保"智能化"应用能够敏捷开发。从结构上看，它对联想新 IT 架构"端–边–云–网–智"也有着明确的呼应。

3.7.3 迭代与发展擎天引擎

擎天引擎是联想描绘智能化转型蓝图的同步产物。随着技术、业务和智能化转型的认知等不断地迭代升级，智能化转型蓝图也一直在迭代。当蓝图动态迭代时，擎天引擎也在同步成长。它在一开始只有一级模块，而在边研讨边开发的过程中，更加细致的二级、三级模块也逐渐出现。由于所有模块都是由智能化转型的整体战略牵引的，因此前后模块能保持高度统一的内洽逻辑性。

有了基于新 IT 架构的初版擎天引擎，联想的智能化实践得以加速推进。业务创新源源不断，开发和部署则变得敏捷而灵活。业务中台和技术中台也在业务实践过程中不断积累，为擎天引擎注入新的活力。经过一年时间的密集迭代，擎天引擎的二级模块变得越来越丰富、清晰。

正是由于逐次迭代，擎天引擎才能非常严谨地承接智能化转型战略，支持联想数字化和智能化能力的稳健提升。智能 IT 引擎这一核心支柱一直非常稳健地存在且变得越来越清晰，与业务部门的关联性也越来越强。骨架成型、羽翼丰满的擎天引擎成为"智能化能力"的具象存在，担负起驱动业务运营智能化变革的使命。而在未来，它也将承担起驱动第二增长引擎的关键使命。

3.7.4　大模型时代的擎天引擎再升级

进入 2023 年，以 ChatGPT 4.0 为代表的深度学习神经网络大模型的人工智能算法，呈现出"智能涌现"的通用人工智能的能力。利用大模型这种"智能涌现"能力，人们构建出仅通过自然语言描述任务，就能自动生成文章、图片等内容的人工智能系统，即 AIGC（AI-Generated Content，人工智能生成内容）。大模型的能力不断泛化，使得 AIGC 类型不断丰富且技术的通用性越来越强。它不仅在消费互联网领域触发数字内容的全新变革，而且作为新的生产力工具，也将大幅度推进传统产业的智能化转型。

大模型的技术突破，唤醒了"智能体"的概念，从 2023 年下半年开始，智能体（AI Agent）迅速发展，出现多款"出圈"的研究成果。

智能体是一种能够感知环境、自主进行决策和执行动作的智能实体。不同于传统的人工智能，以大模型驱动的企业智能体，具备通过独立思考、调用工具来逐步完成给定目标的能力，如上下文理解和记忆、意图理解、基于思维链的任务分解和规划、自我认知能力边界、调用知识和调用工具等，从而能够在多种场景中实现总结归纳、语言理解、自然交互、主动服务、自动执行等落地创新功能，开启了人工智能的全新时代。

以大模型驱动的企业智能体的出现将深刻改变企业 IT 架构，为业务应用带来前所未有的便利和效率。在大模型兴起之前，AI 模型仅仅适用于单一的场景，每个 AI 模型都专注于特定任务。企业的业务应用系统根据需要调用不同的 AI 模型，实现特定功能。每一项 AI 应用，都需要根据场景来准备数据、开发模型，进行长时间的测试和调优。AI 企业在商业化之路上步履维艰，面对的正是研发费用居高不下、企业定制化要求层出不穷、缺少商业规模复制的场景等挑战。

然而，随着大模型和智能体的诞生，企业迎来了一种全新的智能化范式。大模型如同企业的大脑，具备强大的综合学习和推理能力，能够自动理解用户的意图；企业智能体开始出现雏形，能够规划并解析复杂任务，进而调用企业内部系统完成多种任务。这形成了一种崭新的、以企业大模型和企业智能体为核心的集成方式。

以企业大模型驱动的企业智能体为核心的新型 IT 架构和执行方式为"未来智能企业"带来了巨大的优势。大模型的全面学习和理解能力意味着企业不再需要大量的单一用途模型，简化了系统架构，基于大模型基础能力做简单微调就能直接形成应用，减少了开发成本。大模型能够更好地适应复杂多变的业务环境，通过不断学习和调整来提高适应性，使得企业能够更灵活地应对市场变化。

基于对企业大模型落地趋势及其推动形成的企业新 IT 架构的前瞻判断，擎天引擎也进行了一次大升级。这次升级从 2023 年的年中开始规划，到 2024 年初正式确定，成为引导联想企业大模型和智能体建设的指导框架。

这次升级，表现为：

（1）企业大模型将成为数字化水平相对较高的企业进一步智能化转型的主要推动力。大中型企业将陆续具有私有化部署的企业大模型。

（2）领先企业开始建设企业智能体，并在企业内部广泛部署。企业智能体将成为企业内外部交互的第一界面。企业智能体是以企业大模型为基础开发的，包含具有自然交互、意图理解、任务分解能力的应用，能够像"企业智能双胞胎"一样协助企业调用内外部各种系统能力，简化流程，自动完成一系列任务，从而提高效率。

（3）企业原有 IT 系统将成为企业智能体调用的工具。原有系统的系统功能将进一步原子化、插件化、接口化，基于企业智能体的标准插件规范与企业智能体对接。

（4）企业内部知识将特别重要，成为企业智能体能够通过自然语言的方式解答问题、生成符合企业风格和专业领域的内容、实现企业个性化智能的关键。

在联想内部，这次新升级的成果被称之为"擎天引擎 3.0"（见图 3-23）。基于擎天引擎 3.0，联想也在内部构建起"营销智能体""销售智能体""服务智能体""融合零售智能体"等一系列智能体应用，并在此过程中，开始积累丰富的工具和方法论。AI 平台能力如前文所述得以进一步扩展，从传统经典 AI 模型扩充到企业大模型及企业大模型训练、微调、加速、部署等工具。联想还构建全新智能体开发和运营平台，让业务部门能够通过低代码、自服务的方式，迅速地构建细分场景的智能体。除此之外，联想也开始加速企业知识库和企业工具库（传统 IT 系统插件化）的构建。

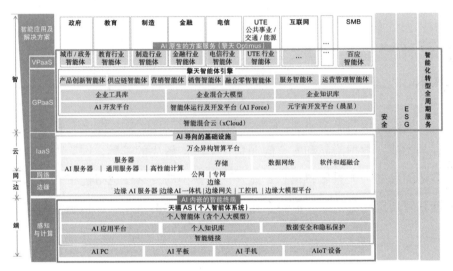

图 3-23　擎天引擎 3.0

　　大模型作为企业智能体的核心，需要企业部署更多的智能算力。大型企业、中小型企业有着各自独特的考虑因素，也意味着有着不同的选择。大型企业通常具备更丰富的资源，能够承担更大规模的智能算力部署。这类企业可能会选择在自有数据中心或云平台上建设高性能计算集群，以满足大模型的训练和推理需求。这样的部署方式能够提供灵活性和定制性，以满足企业独特的业务需求，并能够更好地管理大规模数据的存储和处理。

相较之下，中小型企业资源和预算通常有限，需要更加灵活和经济高效的智能算力解决方案。AI 云计算平台成为中小型企业的一种常见选择，因为它可以提供按需付费的服务模式，避免了高额的固定成本。因此，中小型企业通常考虑采用云端的 AI 服务，通过 API 调用模型，无须自行建设庞大的基础设施，快速实现智能化应用。此外，一些企业可能会选择混合云部署，即同时利用本地数据中心和云服务。这种方式可以充分利用云的灵活性和弹性，同时保留对一些敏感数据的本地控制。混合云模型可以满足企业对于性能、安全性和成本控制方面的多重需求。

尽管大模型在企业 IT 架构中带来了巨大的变革，但也需要注意潜在的挑战。数据隐私和安全问题是一个亟待解决的难题，因为大模型需要访问和处理大量敏感信息。此外，大模型的复杂性也可能带来技术实施和管理层面的挑战，需要企业在推进智能化的过程中保持敏锐的风险意识。

大模型的出现不仅标志着技术的飞跃，更为企业带来了全新的智能化机遇。它进一步拓展了数字底座的应用空间。数字底座与以 AI 牵引的智能生产力直接相关，是新 IT 架构的关键组成部分。对于一个企业的智能化转型而言，要想让企业的业务运营全面智能化，理解数字底座的基本内涵至关重要。它涉及基础设施的云化、严谨的数据治理体系、深思熟虑的业务中台和技术中台。智能运维和全栈安全都进入了新的篇章。而驱动业务模式变革的智能 IT 引擎，在大模型时代不断进化。

第 4 章

全价值链运营智能化升级

　　企业智能化转型，核心在于对企业的全价值链环节以及运营体系的全面智能化升级。新 IT 生产力是提升企业价值的关键。联想凭借具备双态 IT 能力的数字底座以及更加敏捷、柔性的业务中台共同构成的擎天引擎，显著加速了运营数字化和智能化的进程。图 4-1 所示为联想智能业务运营全景图，从中可以看到，各个价值链环节以及职能体系的发展，都紧密围绕集团的"以客户为中心转型"和"多元化转型"（3S 转型）战略，共同驶向发展快车道。

图 4-1　联想智能业务运营全景图

4.1　智能产品方案管理，AI 辅助智创未来

产品创新是有一定规律可循的。卓越的产品研发就是能够量化已知信息、预测未来并合理配置资源。而传统的产品开发流程由于存在一定的缺陷，因而很难达到这一理想状态。

在产品管理流程中，产品组合与规划、产品交付、产品生命周期管理这三个阶段，需要在多个互不联通的软件系统中进行交互。大量数据分散存储在 Excel、PPT、邮件、调查问卷之中。这涉及漫长的流程和多元化的数据，使得产品管理团队忙于应付。而不同团队在依次汇总整理数据后，还要再层层汇报给上级领导进行多轮决策。看上去决策流程步步为营，但业务流程过于烦琐，信息层层过滤失真，这也容易导致产品规划无法真实地贴合市场需求。

在传统的产品规划、定义与研发模式下，企业往往只关注与产品研发有关的数据，导致数据离散程度大、系统间功能较弱、集成和开放能力低。在这个过程中，企业容易忽视大量上下游数据以及看似无关但对产品预测具有重要价值的行业、市场和客户反馈数据的积累。如何唤醒那些沉睡在企业庞大的业务中台或外部合作伙伴系统中的数据资源，是一个很现实的挑战。更重要的是，如果企业要将用户端的需求精准地引入研发设计端，那么仅依靠传统的串行研发流程中的数据流转是远远不够的。

此外，虽然传统的 PLM 系统在业务和技术框架中打通了从研发到生产的信息壁垒，但是很多情况下，PLM 输出的数据内容对下游系统来说仍然不够。这导致了数据间的互不相通，使得那些被分裂的数据无法有效用于智能化的决策判断。

为了全面升级产品创新管理体系，联想在集团智能化转型战略启动之初，决定采用从用户到用户的端到端产品研发循环，并将 AI 技术也嵌入其中，形成了一种全新的研发思路。这一转变将原本的串行研发流程，转变为根据用户需求持续改进的闭环数字化研发流程，联想智能化赋能下的产品管理体系如图 4-2 所示。在此管理体系中，AI 技术能够精准感知用户需求，并将这些需求及时反馈到战略规划阶段，从而实现了研发决策的前移。

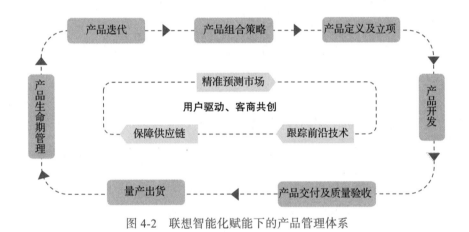

图 4-2　联想智能化赋能下的产品管理体系

在全新产品管理体系的引领下，联想进一步梳理产品规划、定义、研发及管理的流程，形成了数字化驱动、AI 嵌入的智能产品创新业务中台架构。如图 4-3 所示为联想智能产品创新平台设计框架，包括技术规划、产品投资组合管理、产品分析和智能决策、联合研发管理、物料管理等多个模块。而联想统一的大数据平台，则作为产品主数据平台为各个模块提供数据服务。

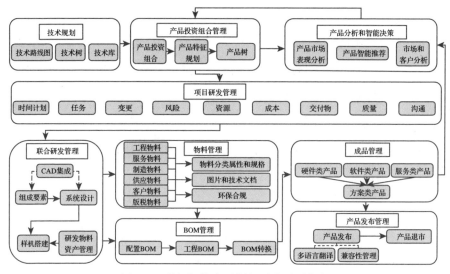

图 4-3　联想智能产品创新平台设计框架

4.1.1　用户驱动、客商共创的管理体系

在产品创新体系之中，联想将用户引入闭环，形成用户驱动、客商共创的管理体系，通过分析用户对既有产品的满意度反馈，准确把握客户需求。我们充分利用已有的"客户直达"通道，如微信群、粉丝群、会员社区等，积极发起一系列活动，邀请用户直接参与产品定义与研发过程。通过粉丝定义产品、会员尝鲜试用等活动，让用户从产品定义的初期就参与其中。这既提升了客户的参与感，也能够保证产品在定义之初就能准确把握客户需求。而各个用户活动的数据可以无缝地进行连接，汇聚成完整的数据链，用于进行更加深入的数据洞察和预测。

4.1.2　打造智能产品，创新业务中台

端到端的数据互通、自动化处理、智能化决策，是研发创新的关

键。基于总体蓝图规划，联想开发了大量的自研模块，构建了开放灵活的松耦合架构，有效打破了传统的数据区分的弊端，从而为产品研发引入了更多有价值的数据。

自 2017 年开始，联想陆续推出了一系列的智能产品创新模块，包括产品战略智能规划模块（PPM）、系统物料清单预研管理模块（OSB）、产品主数据管理模块（PMDM）、产品生命周期数据报表模块（PLM Report）等自研模块化软件。这些自研软件的开发，能够进一步深化市面上商业套件的功能，以"商业套件 + 自研卫星软件"的双驱动模式，有力推动了产品研发管理的智能化转型。

联想的产品战略智能规划模块（PPM），是数据驱动设计的一个重要板块。PPM 的目标是加速产品战略的智能化驱动，提供灵活的预测机制和响应机制。PPM 模块打通了财务数据、PLM 产品零部件数据、产品出货量数据、预测分析数据这四类关键数据。它通过自动获取产品出货量和行业信息，预测产品的市场表现，来驱动下一代产品策略的优化。这种"四合一"的数据报表，使得产品经理能够对产品具有全方位、前瞻性的判断。如此一来，传统研发的静态战略便得以转变为更灵活的动态战略。

4.1.3 嵌入 AI 技术，实现智能化升级

为了满足日益多样化、个性化的用户需求，产品系列与 SKU 的组合管理是至关重要的产品开发策略。联想每年会推出多种型号的计算机、手机等产品，其中涉及屏幕尺寸、CPU 型号、内存等多种部件的多种规格。

型号是一种创新的尝试，但也容易陷入沼泽地。如果销量不高的长尾产品太多，无疑会影响企业的利润。若要避免出现太多销量不佳的边缘化产品，产品研发就需要提前做好产品战略规划。然而在实际多型号的研发过程中，企业充满了众多微小细节的决策。这需要产品经理频繁使用数据进行产品组合的分析，以减少预测偏差。过去，对于这样繁复、充满预测不确定性的产品组合规划与管理，产品经理只能靠经验判断，容易导致设计上的随意性和盲目性。

为了解决产品组合管理和长尾产品长周期预测及规划的难题，联想在智能产品创新平台的基础上，开发出了产研智能化平台 Jarvis。它让产品经理拥有了提前察觉用户场景的能力，通过精准分析总体市场以及繁杂的各细分市场体量走势，来预测新产品的投放效益。

例如，对于某个产品组合的零部件选择，Jarvis 能够基于产品的历史销量，分析畅销产品的型号特征，再把畅销产品通过物料清单展开，分析哪种产品的组合好，包括屏幕尺寸、CPU 型号、内存和硬盘大小等。

这些深入的分析得益于 Jarvis 所搭载的 AI 预测引擎。它通过机器学习（含深度学习）、时间序列预测等技术，可以实现对 200 多个 PC 细分市场的高准确度、高覆盖率、多维度定制化的预测。

Jarvis 的 AI 预测引擎采用了标准化的算法构建流程，包括数据准备、特征工程、算法选择、模型训练和模型评估。在数据准备阶段，Jarvis 能够高效收集并整理公司内部数据库、外部提供商数据和公开统计数据等原始数据，并进行清洗和预处理，确保数据的完整性、准确性和可用性。在特征工程阶段，Jarvis 会对数据进行特征提取和处理，例如将连续型数据离散化、对离散型数据进行编码、对时间序列数据进行平滑处理等，以使其更适合算法模型的训练。在算法选择阶段，Jarvis 会根据数据的特点和业务需求，选择合适的算法模型。在模型训练阶段，Jarvis 会使用数据训练算法模型，使模型能够学习数据的规律。在训练过程中，Jarvis 会设置合适的训练参数，如迭代次数和学习率等。有了这些模型后，还需要进行模型评估。这个阶段，Jarvis 会使用测试数据评估模型的性能，如准确率和覆盖率等，从而判断模型的好坏，确保入选的模型能够满足实际的业务需求。

为了打通智能产品创新平台赋能决策流程，Jarvis 在先进的 AI 预测引擎之上，搭建了一个可以进行预测的"兵书"系统。它将决策流程中市场体量预测以外的各种指标和逻辑涵盖其中，以充分模拟决策人的决策树。用户只需要输入关键参数，输出结果就可以呈现在可视化看板，从而实现决策的高度智能化、自动化、可视化。

预测零部件组合对于销量的影响是研发的一个方向。而另外一个方向，则是判断哪些创新技术会获得用户的认可，这也是研发管理需要颇费思量的事情。在纷繁复杂的创新技术海洋里，具备哪些特质的创新技术最终会成为用户认可的市场主流，而又有哪些创新技术只是昙花一现，这是企业需要思考的问题。

围绕创新技术预测主题，Jarvis 进一步开发了"创新技术认可预测模块"，能够通过丰富的数据库、强大的 AI 引擎，对未来 1～2 年各创新技术在市场上的认可程度进行精准预测。

在数据层面，产研智能化平台 Jarvis 也是一个数据透视中心。数据库的内容是丰富多样的，包括与技术迭代有关的专利申请数据、学术论文发表数据、风险投资数据等外部数据，还包括市场数据（如第三方咨询公司 IDC、德国 GfK 等公司提供的数据）、业务运营数据（如供应链数据、销售数据、财务数据）以及宏观经济数据（如消费者信心指数、采购经理指数）等不同数据的组合，从而为市场预测打下良好的基础。

Jarvis 创新技术预测模块涵盖了自然语言处理、深度学习、预测模型、情感分析等多维度的 AI 技术，从而能够很好地把握将创新技术推向市场的最佳时机。

2019 年，摩托罗拉手机 Razr 2019 以折叠屏的形态，复刻了往日的经典机型 RAZR V3。当时，昂贵的折叠屏技术并没有完全得到市场的认可，而折叠卷轴技术更没有成熟的供应链。如果想要推出折叠屏产品，联想必须动用资源与上游的供应商联合开发设备、设计贴合角度，还要专门开发新的计量设备等。这种投入是否值得？ Jarvis 的技术策略树给出了肯定的建议。于是，联想在研发折叠屏手机时，也提前投入资源进行设备的技术研究，这让摩托罗拉手机获得了率先进入市场的先发优势。当 2023 年折叠屏手机开始在市场上大放异彩时，早有准备的摩托罗拉手机在北美、南美、欧洲等地迅速挤入 Top3 之列。可以说，在 Jarvis 的加持下，联想提前对技术序列进行准备和评估，使摩托罗拉折叠屏手机成功地赶上了全球市场第一波布局。

Jarvis 与 PPM 是一个很好的组合。作为 AI 开发平台，Jarvis 通过 AI 进行模型训练和模型决策，而最终决策则在产品规划管理 PPM 模块里完成。PPM 从 Jarvis 获取数据分析结果，形成各种维度的仪表盘作为决策支撑，最终形成不同的产品组合。Jarvis 的预测功能为产品管理部门提供一种预测能力，能够预测更远的未来可能发生的情况。PPM 模块中的 Jarvis AI，可以预测 90 多个消费 PC 的细分市场，平均每个细分市场的预测准确度大于 85%。

产品创新的智能化，使得产品战略规划可以精简产品组合，让工程师能够聚焦在优势产品的研发上，并且提前布局新技术。通过数据驱动，产品管理与研发人员可以了解一线客户的需求。而在 AI 的辅助下，产品部门可以避免经验主义的困扰，打败长尾，减少无谓开发；研发部门也可以集中更多研发资源，让更多精品、畅销品走向市场。

4.2　智能供应链，韧性运营的可靠保障

联想智能供应链有三大特点。一是"全球资源，本地交付"，这使得联想可以充分利用全球各地的资源优势，实现质量、成本和效率的平衡。二是"一体协同，全局最优"，"联想一体化平台"能够实现对细分客户的端到端支持。三是具备极高的敏捷度、极强的韧性，以及绿色低碳，这得益于联想较早地开启了供应链智能化升级。

4.2.1　战略驱动，重构供应链模型

联想全球供应链的智能化，除了源自供应链团队对自身核心竞争力的不懈追求，更是联想两大战略驱动的必然要求。

第一个战略驱动是业务全球化。联想拥有超过 30 多家自有及合作

工厂、2000 余家核心零部件供应商，每年要完成超过 500 万个客户订单的交付，同 280 万家分销商和渠道商完成业务合作。这些资源和需求涉及全球 180 个国家和地区。只有非常高的运营效率，才能应对这些复杂商业环境的挑战。对于运营至上的公司来说，供应链是"超级护城河"。考虑到全球产业环境不确定因素越来越多，企业若要在充满竞争的市场中保持竞争力，则供应链智能化转型是关键解决之道。如果没有卓越的供应链数字能力作为支撑，企业很难驾驭分布全球的业务，以及应对复杂商业环境的风险和挑战。

第二个战略驱动是需求多样化。这包括广泛的受众群，既有大型企业，也有中小企业，还有个体的消费者。客户需求个性化、差异化程度不断提高，细分市场也越来越多，这对供应链的交付能力提出了极高的要求。要落实"以客户为中心"的战略，就需要供应链具有强韧性和高敏捷性。只有重构供应链的运营模式和业务流程，通过数字化改造和智能化管理方法来应对海量个性化的需求，才能支撑起联想客户的多样化、个性化需求，提升交付体验。

除了以上两大战略驱动，对供应链而言，人工智能的价值也在快速提升。作为将"IT 创造价值"的信念深深刻在骨子里的公司，联想早在 2017 年 AI 应用刚开始兴起的时候，就开始了 AI 技术和供应链融合的探索，尝试用智能技术重塑供应链的全过程。

目前，联想供应链经过智能化升级，订单从给出预计交期到供应链给予交付承诺的时间缩短了 50%，订单交付的准确率提升了 32%，产品的故障率也下降了 22%，整体供应链成本节省约 1.43 亿美元。在供应链领域全球权威的榜单 Gartner Top 25 中，联想 2023 年排名第八，是亚洲唯一入选前十的企业。

1. 供应链的 321 模型

2017 年，联想重新梳理了全球供应链在智能化转型下的架构，提出了"供应链的 321 模型（见图 4-4）"，即三大价值链（三大业务中枢）、两个协同平台、一个供应链智能控制塔的总体架构。

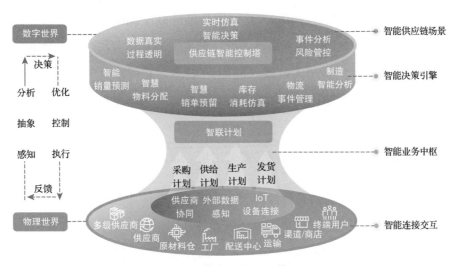

图 4-4 供应链的 321 模型

三大价值链涵盖了供应链最核心的业务流程，分别聚焦客户满意度、成本、质量的平衡和持续优化。这三大价值链可以视为供应链业务运行的大动脉，分别同步保持强有力的流动。通过需求到供给流程来确保采购及库存成本的优化，通过订单到交付的透明状态来保障对客户高效的履约，而产品全生命周期质量管理则用来确保新品的快速上市和产品品质。

大动脉的强劲搏动，离不开两大协同平台的支撑，正如供应链的左心房和右心房。一个平台是产销协同平台。这个平台为供应链和前端销售组织高效协同提供基础支撑，通过产销协同 S&OP 机制来解决企业内部经营层面的协同，从而确保产品规划、需求供给、财务目标三者保持一致。另一个平台是供应商协同生态。这个平台用来与外部进行协同，通过与供应商、OEM 厂商、承运商联动，实现在采购、运输、质量、ESG 等各个层面的协同。

"供应链 321 模型"中的"1"，就是供应链智能化运营的"大脑"，即供应链智能控制塔。控制塔通过统一调度，实现运营状态及绩效水平的实时透明可视。运用大数据分析及 AI 技术，它可以实现对供应链的全局管控、风险感知以及高质量的智能决策。作为集团智能化转型战略落地的重要举措，供应链智能控制塔在丰富的业务场景以及新 IT 不断创新的加持下，助力联想实现"聚数成塔、智控全链"的目标。

供应链三大价值链升级的背后，是联想对整体业务架构和业务运营模式的思考与变革。联想全球供应链在业务规划时采用了 STOP[⊖]（"风险拒止"）的框架，分别代表战略、技术、组织和流程。从战略层面而言，提升客户体验是关键目标。在组织上，联想采用纵横矩阵的结合方式，将多条业务线、多个地区、三种客户形态交织在一起，使得供应链能够成为"一链到底"的平台，用数据来驱动供应链上所有横向和纵向的业务环节。流程的打通也是必不可少的，这必然涉及很多流程的改造。要实现这一点，数字化与智能化技术是必备工具。

⊖ STOP 分别代表战略（Strategy）、技术（Technology）、组织（Organization）和流程（Process）。

为了实现三大价值链的重塑，联想采用了三级策略树的对策，三个级别分别对应长期战略级、中期战术级和短期运营级。

"长期战略级"主要用于辅助管理层进行决策，具体涉及三个方向：智库与洞见、风险感控、战略决策。越高层面的决策，越需要辩证地、中长期地预判产业走向。这需要采集大量的社会信息进行分析，作为辅助支撑来解决人的认知局限问题。这些信息包括恶劣天气、突发事件（如罢工或者港口停运等）、"暴雷"企业（及其与核心供应商的关联度）等。为此，联想供应链部门建立了专门的智库，以扩大对趋势的洞察力，同时设立风险办公室，与战略部门一起，确保战略的全面性和战术的健康度。

"中期战术级"着眼于通过实时可视化的数字能力来支撑业务目标的达成，并且通过供应链的协同来快速响应需求和供给的变化。战术层面对端到端流程的拉通和业务节奏的把控尤为明显，通过将计划协同作为指挥棒来确保整个供应链的协同协奏，以高效达成交付目标。

"短期运营级"则聚焦一线运营，偏重短期运作执行，以保持日常运营的健壮性和敏捷响应。通过供应链智能控制塔，运营人员可以按周进行需求预测与供应预测，例如对于未来销量的推断，采用两周一次的预测频率，来察觉订单风险。如果发现两周的预测偏离很大，这可能就是风险事件的触发信号。供应链计划需要强大的模拟能力。如果一个供应链节点出现缺货，那么企业需要立即启动替代方案。而对于下游需求激增、缺货等，企业也要紧急做出响应，并向上游供应商发出信号。

"短期运营级"还有一种特殊机制，即风险合规机制，这是一种需要时常保持警戒的常备机制。当某种产品突然出现异常情况、无法合法使用时，企业就需要紧急启动联动方案，所有的上游物料需要全部切换到位。哪些供应商需要切换、产能如何移动、备用供应商的比例如何分配等，这些相互关联的方案都涉及庞大的数据调动和分析。很显然，这已经超越了人的经验和能力，只有依赖智能供应链的模拟计算和大数据分析，才能管理这些不确定性的突发事件。智能化技术能够高效完成模拟，为高质量决策提供支撑，这正是智能化转型的魅力所在。

2. 谋定战略框架

在自发探索供应链智能化的道路上，企业往往是从一个点开启的。但如果只是满足具体需求，就会陷入单点陷阱，为后续供应链的整体智能化升级带来阻碍。因此，企业需要一个清晰、全面的蓝图来指导供应链的整体升级，一体化考虑、整体推进，联想智能供应链战略全景图如图 4-5 所示。

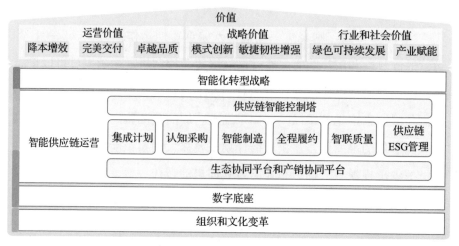

图 4-5　联想智能供应链战略全景图

供应链智能化同样需要先形成价值共识，这是智能化转型不变的指路明灯。供应链智能化将带来三方面的价值。一是运营价值，主要体现在降本增效、完美交付和卓越品质。二是战略价值，主要体现在模式创新和敏捷韧性增强。三是行业和社会价值，主要体现在产业赋能和绿色可持续发展。而要实现这三大价值，清晰的战略是供应链智能化的保证。与此同时，组织和文化也需要进行变革，全面培养数字化供应链人才。而数字底座的升级也是必不可少的，需要将 AI、大数据等技术与业务场景充分融合，最终实现供应链各场景的智能化。

4.2.2　全面推进供应链智能化升级

在战略落地的过程中，智能供应链业务中台架构的建设也至关重要，从而为后续技术与业务双轮驱动提供强大的能力支撑。联想在业务中台的基础上，构建了全方位的供应链升级方案，图 4-6 所示为智能供应链业务中台全景图，图 4-7 所示为供应链场景的智能化升级。

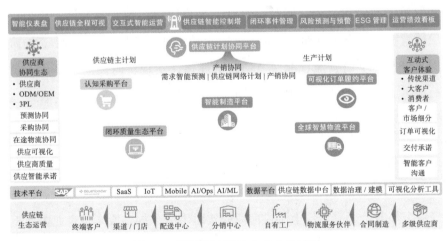

图 4-6　智能供应链业务中台全景图

高级分析 Advanced Analytics	人工智能 Artificial Intelligence	区块链 Blockchain	机器人流程自动化 Robotic process automation
• 供需匹配 • 计划排程 • 运输路径优化	• 销售预测 • 产能预测 • 供给预测	• 供应商协同平台 • 客户协同	• 客户订单自动录入 • 异常自动处理

物联网 Internet of Things	智能设备 Autonomous things	沉浸式体验 Immersive Experience	数字孪生 Digital Twins
• 设备管理 • 喷漆管理 • 磨具管理	• 库内作业 • 无人搬运	• AR/VR 库内识别 • 远程巡检	• 产线级工艺模拟 • 电子作业

图 4-7　供应链场景的智能化升级

1. 打造供应链智能控制塔，统筹全局

如何从管中窥豹变成一览全局的决策者？供应链智能控制塔是一个清晰的答案。

供应链智能控制塔通过将产品流、信息流、资金流入塔，实现全链路、多维度的供应链数据实时可视、交叉分析。这不仅给业务提供了更高效敏捷的决策支持，同时也提升了客户交付体验和满意度。联想供应链智能控制塔定位如图 4-8 所示，其充分利用与上游供应商生态的协同，以及与下游物流、配送及销售的连接，实现实时数据连接和 360°数据集成，在此基础上建立全面风险提前预警，并实现智能事件管理。

联想供应链智能控制塔如图 4-9 所示。供应链智能控制塔对库存管理、采购管理、物流管理等都有不同的模拟分析工具，并建立了基于数据流的决策系统。具体数据来自客户订单系统，以及供应、生产、运输等各个环节，还有多级上游供应商的实时供应数据。原本是企业内部不同部门之间、不同企业之间各自信息孤岛上的数据，现在都井然有序地

自动汇总在数据中心，然后根据不同的业务需求，通过供应链智能控制塔进行 AI 模型分析和智能预测。这些分析结果能够确保订单、物料和产能处于三联动的平衡状态。

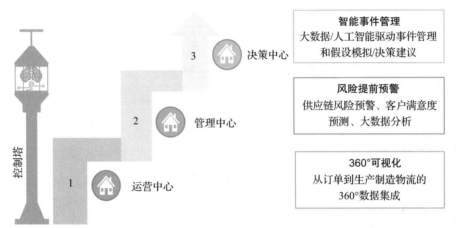

图 4-8　联想供应链智能控制塔定位

图 4-9　联想供应链智能控制塔

2. 升级供应链计划协同平台

早在 2001 年，联想就开始推进供应链计划工作的信息化。近年来，

143

随着联想的业务扩展到全球 100 多个国家和地区，为了平衡全球需求和资源并为客户提供更好的产品和服务，进一步提高全球供应时效，联想在供应链智能化建设的初期，供应链计划协同平台的研发升级便成为首要任务。

联想智能供应链计划协同平台如图 4-10 所示，通过统筹四大计划系统，制定了订单交付优先级的全球统一政策，以及同步出货计划和产能等一系列措施。该平台通过完美统一的计划与执行，能够精准预测发货日期，确保产品供应的精准抵达。

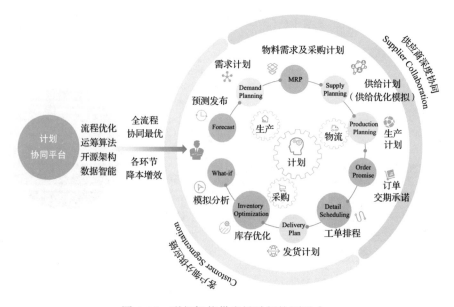

图 4-10　联想智能供应链计划协同平台

联想通过智能供应链计划协同平台统筹供应链计划，使得承诺交期的准确率提升了 20% 以上，成品库存周转率提高 10% 左右。

3. 建立 AI 驱动的认知采购平台

为了在数字化采购的过程中支持不同的履约交付模式和采购模式，以及软件交易型采购到结算的自动化，联想推出了认知采购平台。通过合理定制解决方案模板，来平衡基础交易数据模型和业务需求。联想智能供应链认知采购平台如图 4-11 所示，该平台打通了上下游系统，满足了不同应用平台对寻源数据、供应商管理数据和订单执行数据的订阅需求，为各种类型的交易活动和采购决策提供了数据支撑。

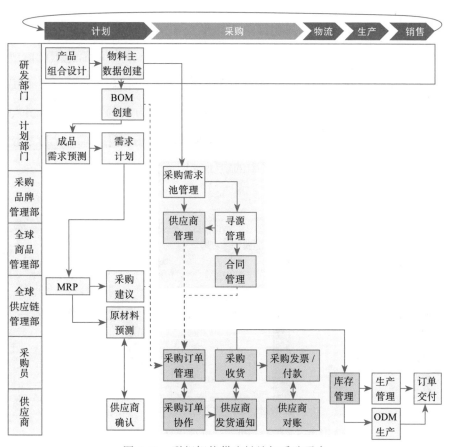

图 4-11　联想智能供应链认知采购平台

联想智能供应链认知采购平台具有适用性强、扩展性高、集中化突出等特点，可以实现数据的可追溯、易分享，对供应商的管理也变得更加精细化。

4. 增强可视化订单履约平台

在日趋复杂多变的供应链大环境下，如何保证供应链在全环节上都能实现可视化订单履约的精细化管理？联想自主研发了一款旨在提高订单交付效率，提升客户满意度的供应链可视化订单履约平台。

联想智能供应链可视化订单履约平台如图 4-12 所示，包括几个不同的中心平台，以满足不同的需求。其中，订单执行中心简化了供应链复杂的用户操作，提供了智能化订单分析、执行可视化等功能，从而提高了订单履约效率；订单服务平台，用于提供全方位的订单信息，并与上下游系统协同，打破信息孤岛；而票据中心，则实现了统一全球票据管理，并支持在全球贸易过程中的电子发票流程。

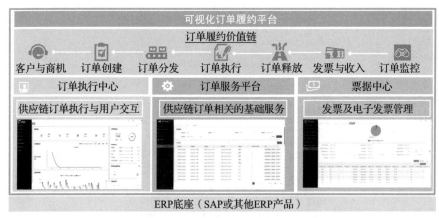

图 4-12　联想智能供应链可视化订单履约平台

可视化订单履约平台采用了松耦合的设计理念，模块化配置，可以从容应对订单履约业务的复杂多变以及与多个上下游对接的需求。平台通过可配置，在减少系统开发、降低运营成本的同时，还支持业务的灵活扩展。

5. 打造闭环质量生态平台

联想闭环质量生态平台如图 4-13 所示，是由联想自主研发，通过数字化技术手段实现来料、制程、维修、检验、客户体验等质量指标的平台。该平台通过对生产及供应中的人、机、料、法、环等数据进行自动采集监控，以及对质量相关指标进行量化管理，来持续提升联想产品的全方位质量。

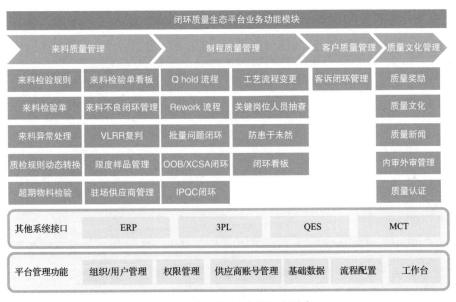

图 4-13 联想闭环质量生态平台

智联闭环质量生态平台可以实现质量管理数字化、可视化、智能化和端到端质量控制。从数字化角度看，该平台可以实现信息的自动采集，从而使得所有质量问题可追溯。当市场上有某个产品发生客户投诉，系统可以立刻追踪到生产的全流程。这包括原料的供应商以及交货批次、制程环节的检验等。从可视化角度看，系统通过对信息自动采集，可以自动生成看板来反馈质量问题，实现质量 KPI 的可视化。从智能化角度看，系统可以实现质量 KPI 自动计算、KPI 超标自动触发质量闭环管理、质量闭环问题跟进超时自动触发超时提醒或者升级邮件。现场的抽检数量，也是自动计算的。平台会根据历史分批次的检验结果，自动对后续的检验批次实行加严或者放宽的策略。

智联质量管理平台的上线，大幅减少了产线批量问题的发生和报废成本。通过对产品质量数据的实时监控和分析，可以快速定位产品质量源头。这既提升了质量问题闭环处理效率，也大大增加了客户的满意度。

6. 升级全球智慧物流平台

随着技术的发展，智慧物流从理念走向了现实。图 4-14 所示为联想全球智慧物流平台，主要由采销、订单协同、仓储管理、运输管理和客户签收构成。

其中，订单协同解决了渠道协同及可视化管理问题，通过自服务配置来提高上下游企业系统对接的效率。仓储管理支持基于仓库映射结构运作流程的精细化管理，多种仓库资源的任务协作管理，以实现上下游互联互通、高效易用。运输管理可以进行多模式业务联运统筹、多种因素的规则匹配、多层级数据可视化与追踪，实现运输一体化。

图 4-14　联想全球智慧物流平台

7. 供应商协同生态

联想拥有庞大的全球供应链网络，其中一级核心供应商超过 2000 家，二级供应商 4000 多家。如此复杂的多级供应网络，需要供应链有协同协奏的能力。为了提高供应链的韧性和快速响应能力，基于"生态共赢"的协作理念，联想面向供应商构建了深度协同平台。联想智能供应链供应商协同平台如图 4-15 所示，该平台连接了大量的一级、二级供应商，甚至三级、四级供应商。在整个供应商协同平台上，数据可以广泛延伸，不仅涵盖了联想自身的运营需求，也充分考虑了多级供应商的供应动态。通过数据的协同和分析，可以实现与供应商、ODM/OEM

厂商之间的预测协同、采购协同、在途物流协同、供应可视化、供应商质量联动管理、供应智能承诺预测等。这些通过数据价值而形成的增值能力，可以帮助供应商更好地把握采购、生产、物流、交付和新品导入的节奏。许多以前难以察觉的风险和潜力，现在通过协同数据的汇集和分析，变得清晰可见，为供应商和联想自身提供了宝贵的判断依据。

图 4-15　联想智能供应链供应商协同平台

有了供应商协同生态平台和产销协同平台，联想对于整个供应链的感知能力不仅源于前端销售信息，也源于合作伙伴，甚至包括属于三、四级供应商商品如铝、铜、镁、碳等原材料的市场趋势。通过广泛的信息渠道、内外部数据和多元模型系统，联想能够对未来 6 个月的市场趋势进行智能前置判断。例如，在 2021 年年底，联想通过供应链的种种异动，判断出未来消费市场可能出现下滑趋势。基于这一判断，联想开始主动控制库存，并通知上游显示器、机构件厂家减少备料。其后的 4 个月时间里，联想减少了 8 亿美元库存。而此后，一些友商才开始通知显示器厂家减少订单，这让已经备货充足的供应商措手不及。

供应商生态协同平台在快速应对自然灾害等风险方面表现也非常突出。从 2018 年开始，联想着手建立风险委员会，并建立了一套供应链风险管理系统，包括对自然灾害的预防。例如，2022 年 7 月，菲律宾发生地震之后，联想的智能供应链系统迅速启动，并与当地周边的供应商和合作伙伴完成确认工作。通过系统自动向当地的合作伙伴发送确认信息，联想采购人员主动与对方销售人员联系，询问是否因地震而产生影响和损失。在过去，通过电话层层沟通，至少需要两周时间才能了解相关情况。而现在，仅仅用了 2 小时，就收到了所有合作伙伴的信息。这种高效的响应机制使得企业在面对风险的时候，能够拥有充足的时间进行应对处理。

供应链的风险，并不仅限于自然灾害。供应商对物料准时准量交付的心态，也是智能供应链需要"猜透"的关键因素。这是一场心理上的博弈，但可能会造成供应链运营风险。当企业面向未来三个月下发采购需求时，例如采购 1000 套物料，供应商会随之做出交期承诺。不同供应商的风格有所不同，根据不同的风险意识和工厂情况，有的供应商比较保守，只愿意承诺提供 500 套。但实际上，往往也能提供 1000 套。有的供应商则承诺的比较激进，最后却无法达到承诺数量。这些前后不一致，会对供应链形成扰动。尽管人们事后会对此做出反应，事后管理惩戒是容易的，但损失往往已经造成。最好的方法，就是事前预测、事中管理。智能供应链便采用了 AI 自动挖掘行为分析，根据算法分析以往趋势，对保守的供应商自动加码，对激进的供应商则适度警醒。这些行为需求的预测，能够很好地保证供应链的稳健运行。

借助联想的智能供应链和智能制造体系，合作伙伴也可以从中同步受益，提升竞争能力。这种供应链的生态协同理念，可以使得供应商和联想一起，打造高效而充满韧性的生态体系。

8. 打造统一的供应链 ESG 管理平台

作为全球践行低碳理念的先锋，联想不仅致力于提高自身的经济效益，还积极响应社会责任的新要求。ESG 治理成为履行社会责任重要的方法之一。联想充分发挥"链主"的引领作用，带动产业链上中下游的中小企业共同践行可持续发展理念。

2011 年以前，国际业务需要和客户诉求是联想减碳的主要动力。2011 年以后，联想认识到减碳对可持续发展的重要性，将减碳上升到公司战略层面。而如今，联想更是致力于打造绿色、智能、可复制的"碳中和供应链"，携手产业链上下游共同实现低碳转型。2020 年，联想定下十年目标：到 2030 年，实现公司运营性直接及间接碳排放减少50%、部分价值链的碳排放强度降低 25%。2022 年 3 月，联想签署了科学碳目标倡议承诺书，承诺设定净零排放目标，并加入了《联合国气候变化框架公约》(UNFCCC)"奔向零碳"活动，发布了 2050 年净零排放的计划及路径图。

实现净零排放，需要整条供应链的共同努力。一方面，电子产品制造企业供应链复杂且较长。另一方面，供应链碳排放量往往是终端制造商自身碳排放量的数十倍。要实现整条供应链的碳减排，必须充分利用数字智能技术。联想在 ESG 领域经过了十几年的不断耕耘，打造出了全球绿色供应链管理平台，在 ESG 数智化建设方面也已初见成效，图 4-16 所示为供应链 ESG 管理平台。

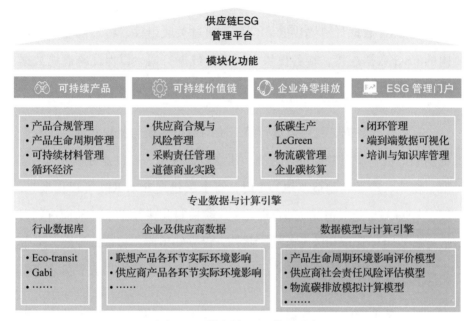

图 4-16　供应链 ESG 管理平台

供应链 ESG 管理平台的建立，可以通过一套完整的解决方案来实现。这包括建立集中的 ESG 数据管理门户，形成数据驱动的见解，以实现闭环 ESG 管理。

在解决方案架构中，底部需要专业数据与计算引擎的支撑。第一步要从源头数据采集开始。数据主要来自内部和外部两部分：平台内接 ERP、采购、供应商、物流等系统获取内部主数据；平台外接行业数据库或第三方系统收集外部大数据用于数据分析（如将订单物流信息上传至系统并返回碳排放量）。所有数据汇集后，进行信息整合和清洗。

第二步则需要建立跨职能岗位的数据池。基于第一步初步处理的数据，进一步将其划分为供应商、物流供应商、产品、运输数据池，为各模块的 ESG 数据计算提供必要信息。通过关联组件，将不同业务模块内的 ESG 数据连接，在各模块之间进行数据打通，以保证跨模块数据的实时共享。

有了这些数据，就可以进行第三步的数据建模与流程管理。在数据池基础上进一步对数据进行清洗，建立数据模型，以供业务单元（供应商、物流、产品、制造基地）使用。在本层建立 ESG KPI 可视化报表，展示 ESG 指标达成情况（如合规性、风险控制及碳管理等），从而对数据进行有效闭环管理和进度监控。此外，设立知识库，将慕课等嵌入平台中，为供应商提供 ESG 知识普及课程，以提高供应商的 ESG 认知水平。

最后是关键的智能数据决策部分。基于平台的前三层基础功能，可以对细分应用场景提供分析决策。如通过模拟计算，将减少全供应链碳排放这样的大指标拆解到每一个业务模块中，以便更精细化地进行分析和决策。此外，通过预测分析，平台可以帮助全球供应链 ESG 团队更好地掌握各业务模块的碳排放情况，进而制定更加有效的减排策略和措施。

在解决方案架构中，除了常见的较为方便量化的"E"（环境）相关指标，对于"S"（社会）和"G"（治理）方面，联想也丰富了量化指标的内容。在"S"方面，联想紧密关注供应商的社会行为，遵循电子行业的 RBA 行业标准，严格监控其用工情况、商业道德等层面的内容，并在综合面板显示其行为的合规性。而在"G"方面，则更多集中于安全管控，将各类工厂合规性要求纳入考量。无论是在产品维度还是在物流等其他维度，均形成了部分成型的系统流程。

联想以供应链 ESG 管理平台为核心，以减碳降碳为动力，进一步向供应链合作伙伴开放，赋能联想供应链上下游企业。通过数字化、智能化手段推动产业的绿色低碳转型。

4.2.3　新 IT 技术与供应链融合

在推进供应链智能化升级的过程中，业务负责人的信念至关重要。当大数据分析被广泛接受，数据决策变得火热时，联想的供应链管理层坚信"数据和智能化能够成为颠覆运营的生产力"。一个行业领先者，就需要引领潮流，定义"最佳实践"，而坚定的生产力信念就是实践最好的行动指南。在这个过程中，选择合适的阶段性目标、循序渐进，也是保护智能化转型投资的一个稳健策略。联想智能供应链先是打通各个系统的数据，实现现场风险的可视化，然后围绕决策展开，通过众多信息的及时汇总，并进行更高阶的预测性分析，如订单交期预测、物料交付优先级安排等，从而可对全局决策进行支撑。

1. MARS 计划工作站

随着供应链网络和产品配置的复杂度日益增加，传统计划模式无法准确给出多重目标下最优的供应计划，也无法快速响应多变的业务需求。为了解决这个问题，联想打通了供应链需求、供应、库存、产能等关键决策信息，构建了供应链决策端到端的业务模型。同时，重新定义了关键业务指标，将传统由主观判断的计划优劣转为统一的量化标准，并将业务指标拆解或组合为多重优化目标，构建了多目标多约束的全局优化的 MARS 计划工作站。

通过构建全局优化模型，实现了对复杂问题的抽象和简化之后，就需要明确解决问题的步骤流程和策略，并用算法来实现。算法本身是基于模型的计算逻辑，MARS 计划工作站为不同业务状态提供了多种算法，支持多层级、多阶段精准决策。如自主创新 FFAS（Fast Fair-Share Assign and max Squareset）算法，是将优化模型分为全局优化和局部优化两个阶段，分别决策输出目标周期内的最优齐套数以及各周期内的产品齐套方案和物料消耗方案。该算法通过控制全局优化阶段的输出范围，从而有效控制局部优化的计算复杂度，以保证算法在复杂问题下能够快速得到准确的最优解方案。还有一种算法是应用多目标数学规划平衡多目标、多维度最优决策。通过多目标优化求解技术，考虑复杂的物料清单中成品、中间件的使用优先级，以及物料供应量、成品需求量等数十万细粒度约束，对出货量、公平性、交付准确性等动态业务目标进行逐级优化，在多达三万种的物料齐套组合中快速输出最优齐套方案。

在模型部署方面，MARS 计划工作站采用了分层数据模型设计，数据逐层清洗和加工，同时在整个数据流链路中引入了 Airflow 进行调度，最大程度实现数据流的统一管理，增加数据流的透明性和可维护性。在应用层面，MARS 采用了微服务的应用架构，技术服务（认证、权限、日志、邮件、文件等）与矩阵式的业务服务（供需管理、场景定制、模拟计算、计划变更、多工厂再平衡、报表等）通过 API 相关协同合作，服务之间通过总线方式进行通信。

MARS 计划工作站不仅从技术和业务层面实现了合理的解耦，同时考虑了可扩展性和可维护性，可以支持云部署、本地部署，也可以以 Saas 形式提供服务。整体架构上不局限于一种场景下的单一部署，降低了推广至新场景新应用时技术架构和功能设计的复杂度，提升了交付质量和效率。

2. 智能供应链运营

联想的智能供应链系统摆脱了依赖单一商业套装软件的情况，自主研发了物料资源计划、供应链协同管理、供应链智能控制塔、制造控制塔、生产排程软件等多个子系统。由于需要进行外部信息感知，需要有大量的数据交换和分析，因此相关研发人员不仅要具有套装软件开发维护经验，还要同时具有 AI 分析、开源架构设计的能力。

智能化转型需要对业务有深刻的洞察，技术与业务的双轮驱动无时无刻不在。联想建立了一个庞大的供应链智能化升级团队，专门负责流程再造、供应链模型构建、智能化方案设计、智能化方案的实施和落地跟踪等。同时该团队也对各种项目进行评估，确定投入产出比。当确定了供应链智能化方案的价值点后，智能化转型团队与 IT 团队才会进行方案设计和具体实施。

联想智能供应链是一张涵盖联想全球业务的大网络，海量数据穿梭其中，纵横交错。联想的 IT 设备机型往往有数千种，而每台机器里有数百、上千个零部件，每个零部件有多个供应商，不同供应商又在不同位置。这些复杂的情况，与全球 30 多个工厂的生产分配，以及 180 多个国家和地区的客户需求汇合在一起呈现出了天文级数目的复杂组合，而智能供应链通过嵌入 AI 技术可实现更加准确和快速的预测，并将各种计划协调一致，使得充满约束条件下的资源得以最佳分配，让供应链全环节如交响乐般精密配合，共同演奏出一首美妙绝伦的乐曲。

当前，联想智能供应链通过实时连接、数据共享、快速联动，实现了智能供应链运营的高效协同。联想智能供应链可实现数十个自有及外协制造工厂、几千个多级供应商及遍布全球的分销和经销网络步调一致、相互协同，成百上千个机型和超过 1.5 亿台各类设备可通过全球近6 万条物流网络线路及时送达用户手中。

4.3　从数字工厂到智能制造

多年来，联想通过自建、并购、合资、外包等多种方式，布局了一个以中国为主、遍布全球各大洲所有销售大区的本地工厂为辅的全球制造网络。全球生产布局，让联想的生产具有了独特的供应链优势。联想能够充分利用全球各地的优势资源，通过区域化协同，实现成本、质量和效率三方面的平衡发展。而遍布全球的制造网络使得联想在面临风险时具备更快、更高效的反应能力。

与很多计算机和手机大厂完全采用外部代工模式不同，联想采用了一种混合制造模式，全球几十家工厂既有自有制造也有代工生产，其中自有制造占比六成左右。这种模式使得联想可以适应多样化的生产模式，包括按配置生产、按订单生产、按补货库存生产、按照预测生产等，从而为不同客户群提供差异化交付。随着智能技术的发展，联想积极对自有工厂进行数字化改造，使得差异化交付能力得到了进一步提升，从而实现智能制造。

4.3.1　以数字化重构制造场景

大规模的计算机生产并非想象中的那么简单。工厂每天接到各种不同的订单，都需要提前进行备料。工厂需要清楚地知道计算机所需要的上千个零部件的空间位置：哪些在场内、哪些在仓库、哪些在运输途中。对这些信息了如指掌，才可能给出准确的交期。备料后还要对材料进行检测，配件检测好以后由工人按照事先订制的单号要求，统一将每一台机器所需的配件装在备件箱内，为接下来的流水线生产做好准备。

进入装配环节之后，产线自动化变得更加重要。机器人和工人们配合，根据机器的具体配置情况，将主板、显卡、内存、电源、硬盘、光驱等配件一一安装到指定位置，并将各种连线接好。产品在装配完成后会进行测试调试，包括外观检查、电气性能测试，以及一些功能性检测，如检测视频和音频播放是否正常等。联想的每一台计算机在出厂前还必须接受常温、常湿和高温、高湿测试，都通过后方能装箱发货。

工厂数字化改造前，所有生产环节只能依靠工人的经验和熟练程度来保障产品的质量和订单的交期，不可预见的风险较高。工厂数字化改造后，可以借助数字技术对产品实现闭环质量管理。产品无论在哪个环节出现问题，都可以发出警示，并可以高效溯源。图 4-17 所示为数字化能力对制造场景的再造。

产线上工人的调配，也是工厂每天需要面临的挑战。员工请假或旷工的情况每天都有可能发生，有人缺岗时，就需要其他员工来补位。这些人员调度，可能会打乱原有的排产计划。当技能不匹配的时候，就容易给产品生产带来风险。数字化改造前，联想的工厂几乎每天都会遇到产线间人员协调的情况，费时费力。在数字化改造之后，联想构建了"玲珑塔"人员技能数字化画像，实现了全体员工技能与岗位的匹配图谱。如果某个岗位临时缺人，管理人员可以通过"玲珑塔"人力调度系统，迅速找到其他产线具备相应能力和经验的员工，快速补位，极大地提高了效率。

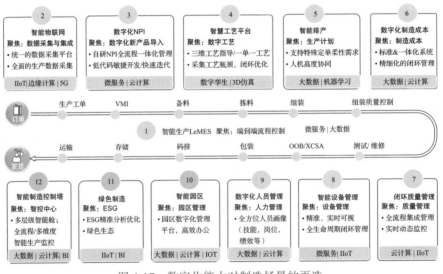

图 4-17　数字化能力对制造场景的再造

4.3.2　识别智能制造五大特征

　　智能制造五大特征如图 4-18 所示，包括互联互通、柔性制造、虚实结合、闭环质量、智能决策。这些能力特征相互关联，渗透在联想智能制造场景应用的每一个环节。

图 4-18 智能制造五大特征

互联互通，是指从客户需求到最终交付全链路的互联互通。通过物联网技术将物理与数字流程整合起来，将 IT 系统和联想的经营系统无缝连接，实现研发、生产、销售、客服、供应链甚至是财务、人力资源系统等各个业务链的数字化整合。例如，利用工业物联网技术对主板产线进行实时联网监控，从而可以通过网络及时预警和处理设备故障，并根据生产状况进行自动补料。这一举措使得联想工厂整个产线的人员减少了约 15%，极大地降低了因接料不及时而导致的停线风险。在联宝工厂，协同云平台通过接入 300 多家供应商，提升了端到端供应效率，从而将承诺的供货时间缩短了约 50%。

柔性制造，是指高度自动化的混线柔性生产。其主要是满足少量、多样化的订单需求。联想成功构建了以网络协同、数据智能为基础的柔性制造系统，该系统主要包含三个子系统：一是动态调度子系统，通过实时的仿真调度管理整个生产过程，包括物料补给和实时监控生产；二是智能拉动子系统，通过该系统实现智能、自主、精准地为产线补给原材料以及工装设备；三是网状制造系统，每一套生产装备都集成了数据采集系统，同时最大程度对通用装备进行设备共享。基于此系统，调度子系统实现了补给 AGV 小车、生产制造工艺岛，以及物料周转的物流网之间的高效协同，从而满足高度柔性、敏捷和高质量的生产需求。在联想位于深圳的南方智能制造基地，通过打造自动化工艺为主的柔性线体，实现了工厂产能提升 30% ～ 41%。

虚实结合则是联想大力推动的数字化技术。它是指物理与虚拟数字的映射和闭环控制，通过数字化的方式创建物理实体的虚拟模型，从而实现能力的极限拓展。联想不断推进产品设计和制造过程的虚实结合，即数字孪生。数字孪生仿真技术可以帮助联想建立虚拟产品并在虚拟环境下进行各种测试和分析。当设计不断完善之后，再通过虚拟制造对生产流程进行验证和优化，以确保真实的生产顺利进行。产品进入物理产线之后，基于虚实互联技术，我们就可以在对应的模型上对关键设备的参数和状态进行实时掌控，进而识别和调整设备的状态，从而保证生产出优质的产品。

闭环质量，是指端到端的质量追溯、监控、分析和管理。联想利用物联网技术实时采集设备的生产、质量数据，并将这些数据存储在联想统一的数据平台上。结合质量管理业务的需求，应用机器学习、建模运算等方式，精准实现客户需求分析以及各种质量问题的闭环解决。通过统一的质量数据系统的门户网站，联想可以和客户、合作伙伴实现协同合作。以联想在合肥的生产基地联宝工厂为例，通过与供应商生产系统进行对接，可以实现提前 24h 精准预测货物到港信息、自动生成检验报告以及闭环联动管理，大大减少了来料检验时间、入库效率提升 50%，以及检验人员缩减 20%。

智能决策，是指通过大数据和人工智能驱动的预测性分析决策。人工智能在实际生产业务中，围绕制造业务需求，推进了智能制造关键技术装备、核心支撑软件、工业互联网等系统的集成应用。联想在制造全生命周期活动中积极推动智能化，包括研发智能产品及智能互联产品、智能制造使能工具与系统、智能制造云服务平台等，同时积极探索网络化协同制造、远程诊断与运维服务等新型制造模式。

联想在实践中提炼出来的智能制造全球模板，完整地实现了互联互通、柔性制造、虚实结合、闭环质量、智能决策。这种成熟的方法论，也是引领和赋能行业的一整套智能化解决方案。打造智能制造全球模板，将最先进的智能制造技术进行标准化和组件化，实现全球制造网络柔性和韧性布局。借助智能制造，联想构建了"随时随地制造的能力"（Build Anything Anywhere），使得所有联想工厂都可以按市场和客户需求，生产任何一个型号的联想产品。

4.3.3　智能制造的十八般武艺

联想几十年来的全球制造实践，造就了联想人对智能制造的独特认知。近几年来，联想开始了新一轮的全球制造能力升级，结合"端 – 边 – 云 – 网 – 智"的新 IT 架构，形成了制造智能化的实践方法论——联想智能制造"十八般武艺"，如图 4-19 所示。这套方法论不仅指导了联想全球母本工厂深圳南方智能制造基地的规划落地，更是迅速在联想天津创新产业园复制应用。这表明，这是一套成熟的制造方法论，可以在全球不同工厂进行推广。

智能制造"十八般武艺"的核心是对"人机料法环测"全流程全要素实现数字化管理，涵盖 12 个制造的核心业务场景、4 项数字基础能力、2 项组织和人才发展战略。以下以智能排产和数字化员工管理为例，展示了数字化平台和 AI 技术在联想智能制造中的应用实践。

1. 智能排产

工厂生产线如何可以两头兼顾，既可以动态调整，同时又能够响应非常复杂多样的个性化定制需求，这往往是令企业头疼的大事。

图 4-19　联想智能制造"十八般武艺"

智能化转型之前，排产同样是联想的痛点。以联想联宝工厂为例，排产只能依靠经验丰富的排产员借助简单的排程软件进行半手工的操作。每天早晚，排产员都要和班组长、车间主任一起，花费几个小时的时间进行排产。合肥联宝工厂是一个"885 工厂"。每天的排产员要处理 8000 多张订单，80% 是小于 5 台的小批量客制化订单。而且，这些订单来自全球 180 多个国家和地区。在排产过程当中还需要综合考虑包括人员、设备、物料、生产工序、环境等数十种制约因素。排产方案组合数的博弈树复杂度超过了国际象棋的组合。如何在这些制约因素以及客户的订单交期和生产效率之间，找到一个最佳的平衡排产方案，是非常大的挑战。

联想研究院通过多种基于深度学习的人工智能技术，寻求最优算法。在兼顾生产效率最大化的情况下，从成千上万种排产组合当中，寻找到了最佳排产策略。联想智能排产系统根据制约排产计划的因素，如生产工艺、工单（MO）、物料（BOM）、生产日历、生产班次、生产资源及单位消耗、模治具管理、换产矩阵等，建立了多达 60 多种因素的制约因子库，再通过 AI 智能算法实现一键排产。在算法方面，联想神经网络求解器可以提供自适应学习优化的人工智能算法，可以根据问题特征自适应进行参数优化和求解策略选取，从而实现求解效率的提升。

得益于智能排产系统，联想排产的效率得到了很大提升，从原来的人工模式单次端到端耗时 6h 左右，提升到现在智能排产系统单次端到端 3h 左右。而其中的核心算法在 1.5min 之内，就可以完成整个排产工作。

联想智能排产系统，还实现了与前端供应链管理部门智能订单管理系统（IPS）的无缝对接。IPS 在自动接单后，能够计算出供单量（可上线生产的订单），并将这些订单量传输给智能排产系统。智能排产系统再进行排产工作。在生产过程中，联想的工厂会通过生产控制系统 MES，将生产异常实时反馈给智能排产系统。智能排产系统根据实时情况，进行灵活调整和最佳适配。

智能排产系统并不是一个静态的一次性算法。它可以根据上游数据的输入和生产过程中发生的变化，进行随时动态调优。智能排产系统通过持续实现个性化订单和生产的高度匹配来提高效率。这为难度很高的排产活动引入了全新生产力，使其复杂度大大降低。

智能排产系统不仅着眼当前，还可以规划未来。当当前订单量不满足未来一周产能时，智能排产系统会自动触发预警。工厂便会通过生态协同平台催促上游加速下单，推动供应商在约定交期内达成目标。同时还会提醒生产制造人员进行适当的人力调配。此外，智能排产系统还可以进行人力规划，根据生产的季度和月度计划，计算出人力的最佳配置方案，从而节省用工成本。

2. 数字化员工管理

在电子制造行业，劳动力往往会季节性批量加入，人员变动非常大。围绕着智能制造，联想建立了一种全新的"紫领劳动力"体系，即现场人员的数字化能力体系。为此，联想为现场提供了如图 4-20 所示的直接劳动力管理系统（DLMS）和现场管理智能化系统"玲珑塔"。

DLMS 系统基于对作业员工出勤、状态、技能、岗位、工时等信息的自动采集，成功构建了人员的技能画像和数字化技能知识库。当进入线边实习时，系统会提前运用 VR/AR（虚拟 / 增强显示）等数字技术开展员工培训。通过动态可视化的方式，完成人员调配、培训、考核等管理，并对用工技能进行主动分析，从而为现场管理人员提供未来岗位所需的培训课程。DLMS 系统可以对一天内任务排产计划、用工数量等进行自动分析预测，并且对岗位技能进行智能匹配。

框架重构	结合数字化	辅助智能分析
• 提高系统稳定性及运行效率，确保流畅运行并解决单点风险 • 逻辑框架重构，数据统一处理提供全局看板	• 多版块、全维度 HR 数据汇总 • 提供定制化分析 • 数据互联，对接工厂其他系统，未来精确控制劳动力成本	• 提供有效数据支持管理层决策 • 提供蓝领人力数据的分析、趋势预测等功能 • 数据建模，提供智能决策
合规预警	风险规避	简化线下操作
• 系统设置合规规则，预先规避合规风险 • 违规操作预警、拒绝操作功能	• 涉及员工信息、数据，均系统内操作运行，保证数据安全 • 确保薪资准确，避免用工风险	• 将审批流进行线上操作，提升审批效率 • 工作流程自动化、智能化，优化工作效率

图 4-20　直接劳动力管理系统（DLMS）

"玲珑塔"系统则侧重加强班组长对劳动力现场动态调控的能力。它显著的特征是"四面通透"，主要用于强化紫领劳动力的决策能力，使其更加耳聪目明。它依然采用了联想的技术平台化的思路，与直接劳动力管理系统（DLMS）、质量数字化系统、制造执行系统（LeMES），以及排产系统（APS）等无缝集成，构建了一个统一的工作平台。

"玲珑塔"系统涉及班组分配、到岗确认、人力登记、技能认证、休假提报、奖励等电子化流程，彻底告别了传统的纸张表格管理方式，班组的整个运营流程已经完全实现了数字化。当排产计划下达之后，系统会根据上岗人员的组合需求，自动匹配经验丰富、技能高超的人员到关键岗位。当有人缺席时，班组长能够迅速从劳动力池中找到合适的人手补位。如果本车间人员不足，还要从整个工厂的其他生产线进行人员匹配和调度。当生产复杂产品时，系统会自动增加该生产线上资深员工的比例。"玲珑塔"系统可以轻松实现"人、机、技、岗"四位一体的匹配，从而使班组长可以快速找到最佳劳动力匹配。

联想在中国区所有自有工厂的数字化员工管理体系落地实施后，开始向海外工厂输出，这套体系同时也向多语言的方向发展。联想于2021年完成了墨西哥项目的实施，完全替代了墨西哥工厂原有的人工操作、管理及计算。2022年，"玲珑塔"系统开始在联想的匈牙利新工厂实施。基于之前的国内外经验，匈牙利工厂在很短时间内便实现了系统落地。该系统在海外受到了广泛欢迎，它使得劳动力调度变得更加灵活高效，极大地降低了海外劳动力市场的风险。

在智能制造"十八般武艺"的加持下，联想制造在智能化的道路上不断加速前行。在各个环节，智能化都发挥着积极的作用。在检测层，计算机视觉正在颠覆传统的缺陷检测模式；在经验挖掘方面，机器学习和大模型正在既有的知识库挖掘新的经验、新的作业效率提升和决策优化点；在运营层和决策层，过去传统的作业模式也在不断焕发新生。此外，数字技术还在工艺设计、生产排程、仓库作业、制程管理、设备管理、人员管理、能源和环境、园区管理等方面带来了显著改进。这些管理者可以在复杂的业务环境中找到更优的解决方案，实现对成本、交付和质量的全面统筹管理。

4.4 MarTech 智能营销

当前市场环境下，行业竞争不断加剧，对企业的盈利能力和运营效率提升提出了更高的要求。而作为企业与客户接触的第一界面，营销工作对于为客户提供更精准的内容和服务、带来更好的客户体验至关重要。正如管理大师彼得·德鲁克所说："企业的目标是创造客户，因此企业有两个并且只有两个基本功能：市场营销和创新。"由此可见营销效能提升对企业的重要性。

斯科特·布林克尔（Scott Brinker）在 2008 年第一次提出了 MarTech 的概念，他将"Marketing"（营销）、"Technology"（技术）以及"Management"（管理）三个概念整合在一起。这传达了一种智能营销的理念。

联想在发起"以客户为中心"的业务模式变革的初期便很快意识到，为了能够尽可能广泛地直接触达海量客户，必须实现全触点、个性化、精准营销。为此，联想在数字技术和 AI 生产力的加持下，对消费业务到商用业务的营销实施了一系列创新变革，构建了中台化、AI 广泛嵌入的联想 MarTech 智能营销平台。

与此同时，随着用户注意力经济时代的到来，如何更好地掌握消费者的行为以提供更好的服务已经迫在眉睫。品牌商与消费者的距离过长变成了一个巨大的弊端。各大厂商都开始思考如何才能缩短产品的流通路径、拉近自身与用户的距离。而且随着零售电商规模的持续扩大，获客成本也越来越高，市场的进一步细分和精细化流量运营成为必然趋势。联想也开始寻找实现直营的电商平台，系统性建立"直达用户"的前沿阵地。

4.4.1　智能营销平台

联想 MarTech 由一个智能营销平台和一套数字化运营体系组成。智能营销平台，是指联想 MarTech 依托数字化工具平台实现了数据的自动化流转，通过广泛嵌入的 AI 技术应用，助力企业实现高效、精准的客户运营。图 4-21 所示为联想智能营销平台架构，从中可以看到，MarTech 是业务中台的重要组成部分。

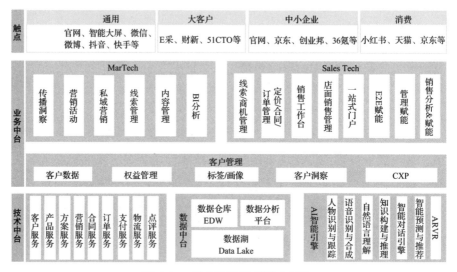

图 4-21　联想智能营销平台架构

联想 MarTech 智能营销平台，从客户营销的关键和常用业务场景出发，以客户为中心，以技术为基础，数字化地追踪营销效果并与 SalesTech（智能销售）协同助力销售转化。以商用客户为例，联想 MarTech（商用）平台业务架构如图 4-22 所示，该图展示了全链路智能营销。

1. 传播洞察

在互联网大数据时代下，网络言论层出不穷。在这种复杂的环境下，品牌方亟须借助先进技术，在浩瀚的数据海洋中快速识别用户对品牌的关注程度，从而有机会与用户进行更有价值的直接沟通。传播洞察就是在这样的背景下应运而生。

图 4-22 联想 MarTech（商用）平台业务架构

例如当新品发布时，需要根据网络大众对产品的期待，调整产品和发布策略。在举办营销活动时，则需要先了解目前的热点和关注点，从而制定吸引客户的内容和策划方案。传播洞察主要包括产品分析、事件分析、社交矩阵和实时数据检索等模块。

以产品分析为例，需要从互联网公开信息和联想私域数据中，识别出与联想产品和产品线相关的业务洞察。通过设置产品品牌及产品系列，针对性地获取相关产品的市场声量、定位竞品的市场动态，以及进行特定维度产品传播效果的比较。通过分析结果，业务人员可以及时掌握客户和用户对联想各品牌产品的讨论情况及热议话题，从而有针对性地提供更好的客户互动，并及时调整产品宣传策略。

其他的模块如事件分析、社交矩阵、实时数据检索等，也可以帮助企业建立深度的传播洞察力。

2. 精准营销

广告是企业进行营销推广的主要方式，数字化技术为精准营销带来了一种全新的思路。广告是否按时投放？广告的投入与产出是否成正比？如何让每一次广告投放都起作用？在智能化时代，这些问题都有了量化的答案。通过精准营销可以提升广告投放的精准性，让每一次投放都变得可衡量，投放效果也能用精确的数字来展现，并以此为依据不断优化下一次的投放策略，从而持续提升投放的投资回报率。精准营销的核心能力如图 4-23 所示，包括人群分析、广告监测与精准投放。

图 4-23　精准营销的核心能力

- 人群分析。精准的广告投放来源于准确的人群定位。联想营销团队联合智能化转型及 IT 团队，以内部数据为基础，构建了已有客群的精确画像。这些画像包括基础数据、标签和模型，为营销行动提供了精准的匹配依据，从而极大地提升了广告投放的精准性。
- 广告监测。联想营销团队与业界领先的合规厂商合作，获取精准投放的广告在各媒体、活动的点击和访问效果，形成实时的投放分析决策报告。这可以指导营销人员及时对投放策略进行调整，从而不断优化投放的投资回报率，真正实现精准营销。

- 精准投放。精准投放可以通过全链路进行智能投放，是基于"找人""追人""留人"的全链路智能推荐。联想通过打通公私域流量、智能投放实时响应等举措，实现了核心产品带动周边生态产品的交叉复购，使投资回报率得到了五倍的提升。

3. 会议营销

在数字化已经非常成熟的今天，会议对企业的价值早已从单一的曝光转化为品牌传播和直接获客的综合性价值。展示的观念也突破了物理展台的限制，可无限拓宽至线上。同样，营销与传播的会议也可以搭载在广袤的互联网平台上自由传播，以获得更多的曝光与引流。线上线下的结合，需要提前设计好流量流转路径。为此，联想构建了会展的四个在线化，以提升获客效果。

- 产品在线化。会展不仅仅具有品牌展示的功能，还承担着获客的职责。它需要以获客为导向，重塑对产品资料展示的布局。产品在线化包括行业资料、产品资料、方案资料、展台设计、展中问卷、专家库等，都要适合线上操作。
- 渠道在线化。传统的观展渠道为线下，仅限于在展会现场的流量中进行宣传，展会结束后，参观者与企业之间的联系很容易断裂。联想在展会每一个节点都做好了在线化工作，无论是邀请观展、展会现场签到、经销商邀约、跟进，还是产品自身的介绍咨询，都在线上构建了一个完整的体系。
- 客户在线化。会议现场人员流动快，很难对客户进行有效识别和统计。而通过客户在线化，可以在产品全生命周期内完成对参与者的服务。

- 服务在线化。对于可以提供咨询、售后、维修或是样品申领的企业，此类服务也可在线化。例如展会安排的顾问数量有限，客户可通过扫码预约来完成咨询服务。样品申请、售后、培训等多种服务模式也可以通过线上来完成。

联想构建的会议营销平台，可以通过一站式数字化活动管理，实现从触达到成单全链路的数据追踪。这套系统在联想大型活动中已被多次应用。其中，联想智慧中国行系列营销活动，以线上直播＋线下峰会的形式，围绕五大垂直行业开展了纵深市场的落地活动。通过会前自动化配置、会中互动实时监测、会后效果数据分析，实现了留资成本降低28.6%、线索收集提升43.8%、参会率提升38.7%。

4. 内容营销

在如今"内容为王"的时代，内容营销战役在各大流量平台如火如荼地进行。如何帮助联想在这场无处不在、随时发生的内容战役中获得优势，成为 MarTech 项目组的一个重要课题，联想内容管理平台由此诞生。该平台致力于全面管理内容资产，为业务团队提供一站式内容管理解决方案。

内容管理平台的五大功能如图 4-24 所示。依托内容洞察、内容制作、内容管理、内容分发、内容价值评估五大功能，建立统一的内容营销共享中心，实现内容的统一存储、高效制作、智能检索、智能分发、效果评估，从而赋能内容营销智能化转型。平台面向的群体包括联想的销售、营销、内容运营人员以及外部服务商。内部用户可以通过各种智能设备直达平台来获取相应服务，涵盖了多个使用场景。

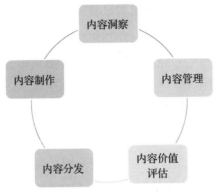

图 4-24　内容管理平台的五大功能

- 内容洞察。过去，内容效果的优劣完全凭借人的经验判断。然而，在大数据无处不在的今天，利用数字化能力为内容表现效果提供预判成为可能。联想建立的内容洞察模块，可以为决策提供有力支撑。一方面通过大数据的信息采集技术，横向获取互联网公开信息，综合分类分析时事热点、公众关注以及政策走向，为内容创意方拓展信息来源的宽度。另一方面，针对品牌、品类及内容发布平台，纵向深入分析用户客群对具体内容的偏好，为内容创意方提供深度洞察报告。综合横纵两方面的信息，为创意生产提供更精准的洞察预测，使创意获得更多数据支撑，而不再仅仅依赖人们的头脑风暴。

- 内容制作。在当下碎片化传播的时代，内容制作变得十分容易，无论是发布平台的选择，还是对发布者的要求而且可以随时、随地、随人。为了适应众多互联网平台不同规格尺寸广告位的适配需求，设计师们不得不花费大量的时间用于主图或文字的微调，使得原本可以用于产出创意的时间被压缩。此外，营销团队因缺乏高级设计工具（工具成本过高或操作复杂）而不得不等待设计师的排期，严重影响了内容制作的效率。

为了解决这些问题，联想 MarTech 平台提供了简单方便易上手的内容编辑工具，这些工具不仅将设计师从简单且耗时的重复工作中解放出来，而且让他们有了更多时间可以投入机器难以完成的创意生产中。与此同时，营销团队也能自己动手快速出图，实现效率的大幅提升。当前，随着文生图大模型的快速发展，内容制作的门槛大为降低，联想正在利用大模型技术赋能设计师以更高效率产出更加富有创意的内容，满足越来越多样化的营销内容需求。

- 内容管理。随着数字资产的爆炸式增长，管理这些数字资产并能够很好地利用它们正在变得越来越困难。目前联想内容平台已经管理了海量的图片、文档、视频等内容。管理方式非常灵活，可以通过文件夹、标签等方式多维度管理，同时利用灵活的权限配置，尽量避免无用内容对内部用户的打扰。在内容总量越来越多的情况下，筛选和推荐变得格外重要，可以方便使用者快速查找取用。在内容管理中，一套规范有效的标签不可或缺。联想的内容平台建立在重新梳理企业内部知识的基础之上，通过多次对内部使用用户进行访谈，全面了解公司的产品系列、产品品类、组织架构等信息，进而设计出简单、通用的内容标签体系。而在使用过程中，还可以根据使用用户的反馈以及业务的升级而不断迭代更新。

- 内容分发。内容分发是内容平台极为重要的一环，需要让大量的内容流转起来，以避免内容平台成为"储存仓库"。联想营销团队联合智能化转型及 IT 团队，与内容生产、运营和使用者进行了多次需求沟通，梳理出了多个联想业务的内容流转场景。在此基础上，MarTech 打通了不同业务的不同流转链路，通过对接触点和标签进行筛选，使得内容很容易从平台分类送到营销或销售人员手中。内容链路上各个环节的内部用户，都可以轻松获取自己需要的内容，极大地节约了检索时间。例如，在销售人员常使用的工具企业微信的工作台中嵌入了内容平台的入口，使得销售人员可以方便地将公司提供的图片、视频、文章等内容一键转发给企业微信上的客户。

- 内容价值评估。如何对发布内容进行评估？联想根据内容的不同目的，采用了多样化的评估标准。比如常见的产品宣传、测评、种草类的内容，会更加关注内容的传播。这种场景下，系统会将图片的浏览量、视频的播放量、文章的阅读量等作为指标来分析效果。而在商用业务场景则有所不同，一些内容如白皮书、解决方案等，通常可以用来串联营销后的链路、实现线索留资。这种情况下，内容带来的线索量也会作为评估这些内容的重要指标。联想进行内容价值评估时，内容平台每对接一个新的触点，就会将该触点所能产生的内容数据进行回流，统一到平台中，以便评估每个内容的价值。

内容管理平台也需要不断进行动态更新。在创建内容管理平台的历程中，正值人工智能生成内容 AIGC（AI Generated Content）的兴起。这是继专业生产内容（PGC）、用户生产内容（UGC）之后的第三次新型内容创作浪潮。联想内容管理平台正在以积极和主动的姿态拥抱 AI，通过 AIGC 技术的引入和应用，赋能业务实现多品牌、多品类产品创意内容生产力的飞跃。例如，联想全体系短视频创作效率提升了 200%。同时，通过大数据采集及模型训练，可以为联想的内容创作者提供更精准的客户洞察，客户画像评估速度提升约 50%。此外，随着 AI 技术逐步在内容洞察、制作、管理、分发、评估全链路的引入和落地，平台将助力联想围绕客户构建从"千人千面"走向"一人千面"的极致体验。

5. 线索管理

值得一提的是，在不断升级迭代中，联想还新增了备受瞩目的项目溯源管理和 MDR（Marketing Department Representative，市场部）孵化功能，使得平台在智能化服务方面更加全面、系统化。MDR 模块的 AI 质检功能为平台和业务提供了自动化高效的外呼质量检查解决方案，全面提升了外呼质量管理和关键信息识别的准确率。图 4-25 所示为 MarTech 能力模块与客户旅程的映射关系，包括获客、培育，以及转化模块。

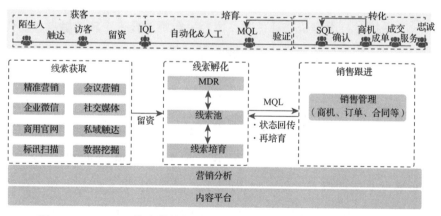

图 4-25　MarTech 能力模块与客户旅程的映射关系（以商用客户为例）

6. 营销分析

营销分析是 MarTech 中数据驱动决策的窗口。营销分析模块整合了 MarTech 相关的业务运营数据,通过对数据的智能处理和可视化展现,将数据转化为相关信息和知识。这种方式可以辅助业务决策,帮助业务人员发现问题并寻找解决思路,同时也可以对项目的潜在风险进行预判和预警,使业务人员的每一个决定、管理细节、战略规划都有数据参考。

企业智能化转型的本质是从经验驱动决策转向数据驱动决策。因此,如何最大化利用数据价值成为关键。MarTech 营销分析,通过对数据不断进行整合、挖掘和定制化展现,最终实现数据驱动的精准决策。

由于兼具 2C(面向消费者)和 2B(面向企业)的业务特点,使得联想的 MarTech 需要通过一个平台来建立既有共性、又有差异性的功能模块。尽管市场上也有第三方的 MarTech 商业软件,但联想开发的 MarTech 软件并不只是单款软件产品,而是一整套解决方案。它与客户关系管理软件、渠道管理软件之间的集成与协同,使得数据真正成为不同部门之间可以共享的高价值资产。基于此,市场营销环节正在彻底融入与销售转化的闭环之中。传统的营销和销售在空间上有所区分的局面已被彻底打碎,二者从时间到空间都变得紧密相连,而数据在其中起到了穿针引线的作用。

4.4.2　营销数字化运营体系

联想 MarTech 的 "1+1" 框架中,在智能营销平台之外,是一套数字化运营体系。联想 MarTech 数字化运营体系如图 4-26 所示,联想

MarTech 拥有三大运营中心，包括线索运营中心、内容运营中心和会议运营中心。在联想的营销模式转型中，经过不断探索逐渐形成了三位一体的运营体系，使得数字化能力深度应用到日常运营工作中，从而辅助业务人员更好地使用平台及高效地经营客户。

内容运营中心
全面管理多源内容资产，建立内容标签化、可量化、可评估的内容管理平台

- 辅助业务内容迁移
- 辅助业务权限配置
- 辅助业务定制专属标签
- 配合业务定制化需求

数字化运营体系

- 定制化线索追踪
- MDR外呼和线索培育服务

- 定制化会议/活动配置
- 智能表单接入配置
- 留资数据反馈

线索运营中心
全流程线索追踪，对外呼叫和线索培育等线索运营支持工作

会议运营中心
支持线上线下多场景会议营销，提供会议日历、会议管理、会议分析、营销工具等多种能力

图 4-26 联想 MarTech 数字化运营体系

线索运营中心负责全流程线索追踪，对外呼叫和线索培育等线索运营支持工作，以帮助业务更好地经营线索，实现线索的高效转化。

内容运营中心负责内容迁移、权限配置、定制专属标签、配合业务定制化需求等工作，辅助业务团队将内外部内容进行一站式管理，为制定内容中心化解决方案提供支持。

会议运营中心负责定制化会议 / 活动配置、智能表单接入配置、留资数据反馈，以及帮助更好地推进业务活动及留资收集等工作。通过各运营中心的运作以及运营中心之间的无缝衔接和协同，大幅提升了数字营销能力赋能业务的效率，使得 MarTech 平台能够快速产出大量业务价值。

一套有效的营销数字化运营体系离不开明确、量化的评估指标作为指导。图 4-27 所示为联想 MarTech 评估指标，该指标是一套"漏斗指标"，用来评估各阶段的营销及转化效果，同时也作为营销工作的 KPI。

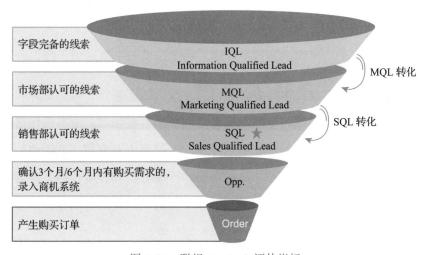

图 4-27　联想 MarTech 评估指标

MarTech "漏斗指标"从一开始的字段完备的线索，一直到最后的产生购买订单，每一步都有高度量化的转化体系。这些精细的划分，得益于数字化技术的广泛应用。这使得"从线索到商机"的传统销售漏斗模式，通过数字化技术手段，变得高度清晰、量化，而且非常高效。

除了以上指标，联想还关注各步指标的转化率，用以监测、衡量、评估市场策略的效果。关键转化率指标为 MQL 到 SQL 的转化率及 SQL 到商机、订单的转化率等。在这套逻辑严谨的漏斗指标的指导下，各业务人员可以根据各项指标和整体漏斗的健康程度快速定位业务问题，从而大大提升业务迭代优化的速度，有效保障业务目标的达成。

4.4.3　自建电商平台

得益于互联网技术的快速发展，淘宝、京东等电子商务平台顺势而起，中国电商平台发展驶入快车道。2014 年，联想凭借对互联网化趋势的敏锐洞察率先发力，开始致力于将业务从线下转阵线上，采用第三方的外包电商平台解决方案初步构建了属于自己的电商营销平台。

然而，随着获客成本的提高和第三方数据的断裂性，第三方外包电商平台解决方案的弊端逐渐凸显出来。用户数量在激增，原有系统已经无法支持高并发场景下的良好用户体验，这使得企业和用户之间的距离"似近实远"，信息链路过长。经过全面的行业分析和技术评估，联想开始尝试建设自主可控的线上销售、服务、沟通一体化的电商平台，真正实现与用户零距离。

1. 自建"根据地"——在线商城

联想商城在使用外包解决方案时采用的是 Web1.0 时代的互联网技术，与当时主流的电商平台相较而言稍显落后。随着联想的线上业务规模和复杂性日益增加，该技术的局限性也越来越明显。经过对京东、天猫等平台进行充分调研之后，联想选择了向新一代互联网技术靠近，开发了第一版的联想电商平台：Lenovo 商城 1.0。然而它底层的支撑 IT 体系，本质上依然是单体应用。每一次系统迭代升级，都会"伤筋动骨"，而维护所需耗费的时间、人力成本也都不容小觑。

越来越"挑剔"的消费者，以及频繁的促销活动，使得网站功能需要不断更换，这让传统的单体网站架构变得越来越臃肿。借鉴领先电商的经营经验，对单体应用进行模块化、灵活调用的微服务化改造，已经迫在眉睫。

为此，联想商城进行了大规模的架构改造，经过约 6 个月的研发，终于实现了联想商城整体微服务化。

从开发角度来看，微服务化改造为后续联想商城和移动平台的敏捷开发、快速迭代奠定了坚实基础。从运维角度来看，单个应用的平行扩展变得更为便捷。在此基础上，联想又对系统进行了容器化升级，使得后台管理变得更加高效和标准化，架构愈加成熟。2016 年 11 月，优化后的联想商城迎来第一次重大考验——双十一大促。在商城强大的技术支撑之下，业务端大促期间的销售额同比提升了约 50%，而系统也通过了巨大瞬间订单冲击的考验。

联想商城的此次成功转型，推动集团开始对内部分散的电商平台进行大规模的整合。联想商城先后与联想官网、手机商城、Think 商城和内购商城实现合并，形成了更加统一的对外接口。这种模式不断拓展，形式也越来越多样化，形成了具有多个独立业务的电商平台，包括乐酷商城、摩托商城、百应商城等，并采用了灵活的"多租户模式"。有了高效稳定的底层系统，应用侧的多样性变化都可以得到快速部署。

网络入口越来越多，风险也在与日俱增。联想商城的访问量和交易量持续快速增长，意味着任何一个小小的系统故障，都可能付出巨大的代价。因此，如何实现对系统的高稳定性、高可扩展性保障，成了电商业务实现向更高量级的进阶亟待突破的挑战。于是，联想在沈阳部署了异地容灾中心，实现了数据跨机房、跨数据中心实时同步。很快数据中心又升级为"两地三环境"，真正做到了有备无患，为一线业务的快速发展提供了稳固的后方保障。此后，联想发起了针对优化客户体验的"百日攻坚战"，对包括商品展示、搜索、支付、客服等在内的多项服务进行全面升级。

在此过程中，移动化浪潮汹涌而至。消费者的生活方式和购物习惯被重新定义，移动端开始成为众厂商的争夺之地。最初，联想在移动端的部署以直通用户、互动分享为核心，"社区"是核心概念。2016年前后相继推出了Android端和IOS端的"联想社区"App1.0，以"激活新用户注册、增加老用户黏性"为目的。两年后，联想对移动端的定位进行了战略升级，不再局限于"社区"的概念框架，而是服务于全集团业务。"联想社区App"正式更名为"联想App"。改版后的App新增了商城、服务频道等模块，并开放了"联想会员"的相关权益。这使得联想全面开启了移动电商赛道的布局。与此同时，联想推出了全新一代的技术框架——"凤凰"，寓意变革必将经历向死而生、凤凰涅槃的过程。在移动电商领域，联想通过技术创新，加速了产品和服务进入市场的步伐。

之后，联想App不断完善并健全商品品类，陆续接入以旧换新、企业用户注册、合伙人频道等新功能，持续深耕用户经营，致力为用户提供一站式贴心服务。2020年，秉承"以客户为中心"的理念，联想App进一步焕新升级，旨在以智能化、智慧化的产品和服务为客户打造全新的零售体验，让客户真正"购实惠，够安心"。

2. 电商平台国际化

为配合集团的全球化战略，2019 年，联想开始对日本的 NEC PC 商城进行全面改革。联想电商的智能化转型征程，正式从中国迈向了国际。

联想对 NEC PC 业务的合并，使得联想一跃成为日本最大的 PC 企业，并在当地设有独立的电商平台。然而，通过评估发现，NEC PC 商城虽然运行相对稳定，但其整体系统架构采用的仍是单体模式。系统集成过于复杂，设施与技术也偏传统。比如，当地团队沟通使用的仍是传统的半人工式对接方式。为了让 NEC 商城在数字化时代焕发出新的生机，联想使用自主研发的凤凰架构，对其系统进行了彻底改造。

作为第一次跨区域、跨国家的外化尝试，联想在改造 NEC 电商平台的过程中遇到了包括语言、币种、税收、合规、用户习惯差异等在内的许多新困难。得益于之前建设电商平台的经验积累，联想在短短 6 个月时间内，便完成了日本 NEC 商城的业务梳理、系统重新设计、外部对接、系统开发等流程，并最终成功部署上线。

新版 NEC 商城正式交付上线后，不仅系统稳定性增强，线上销售流程也得以改善，用户体验大幅提升。海外尝试的首战告捷，为官网商城的内生经验进一步向更多海外业务外化推广注入了更大的信心。

在亚太地区成功的实践基础之上，联想开始着力针对覆盖多个国家的海外电商平台进行智能化转型部署。在此之前，联想国际电商平台采用的是 SAP Hybris 电商云解决方案。为实现自研突破，联想于 2020 年底启动了全球电商平台迁移项目"Flash"，取代了原来的 SAP Hybris 系统。联想借助该系统在北美地区首先上线了内购商城，之后相继推出了消费商城和面向企业的中小企业商城。而且全球使用范围在不断扩大，如英国、新西兰、法国等，整合之路势如破竹。在此过程中，联想始终兼顾三个平衡：开发部署的成本与效率、系统安全性与可用性、用户隐私与合规性。历经"黑色星期五""超级星期一"等几番海外节日大促之后，联想电商的海外平台逐渐成熟，成为联想电商体系的重要一环。

3. 用 AI 创新电商运营新体验

联想官网（www.lenovo.com）作为联想销售产品的官方渠道、经营客户的自有阵地，一直在努力借助人工智能技术提升销售和营销水平。联想通过"智能个性化触达""实时优化触达策略""数据驱动 AI 决策"等大幅提升经营客户的效率，为官网带来更多商机。这些传统 AI 算法的加持，使得联想官网能够精准营销和高效触达客户。随着大模型技术的成熟与应用，联想官网团队与联想研究院共创，用大模型替代传统算法，创造出更多、更新的智能应用，"电商智能体"就是其中之一。

"电商智能体"在内部被通俗称为"官网 AI 助手"。这是一款大模型原生 AI 应用。作为消费者的 AI 助手，它能与用户进行一对一对话，理解消费者的问题并给出答案，这类似于与真人导购员在商场里进行对话。与以往只能通过搜索关键词不同，现在用户可以用自然语言输入问题。这些更人性化的自然表达方式，可以提升用户在联想官网的搜索效率。

在电商场景下，"官网 AI 助手"聚焦导购能力的实现，主要包含购买引导、多轮互动、推荐商品、商品咨询、商品对比、优惠提示、全网比价、特价领取、支付交易九大功能。这些功能可以帮助客户快速完成购买决策，并且实现闭环。"官网 AI 助手"的应用，不仅极大地缩短了消费者的购物时间、提升了用户体验，并且改变了电商的人机交互方式。

"官网 AI 助手"采用了以联想大模型为大脑、以多智能体为核心、满足电商领域个性化及安全可控特点的技术方案。未来，联想还会对应用进行深入开发，加入行业数据、企业客户数据等，推荐消费者所需要的内容，以帮助客户更快速地在联想官网了解产品及服务，快速帮助客户解决问题。

4. 不止于业绩

在联想电商平台的智能化转型赋能之下，业务端取得了显著成果。从 2015 年至今，联想电商线上平台销售总额已突破近百亿元人民币，客户体验推荐指数（NPS）达 62 分，提升近 100%。搭建在自有系统之上的联想海外电商平台不断扩展，已覆盖包括日本、美国、英国、新西兰等在内的多个国家，未来还将涵盖更多国家。通过多渠道直达用户、经营用户，联想电商平台在全球瞬息万变的市场里，真正做到了"立得稳，反应快、跨得远"。

经过多年业务实践，联想逐步沉淀出了包括盘古 CMS（客户内容管理）系统、mPaaS 移动应用开发平台、电商直播平台等在内的开源技术解决方案。经过不断优化，基于电商技术基础的"凤凰架构"已经成为一个完善的产品。经过联想内部种子用户验证，以"业务决定技术、技术支撑业务"的方法论，可以为外部企业用户快速部署电商解决方案、实现智能化转型提供有益借鉴。这也吸引了微软、得力等多家企业的合作意向，推动了联想"内生外化"战略在电商业务的落地。

4.4.4　智慧营销，因 AI 而更精彩

随着联想数字基础设施日益完善，运营场景的需求也越来越多。如何利用 AI 技术进一步赋能客户的精细化运营，是行业面临的普遍难题。MarTech 的成功，提供了一个观察数字化运营的实例。以线索挖掘为例，MarTech 展现了 AI 赋能的巨大潜力。如何提升线索到订单的转化率，是 B 端营销多年的一个难题。市场部门每个月都会通过各种营销活动获得海量的销售线索，但并非所有的销售线索都能立刻转化为商机，有些可能会因为关键信息缺失或者错误而无法继续跟进，有些虽信息完整但非关键决策人或意向较弱。与此同时，销售资源是有限的，无法对线索一一跟进。由于各渠道和各系统客户数据间存在割裂，因此无法构建完整的客户画像，也无法用统一标准来对线索进行打分，从而判断每个线索的质量。如果依靠人工识别，销售部门会把大量时间精力花费在无效线索上，导致整个线索到订单流转过程的转化率较低。因此，如何打通各个渠道的数据、筛选出高质量的线索并优先下发给销售部门是运营部门要思考和解决的核心问题。

上述挑战，正是机器学习擅长的领域。为了评估每一条线索的质量，联想打通了各个营销渠道前后链路和第三方数据，通过身份识别系统统一聚合客户各个渠道的互动数据，这样不仅拥有了 360° 用户画像，也拥有了每个客户所有的历史行为数据，从而可以用来构建客户特征。联想把历史数据划分为训练集和验证集，将数据输入模型进行训练和验证，从而构建了一个基于决策树算法的有监督学习模型。基于该有

监督学习模型，每个线索都会被赋予一个相应的分数，该分数反映了该
线索转化为订单的可能性或概率。

　　为了实现不同的目标，如图 4-28 所示的联想 MarTech 打分模型架
构包括四个子模型。

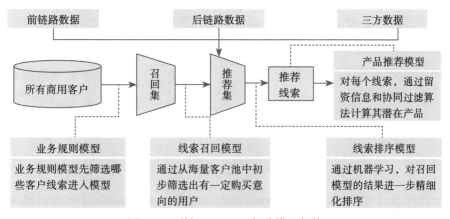

图 4-28　联想 MarTech 打分模型架构

- 业务规则模型，用于筛选所有客户中哪些客户线索可以进入模
型，如某些近期已经有过采购行为的客户会在这一步被过滤掉。
- 线索召回模型，通过从海量客户池中初步筛选出有一定购买意向
的用户。
- 线索排序模型，通过机器学习，对召回模型的结果进一步精细化
排序。
- 产品推荐模型，通过留资信息和协同过滤算法等可以计算出客户
对某些产品的偏好，从而帮助销售部门更高效地与客户沟通。

　　以上四个子模型的组合，构建了一个完整的客户评分和产品推荐解

决方案。

　　一个成品模型如果只有良好的离线指标还远远不够，要想驱动业务增长，还需要与业务紧密融合。为此，联想 MarTech 不断进行应用和优化。至于模型结果，需要和已有业务系统进行集成。模型每次输入都会产生一个名单，如果让业务人员每次手动下发名单给销售是一件特别费时费力的事情。因此联想打通了模型数据库和业务系统，使每周模型结果可以定期自动上传到业务系统并自动下发给销售，实现了整个业务流程的自动化。值得一提的是模型的持续迭代和持续交付。随着数据系统越来越多、数据体量越来越大，模型不可能一成不变，需要持续的迭代，逐渐提升模型的指标表现。为此，联想将模型部署在已有的 AI 开发平台，通过 AIOps 实现模型的版本管理、定期训练等。

　　得益于模型应用与业务流程的有机结合，AI 可以将原先难以识别的线索进行分类整理，帮助市场人员和销售人员快速识别真正的商机。

　　AI 技术的发展为营销智能体的快速成熟提供了核心动力，并赋予了营销智能体高效处理数据、深入理解消费者和市场，以及制定科学营销策略的能力。随着 AI 技术的不断进步，营销智能体的应用范围和效能也将不断扩大和提升。

　　在品牌营销工作中，营销智能体能够帮助营销团队深度分析消费者需求与品牌定位的契合点，智能生成具有强吸引力的营销物料，有效提升品牌认知度。同时，营销智能体还能提供前瞻性的品牌策略建议，并针对潜在危机制定应对措施，确保品牌形象的正面一致性，从而在竞争激烈的市场中稳固品牌地位。

营销内容的创作也因应用智能体而实现了高效化和个性化。无论是广告脚本还是社交媒体文案，营销智能体都能根据目标群体的偏好自动生成创新性内容，提高营销信息的吸引力和参与度，进一步提升营销效果。

营销智能体能洞察市场趋势和消费者行为，实现了更加精准和高效的信息同步。这帮助营销团队把握市场脉搏，为精准的市场决策提供辅助。这种基于数据驱动的决策模式，使营销团队能够快速响应市场变化，保持竞争优势。

客户培育团队可以利用营销智能体深入分析消费者的购买历史、偏好和行为模式，识别不同阶段的客户需求，并设计出针对性的沟通策略和营销活动。营销智能体精准的客户洞察能力不仅促进了品牌与消费者之间的深层次连接，增强了客户忠诚度，还有效提升了客户生命周期价值。通过持续互动和提供定制化内容，营销智能体促使客户成为品牌的忠实支持者。

此外，营销智能体利用其深度的数据分析能力，能够精准定位目标客户群体。在多渠道上自动执行个性化的营销活动，实时监测和调整策略以最大化参与度和转化率。这不仅提高了触达效率，还确保了信息的一致性和时效性。总的来说，营销智能体的应用为现代企业营销带来了革命性的变革，使得营销活动更加智能化、高效化和个性化。

联想集团通过深刻理解和有效应用 AI 技术，迅速启动并推行了营销智能体项目。该项目覆盖了营销的多个关键环节，包括营销洞察、策略生成、客户培育、内容获取以及数字呈现等。营销智能体的落地不仅推动了营销活动的智能化和个性化，还显著提高了智能技术在营销执行过程中的易用性，从而为营销活动带来了效率和效果的双重提升。

在日常客户运营活动中，联想营销智能体充分展现了其在实战中的卓越能力。该智能体利用先进的大模型技术，使得业务团队只需通过自然语言交互，简单地描述营销需求，便能迅速得到有针对性的策略和建议。联想还构建了一个全面的营销知识库，它包括营销应用平台、品牌理念、传播内容、营销政策和产品信息等关键知识，这些内容可供大模型和用户直接使用、学习和推理，并用于训练和优化营销智能体，让营销智能体提供更加精准的智能化辅助服务。

结合大模型和营销知识库，营销智能体能够深入理解并细致分析客户需求，进而根据客户特征定制个性化的营销策略和洞察看板。基于这些策略，营销智能体还能自动生成与客户特征相匹配的文本、图像和短信等营销材料，极大地提高了营销物料的制作效率和相关性。

此外，联想的营销智能体还能智能地安排运营日程，明确标记关键节点和所需物料，使得业务团队能够通过一键操作来执行营销活动，并在关键时刻接收到运营提醒。这种高效且精准的运营模式，不仅极大提升了营销活动的执行效率，而且确保了营销内容的高度个性化和针对性，有效提高了客户的响应率和参与度，为联想集团带来了显著的营销成效。

4.5 SalesTech 智能销售

为了实现领先的销售力，联想打造了商用销售生产力平台 SalesTech，如图 4-29 所示。它的核心包括三个部分：一是从线索到订单的业务流程平台 LTOP，这是一个流程组合，包括一系列的核心销售流程，如线索管理、商机管理、智能 CPQ（配置、价格审批、报价）、合同管理、订单管理等；二是为合作伙伴赋能的大联想伙伴网 Business Partner Portal（以下简称 BP Portal）；三是给销售队伍赋能的销售工作台 Sales Portal。

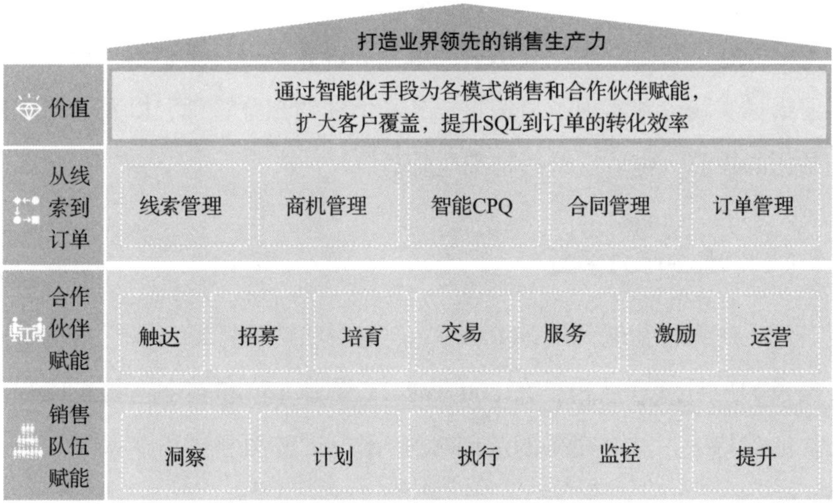

图 4-29　联想商用销售生产力平台 SalesTech

联想确立了智能化转型蓝图之后，很多数字化、智能化项目的开发也发生了全新的变化。过去通常是按照系统进行开发，每个系统会各有考量。而现在，项目开发开始遵循"工程平台"的思路，按照转型蓝图的架构，在平台分解成多个子项目。SalesTech 与前文提到的麦哲伦平台，都是"工程平台"。

一切出发的原点，都来自战略转型；一切功能，都来自一线需求。强化一线销售能力、支持渠道发展，需要有一套完整的销售力平台。销售人员需要一种更简单有力的销售方式，而且有持续提升客户体验的能力，包括个性化定制、实时信息通知等。智能化转型，对于销售部门而言，就是用智能技术改善销售体验、全面提高销售生产力。

通过对业务团队130多场访谈、超25次的内部研讨，历时24周，联想终于完成了销售生产力平台SalesTech的蓝图和流程设计。针对这些关键流程，联想对客户和销售区域等关键数据进行了结构化治理，定义了最佳实践，并实现了对销售任务和活动的充分管理，以及对于客户主数据的售前、售后需求的精细化管理。

4.5.1　销售生产力平台

为了构建这套端到端的SalesTech蓝图和销售体系，联想搭建了一个复杂的项目管理结构。在200多名IT专业人员和多个系统集成合作伙伴的支持下，一个完备的端到端SalesTech蓝图和销售体系终于应运而生。

1. 提高生产力效率

对于一切不能产生价值的流程环节，SalesTech都采用时间压缩的方式进行优化。例如，在合同流转方面，它提供智能商务支持来减少无谓的时间等待。在之前的合同管理过程中，需要多系统操作且线下偏多。五个业务单元中，存在八个不同的合同系统。而对于非标合同，审批流程时间更长，审批周期从1～30天不等。标准合同商务审批效率也较低，每天平均只能完成80份左右。

智能商务支持模块，能够采用自动化处理流程和人工智能扫描识别等技术，主动提醒审批人员进行审批，从而减少授权审批合同处理时长，避免销售人员处于空转等待的状态。又如在投标资质申请时，可以在规则引擎下自动审批，无须经过层层校核；对于合同阶段的关键审核，如果在固定场景也会自动审批，合同盖章阶段则进行电子签章识别。一切具有浪费的时间环节，都被加以关注并大力削减。

每个环节，都会有提高时间效率的考量。SalesTech 注重对销售人员能力的强化。针对新销售、老销售人员，或者复杂产品的销售人员，SalesTech 会提供资料的自动聚合与分类，使销售人员可以快速获取资料，随时下载并一键转发。这些功能都是为了帮助销售人员将时间重点聚焦在与客户交流的有效价值环节上。

2. 构建中台化、微服务的平台架构

在 SalesTech 平台诞生之前，联想已经有一个近 20 年的线索商机管理系统。随着"直达客户"的业务模式变革，联想决定重构该系统。

重构系统中，业务能力被拆分成不同模块，每个模块都将更聚焦于本模块内的需求，而模块之间则形成连接关系。大量中台技术和智能化技术加入其中。这种采取灵活的微服务的应用架构设计，可以更快捷地响应前端的开发需求。

截至 2022 年底，SalesTech 基于联想私有云平台，构建了 40 种不同的销售能力。它可以支持每天上千名销售人员的访问。基于中台化平台架构的强大支撑，该系统已经拥有 20 多个独立组件，以支持敏捷灵活、高弹性、高自治、高复用的访问。针对报表类需求，能够实现以周为单位的制作和更新。

3. 遵循面向移动、面向一线人员原则

SalesTech 并非仅仅是一个方便管理人员的工具，更是赋能销售人员的得力助手。联想开发的"客户 360"模块，能够对客户进行全方位的画像展示，如与客户相关的历史交易信息、交互信息（拜访、外呼）、渠道信息、客户保修信息等。而它的设计理念，重点在于如何最大限度挖掘客户的价值。

"客户 360"模块具有自成长的功能。除了静态描述，还具有对客户能力的概括，以及客户的动态信息采集等。它采用了可视化的方式，使销售人员能够看到客户的过往和现在的相关信息，进而预测未来可能产生购买的核心客户。

4. 线上交易平台数字化

在商用客户模式的交易过程中，线下交易存在着几大痛点。一是货源难辨，线下供货货源难辨真伪，难以保障无拆、改、换等情况出现；二是采购分散，子公司、各部门采购需求零散，单独采购价格偏高，性价比差；三是管理困难，传统模式通过电话、邮件传递订单信息，各部门、子公司采购数据众多，难以管理；四是物流跟踪困难，小供应商无法实时同步物流信息，需要人工联系查询，比较麻烦。

为了解决这些痛点，联想先从业务模式上梳理了商用 2B 交易端到端完整流程，识别其中线上操作环节所需的数字化机会点，同时基于业务痛点进行分析，从而设计出合格的数字化功能，推动系统的优化改进。2B 业务交易流程概貌如图 4-30 所示。

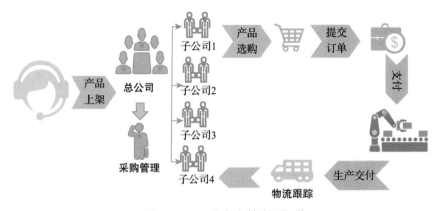

图 4-30　2B 业务交易流程概貌

另外，从技术架构角度来看，市场上也有很多企业投入 2B 交易线上化的建设，如京东、云徙、商领云等，这些企业都有类似平台。但联想基于自身业务特性以及超高的商用市场占有率，推出了自己的 B2B 交易平台。

历时五年的精心搭建和持续完善，联想成功构建了 B2B 交易平台——E 采的完整架构，实现了电子合同、店铺拓客、多级采购、场景化采购、企业信用、可视化物流这六大核心场景的数字化建设。SalesTech E 采平台的数字化场景如图 4-31 所示。

5. 深度嵌入 AI 技术

SalesTech 模块用全场景的视角梳理了不同系统的数据，以寻找适合 AI 嵌入的机会。例如它可以利用 AI 的语义识别算法，评估构建外呼客户名单的最优选择。它会自动为销售人员形成"智能呼叫计划"，包含客户项目背景及外呼要求、提供客户名单排序优化等。该系统也会主动向销售人员提供提示、建议电话时间与产品推荐优化，从而显著提升单通电话的效率。而在销售人员通话过程中，系统也会自动提醒销售人员可能存在的漏洞，或者未能提及的一些关键点。这些人工智能技术能够在销售平台上，实时、主动提醒销售人员正在发生的状况，从而使销售人员具有一种动态的态势感知能力。

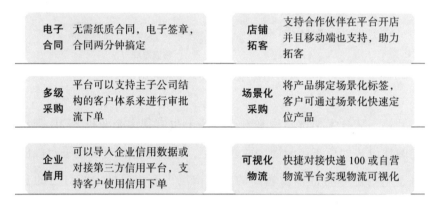

图 4-31　SalesTech E 采平台的数字化场景

AI 技术还能够提高销售人员对利润的敏感度。SalesTech 可根据客户需求，由销售人员进行参数配置，从而自动制定报价策略，输出可行的报价方案。报价往往需要在赢单率和毛利率之间进行平衡。对于有些订单看上去数额巨大，但却有可能因为价格过低而恶化销售目标的毛利率。在这种情况下，系统能够自动给出不同的策略，使得销售人员可以清晰地在二者之间进行平衡。

6. 加速数字文化渗透，推动业务与 IT 深度融合

SalesTech 的应用加速了数字文化的渗透，推动了 IT 部门与业务部门的融合。以前销售人员由于分属不同部门，使用不同的系统，因此无

法看到客户全景图。关于客户购买计算机或者服务器的数量，销售人员并不知道全貌。IT 部门开发的"客户 360"模块，使得销售人员在拜访客户之前就能全面了解客户的整个购买情况，大大方便了销售人员。该模块刚上线，便迅速获得了销售人员的广泛认可和积极评价。在这种氛围之下，不仅是业务部门，IT 开发部门的团队重心也渐渐转向以客户为中心，部门间的合作愈加频繁。让数字化能力模块的业务价值日益凸显，成为 IT 部门的重要工作方向之一。

4.5.2　LTOP：建立端到端统一销售体系

在 SalesTech 销售生产力平台中，从商机到订单的商用统一的销售平台 LTOP，是极为重要的支撑部分。它是由一系列的子模块所组成，将线索孵化、验证、商机管理、合同与订单的管理流程进行了系统性整合，建立了一套完整的端到端销售体系。

联想的端到端销售管理系统包括客户主数据管理工具 UCP、自研的线索管理工具 LPP、商机管理工具 Dynamics365、自研的配置、报价及立项管理工具 CBP、全新的合同中台 Contract Center、物料数据管理中心 LPC，成本价格管理中心 CPM，以及全新的集成业务伙伴门户 BP Portal 等组件。这些复杂组件相互独立，但又统一构成了端到端的系统架构，为联想销售的智能化转型打下了坚实基础。例如主数据管理工具能够为数据驱动的智能化转型提供有力支持，为营销和销售运营、客户体验计划、治理工作等提供可靠、准确、完整的数据。而自研报价系统的建立，可以明显缩短从定价到报价的时间。

图 4-32 所示为 SalesTech 中的"Leads to Order"平台设计框架，

它使联想能够获取完整的客户和合作伙伴交易旅程，并集成了全球范围内的内外部销售解决方案。该框架包括线索管理、商机管理、合同管理等领先功能。通过数据驱动与洞察的方式，提升从营销到销售的漏斗转化率，并全方面为销售赋能。这也是强化"客户直达"业务模式转型的一种方式。

图 4-32　SalesTech 中的"Leads to Order"平台设计框架

4.5.3　Sale Portal：销售人员的第一工作台

Sale Portal 实现对销售人员和销售管理人员的"四个赋能，五个在线"。

四个赋能包括内容、营销、技术和管理的能力支撑。一是内容赋能，它围绕产品形成了各种内容模块，可以随时使用。二是营销赋能，把中台能力复制给销售和渠道，如产品的方案海报、成功案例等，大客户销售人员可以通过既有渠道，方便地进行传播。三是技术赋能，围绕销售能力而展开。随着联想的多元化转型，业务越来越复杂，对技术的要求越来越高。联想将很多技术白皮书、课程培训等技术类的信息文档放在 Sales Portal 平台，并对销售人员和销售管理人员进行线上培训。四是管理赋能，用于管理者进行内部复盘的可视化以及日常管理。

五个在线包括销售人员行为在线、产品随时在线更新、渠道在线、管理在线，以及客户在线。SalesTech 中的 Sales Portal 平台设计框架如图 4-33 所示。通过 Sales Portal 平台，销售人员可以联系客户，而客户也可以通过终端与销售人员进行交互。

图 4-33　SalesTech 中的 Sales Portal 平台设计框架

Sales Portal 是销售人员使用的在线移动应用平台。而在平台背后，则是强大的智能 IT 引擎的支撑，直接与 30 个实用的中台模块相连，如人力资源系统。当有员工离职，人力资源系统需要进行身份数据删除时，Sales Portal 的系统也会自动化处理。通过权限管理，确保数据安全。

Sales Portal 早期的第一个核心业务模块，是内容中心。它可以方便销售人员快速搜索查找相关资料，并随时下载产品信息，不仅有产品介绍，还包括产品彩页、视频、参数、成功案例、竞品对比等。这一模块受到了销售人员的极大欢迎，大大激发了销售人员参与销售智能化改造的积极性。

为了保障内容输入的有效性，联想包括行业营销团队在内的各内容创作组织统一将诸如行业营销策略等不断丰富的内容素材分享到 Sales Portal 平台内容中心的集合区——知识管理中心，并通过数字化手段，展现平台各个内容的周活、日活等活跃度数据。如果无人使用，则意味着内容吸引力不足，从而对内容评分进行调整。

在联想的不同发展阶段，对销售人员能力的要求也有所不同。智能化转型前，对销售人员的要求仅限于获取商机能力、接单能力，以及与合作伙伴合作能力。智能化转型后，还需要销售人员拥有很强的客户经营能力、项目运作能力（复杂的企业级项目和服务方案项目），以及合作伙伴的经营能力。

SalesTech 不仅覆盖了销售的全流程，而且也建立了销售能力模型，包含大量的 AI 模型。将这些模型和销售实践结合起来，就形成了"企业销售智能化成熟度"的评估表，包括根据行为提供合适的产品推荐、根据线索评分提供处理优先级的顺序和匹配的价格建议等。而 AI 算法和深度学习的应用，则可以自动从海量数据中获取有价值的参考，例如系统会为销售人员推送自动计算的推荐价格。该平台的出现，使得面对客户的复购模型得到了很好的应用，显著提高了客户的回头购买率。

4.5.4　BP Portal：大联想伙伴网

多年来，联想的轮驱动业务模式一直卓有成效。以渠道为主的 T 模式和直客经营的 R 模式，成了经典的销售模式。然而，随着客户行为、需求及市场环境的快速变化，以及以客户为中心转型的正式启动，联想也不得不面对诸多挑战，其中之一便是渠道管理。

由于分销管理过于细致，束缚了渠道业务的快速开展。以往，联想的管理方式非常细致，产品区分化明显，容易限制合作伙伴在多个业务领域的快速发展。例如，消费产品渠道伙伴可能无法采购中小企业产品，而大客户渠道客户偶尔也需要采购消费产品，此时比较麻烦。这是因为二者的系统并不连通。虽然可以通过注册多家经销商编号的方式来解决这些问题，但多操作系统和多业务线并行的方式会给合作伙伴带来了诸多不便。

渠道合作伙伴需要登录多个系统以开展业务，这导致了资源的重复浪费。由于业务归属不同，合作伙伴与联想之间存在多端交互的流程，这导致合作伙伴需要登录多个系统，进入不同界面才能完成必要的操作。尽管个别业务线推出了整合型网站，但由于业务区分问题，仍然存在重复投资和建设。

这些问题在一定程度上阻碍了联想和其合作伙伴的有效合作，也限制了公司在不同业务领域的快速发展。为了更好地应对挑战和解决痛点问题，联想于 2020 年 4 月正式推出了智能 IT 引擎"擎天"之下的 BP Portal 3.0 平台（大联想伙伴网 3.0 平台）。BP Portal 3.0 是联想的渠道数字化管理工具，建立在上下游协同平台和功能灵活的 PaaS 平台之上，为联想与渠道合作伙伴提供了一个卓越的连接方式。它在高效沟通、信息更新及时、数据快速准确对接等方面表现出色，大大优化了联想与渠道合作伙伴之间的共赢关系。通过 BP Portal 这一数字化管理平台的科学运用，联想不仅提升了渠道管理水平，还促进了业务增长，培养了更具合作性的渠道伙伴关系。同时，BP Portal 还将数字化水平延伸到渠道层面，通过系统化的连接方式，从销售到服务全面提升渠道管理水平。

自 2021 年 4 月起，大联想伙伴网正式启用了全新的渠道注册制度，引入了注册经销商的渠道身份，为更多渠道伙伴提供了主动加入大联想伙伴体系的机会。这一举措在交易赋能和激励等方面真正实现了共赢。

作为联想与渠道合作伙伴之间唯一的交互界面和登录入口，交易自然是至关重要的平台能力。因此为了实现厂商与渠道合作伙伴的共赢，在 2021 年秋天，BP Portal 正式推出了经销商向分销商下单的功能。经销商可以通过多种方式如网站下单、直播下单、订货会、留资线索上报、联想内部销售主动推单等实现与分销商之间的订单交易。联想还将逐步推出了线上支付功能，以进一步缩短交易流程时间，提高效率。

同时，为了实现制造商与商家的共赢，联想通过 BP Portal 为渠道合作伙伴提供了丰富的产品资料、线上线下课程、考试等。这些资源旨在赋能合作伙伴，根据其专注的客户类型，通过多种方式帮助渠道合作伙伴深入了解联想企业文化、产品信息、专业知识。同时，培训平台还提供了多种多样的线上交互方式，不再局限于单调的听课和考试。

随着时代的变迁，直播能力和线上活动能力已经成为渠道管理不可或缺的核心要素。在短时间内，BP Portal 迅速响应市场变化，构建了相关功能，以支持业务的持续发展。为了激发区域管理的经营活力，BP

Portal 提供了一套完善的分布式会议营销解决方案，以数字化能力助力全国各区域轻松组织会议。总部平台提供能力赋能，区域活动组织人员可以轻松获得各种会议营销资源，包括在线会议直播间搭建和数字化的线下活动全程设计。从会前招募、会中问答互动、会后资料下载、调研问卷等多方面实现数字化。总部为区域活动组织提供各种技术支持，以确保会议的顺利进行，为区域合作伙伴经营管理提供更加灵活、高效的会议组织方式，以激发区域的灵活性，实现更大的商业价值。

与此同时，为了进一步支持渠道合作伙伴，联想推出了 BP Portal 开放平台，是联想面向渠道合作伙伴的唯一开放平台。图 4-34 所示为 BP Portal 开放平台全景图，BP Portal 开放平台拥有产品、订单、交付、财务和进销存五大业务板块的开放能力。通过该平台，渠道合作伙伴不仅可以快速获取最新产品配置信息、操作订单、最新交付进展、进销存信息，还可以获取账务信息等。渠道合作伙伴的业务系统对接 BP Portal 开放平台即可实现一站式对接，减少渠道业务人员的手工操作，从而提升交易和运营效率。BP Portal 开放平台采用了业界领先的 API 管理标准，结合联想自研的私有可视化接口管理平台，屏蔽了后端系统的架构差异，实现了统一的加密通信协议。这不仅简化了账号管理，避免了多套账号的烦琐操作，还提高了信息的安全性。

智能化转型正在全面推动，而联想在统一渠道平台的建设上也取得了显著成果，为不同业务单元在渠道管理能力上的统一提供了坚实的基础。目前，BP Portal 已经扩展了对全部业务单元的渠道管理，涵盖了从注册、认证到签约的全流程。这也从系统能力的角度，根本性地支持了公司"同一个联想"的战略，构建了完整的大联想合作伙伴生态。从之前联想以厂商视角重点支持分销商，到目前以客户视角覆盖了经销商、服务商和分销商，全面实现了线上化，统一规划、统一管理，进一步促进了生态互补。

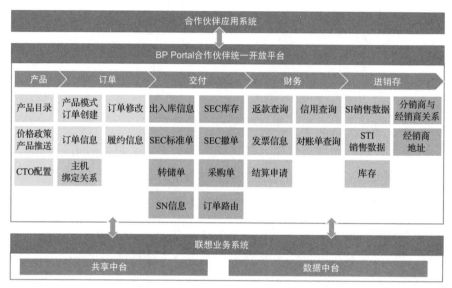

图 4-34　BP Portal 开放平台全景图

这一转变带来的收益表现同样引人瞩目。第一年投入了大量资源进行项目建设，为联想当期财年带来了显著的业务价值，实现了预期目标的超额完成。同时，创新的"注册经销商"身份也有力地支持了中小企业线下渠道业务单元的营收增长，实现了新的突破，新增线下渠道伙伴7 万余家，线下渠道销售增长达 20%。BP Portal 的渠道满意度也达到了业界优秀水平。

销售部门联合智能化转型部门以及 IT 部门，通过智能化转型建设了一个全新的销售生产力平台。通过三路出击，彻底改变了销售手段和客户经营体系。销售数字化全景图以不同旅程为主线，涵盖了从线索到订单的旅程、销售赋能旅程和合作伙伴的赋能旅程。在此期间，业务部门负责人的思维改变至关重要。联想内部非常流行的一句话是："业务领头羊应该是 CIO"。换言之，销售业务负责人一定要坚信智能化能带来深刻的模式变化和生产力的升级，这些用资金和员工智慧所构建出来的方法论和完整的 AI 模型，可以为其他企业的智能化转型提供一个跳跃性发展的机会。

4.5.5　AI 技术深度嵌入销售全流程

前面提到的 SalesTech 模块用全场景的视角梳理不同系统的数据，在充分打通的统一数据平台基础之上，寻找适合 AI 嵌入的机会。例如，SalesTech 利用 AI 的语义识别算法，评估构建外呼客户名单的最优选择。它会自动为销售人员形成"智能呼叫计划"，这包含客户项目背景及外呼要求，并提供客户名单排序优化等。该系统会主动提醒销售人员，建议通话时间与推荐产品，从而显著提升单通电话效率。而在销售人员呼叫的时候，系统也会自动提醒销售人员可能存在的漏洞，或者未能提及的一些关键点。这些人工智能技术具备动态的态势感知能力，能够在销售平台上，实时、主动提醒销售正在发生的状况。

AI 技术也能够强提高销售人员提高对利润的敏感度。SalesTech 可根据客户需求，由销售人员进行参数配置，从而可以自动制定报价策略，输出可行的报价。报价往往需要在赢单率和毛利率之间进行平衡。有些订单看上去数额巨大，但却可能因价格过低而恶化销售目标的毛利率。在这种情况下，系统能够自动给出不同的策略，使得销售人员可以清晰地在二者之间进行平衡。

多模态大模型的出现首先让 AIGC（人工智能生成内容）成为可能。联想在企业内部部署了企业私有大模型，在大模型基础上开发了销售智能体，能够在全流程中智能辅助销售人员完成任务。

销售智能体可以作为销售人员的教练和陪练。例如，针对新销售人员、老销售人员和 3S 销售人员，销售智能体可以提供资料自动聚合 / 分类 / 更新、资料获取 / 一键转发、售前需求工单管理优化、产品话术推荐等。销售人员能够跟"销售智能体"通过自然语音问答的方式、直接交互的方式询问自己关心的产品配置问题、销售流程问题、营销激励政策等；同时，销售人员能够直接从销售智能体的回答中找到最合适的知识文档和参考文档。销售人员在这样一个"智能专家陪练"的辅助下，就能快速提升销售水平，好似无所不知、无所不晓。

销售智能体还能作为销售人员的"智能双胞胎"。例如，销售智能体可以辅助销售人员进行客户洞察，自动生成和制定外出拜访计划，帮助销售人员准备好演讲材料、进门话术。这样，销售人员就能够第一时间响应客户的问题、提高客户服务的体验，趁热打铁、形成订单。

同时，销售智能体还向联想的渠道合作伙伴开放，让渠道伙伴也能够通过智能体进行自然交互的问题问答，委托销售智能体自动注册、自动下单。

4.6 融合零售，客户直达

2017 年前，联想全球消费业务（包括在中国市场的消费业务）主要采用传统分销通路模式，只有少部分业务直接触达客户。然而随着移动互联网和电商的兴起，消费者购物行为和渠道也发生了巨大的变化，陈旧的模式已经无法应对。店面出货不畅，价格频繁波动，炒货、串货等现象层出不穷。分销商和经销店面的盈利备受挑战，进入了压货、清库、压货的恶性循环。

时代环境也悄然变化。此前的零售渠道体系，都是基于产品的销售而建立起来的，缺乏直接触达客户和经营客户的工具和方法。消费者的购物形态已经迥然不同，个性化和多元化需求持续释放，购物行为正在快速变化。消费者会在线上、线下店面不断流转、对比和体验，也会进行各种社群交互。线上和线下的融合，产品销售和客户经营的融合，已经势在必行。联想 2C 消费业务就是线上线下融合零售，并将销售和客户经营的融合升级为客户全生命周期价值（Life Time Value，LTV）智能经营。

在这一零售业巨变的过程中，数字化、智能化已经成为关键的手段和能力，也还没有一个放之四海而皆准的成熟方案，因此企业只能一手变革业务模式，一手再造智能 IT 引擎。在此大背景下，联想将营销、销售、服务融为一体，全面围绕客户旅程展开融合零售解决方案，如图 4-35 所示。

融合零售解决方案包括六大模块，其中融合零售平台和 LTV 智能经营平台是两个非常重要的能力支撑。

4.6.1　融合零售平台

从"以客户为中心转型"出发，为实现直达客户业务模式变革，联想借助于"客户旅程 CJ"方法论，推动了零售体系的变革。在线上到线下 O2O（Online To Offline）的基础上，联想消费业务采用了逆向思维，推行了融合零售模式，通过赋能智慧门店，提出了端到端的零售解决方案。联想融合零售平台设计框架如图 4-36 所示。

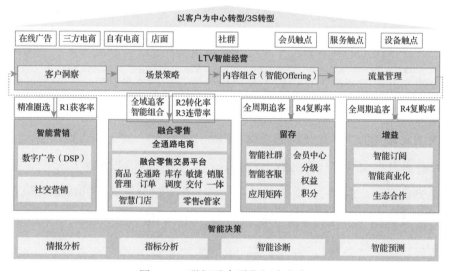

图 4-35　联想融合零售解决方案

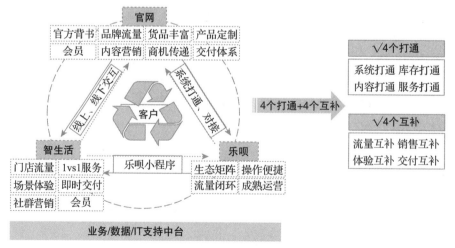

图 4-36　联想融合零售平台设计框架

融合零售表示线上线下同步融合。它采用店厂一盘货、销售服务一体化、客户经营一盘棋的前后打通的思维方式，使得整个链路的行为都发生变化，为客户提供更好更快捷的服务。通过智能化营销，可以在不同的渠道精准触达客户。利用云仓资源，则可以减轻渠道的存货压力，增加产品展陈比率，提供多样的配送选择。无论是营销的从引流到下单，还是渠道中的收货链路，全程都在缩短。从业务模式而言，"以客户为中心"正在迅速替代"以产品为中心"的理念。

1. 融合零售的核心载体：乐呗商城

联想基于融合零售模式的在线零售系统，驱动线下零售业务的变革。面向零售渠道所打造的线上"乐呗商城"应运而生。联想统筹开发系统，每个零售商都可以拥有一个线上"乐呗店"。消费者不仅可以体验线上购物的便利，也可以享受线下配送。这扩大了实体店流量来源，销售范围从以往的 5km 左右拓展到 10km 以外。由此，店面收入增加，坪效大幅提升，盈利明显改善。

乐呗商城为每一个店长都提供一个强大的数字助手，轻松搭建和管理乐呗小程序，并提供了零售管理的关键能力，涵盖了从数字化营销平台到智慧门店的多种方案，如智慧展陈、门店微商城、客流分析、零售助手等。乐呗商城提供的联想会员体系和智慧物流等关键能力，成为店长、店员智慧管理的得力助手。在联想 MarTech 营销平台的统一支撑之下，每个店根据自己的产品和客户，做出差异化、以店为核心的营销。而遍布全国的实体店，都可以建立自己的小程序店。既有个体店的特色和差异性，又能维持整体渠道的稳定性和统一性。乐呗商城为门店提供了全方位、一站式的数字化管理服务，获得了行业内外的广泛赞誉。

在这种模式下，客户可以获得全网同价和与线下门店相同的服务权益。同时，根据"前置仓"的概念，每个门店都成为一个仓库，提供附近社区的供货。融合零售模式，打破了门店在时间和空间上的限制。用户既可以在线上下单，足不出户就享受到同城三小时极速达的配送服务，同时也可以前往门店进行购买。目前线下每一家联想智生活店，都有匹配的门店微商城，形成了千人千面、7×24小时不打烊的科技潮品店。

乐呗商城就像是一个引水明渠，融合了各种渠道的流量。公域、私域流量，内容平台、即时零售等全触点的流量，都被引入联想的实体店。联想的 2 亿会员，通过融合零售实现了与线下实体店的打通，高品质的私域流量大幅降低了店面的获客成本和转化效率。联想的"零售云管家"支持在美团、京东等下单，由客户附近的实体店送达，可以实时库存一盘货管理。由于对配送力量的有效管理，店面的效率得到极大提升，失误也大大减少。

2. 门店数字化升级利器：智慧门店

智慧门店不仅提高运营效率，而且也在线下门店里不断增强用户体验。智能展陈、智能大屏、店面客流热点安防 / 巡店、微商城，以及零售 +/ 零售助手等一系列工具，为线下数字化门店带来全方位一站式体验，大幅提升联想在数字化店面运营能力及盈利能力。

联想开发了"想展示"智能展陈方案，来加强门店与用户的互动性。以往店面的设备只是用来展示简单而重复的产品。而现在，联想营销部门可以通过全国一盘棋，对店面展示内容远程进行分区域分时段精准投放。主推的机型与活动，可以第一时间在终端门店进行展播，吸引用户驻足。而用户与展示内容的互动程度,也会自动决定这些内容的展示频率。这也为在门店现场的用户创造了"千人千面"的展示场景。"想展示"不仅提供 PC、手机、平板显示设备等有屏设备,同样也提供智能物联网设备,如麦克风、手环、体脂称等。通过智能展陈方式,用户可以在无屏设备上看到产品的特性及卖点,以及全网价格、用户评价等。通过云端总控与边缘处理能力,客户也可直接在大屏上扫码购买,同时提供反馈信息帮助店家运营、产业研发部门优化产品,以及营销部门提升效率。

联想研究院 AI 实验室开发了一套门店客流安防系统,可以帮助门店有效了解店铺的客流情况。这个系统可以自动分析客流信息,包括每天哪个时段有多少人经过、进入店内的男女老少比例、是否在店内停留以及对哪些产品感兴趣等。通过此类信息,企业可以根据客户的行为特征来调整产品的展陈,并利用智能屏显示出客户感兴趣的内容。此外,企业也可以根据客户的反馈来有效地提升店面运营效率。通过智能巡店的功能,可以有效地监测店面是否按要求展出产品、LOGO 是否显著、是否遵循规定的规格等。这样就可以统一各个门店的标准,无须派出督导人员到店铺巡店来监督管理,从而提升店面管理效率。

零售助手是一款联想自主研发的手机 APP,让店长可以通过手机 APP 获取会员数据、培训内容、宣发内容、上传下达指令等门店经营数据。此外,通过零售助手和一些赋能工具(如企业微信等)的集成也可赋能门店,使门店在直播中能够有效触达用户,提升门店效益。

如今在联想 8000 余家线下门店,都可以看到产品智能推荐引擎的身影。而通过联想线下门店的智慧升级,用户体验也得到大幅提升。这种用户体验的提升，也是融合零售在提高店面营运效率之外的一个关键目标。

3. 平台再进化：销服一体化

以客户为中心的战略转型持续向前，业务模式也得以不断演进创新。2021 年以来，联想在实体店面全力推进销售与服务融合的"销服一体化"，进一步改善客户体验。销售店面里设有服务专区，提供专属的服务产品和严格认证的服务顾问。用户再也不用去寻找独立的维修站，实现了"在哪里买就在哪里修，买产品就是买服务"。而销售系统和服务系统的打通以及智能化技术创新，则起到了重要的支撑作用。图 4-37 所示为用户侧销售场景和联想侧结算场景。

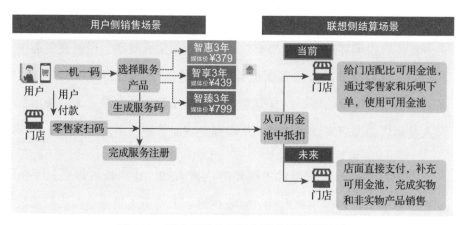

图 4-37　用户侧销售场景和联想侧结算场景

融合零售平台主要是服务消费者的业务，线上场景和线下场景进行深度融合，营销、销售和服务深度融合，成为业务模式转型和智能化转型深度融合共振的典范。

4.6.2　全周期价值经营平台

联想的线下零售体系经过多年的建设，无论是店面进场的体验，还是覆盖密度，以及服务能力，都极具竞争力。但是实体店也有先天不足，如经营时间和空间受限，店面的产品铺货数量有限等。那么，从客户的角度思考，能否随时造访提供服务、能否线上线下无缝衔接流转、能否建立一个与客户直接互动沟通的通道等都是至关重要的。而联想围绕客户全生命周期经营的 LTV 智能经营平台则为融合零售提供了一个智能化大脑，将各触点、通路、客户、设备等都有机连接在一起，这意味着全域智能策略驱动的客户购买行为在融合零售渠道完成。LTV 智能经营平台设计框架如图 4-38 所示。通过将 AI 技术深度嵌入各环节中，在客户最需要的时候，恰到好处地触达客户并与其互动，将"经营转化思维"转变为"贴心服务思维"。

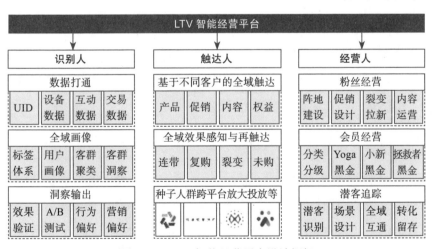

图 4-38　LTV 智能经营平台设计框架

从 2021 年开始，联想消费业务团队开始规划围绕客户的全生命周期经营能力。然而，要想真正了解客户、读懂客户，数据是基础。联想之所以能在短短 1 年建立完成自有的客户经营平台，得益于联想自 2017 年开始坚持建立的联想会员数据唯一身份标识（Lenovo ID）和会员平台，形成如今近 2 亿的会员规模，为客户价值经营奠定了厚实的客户和数据基础。

LTV 智能经营平台在此数据基础上，建立围绕客户的洞察、场景策略、内容组合与流量管理四大能力，实现客户经营策略的自动化触达与实时追踪。它就像营销的大脑，帮助营销和销售团队实时掌握客户信息，逐步提升客户忠诚度最终实现客户价值的转化。

企业要推动如此复杂又跨多部门的项目，必须是一把手工程。联想在发起此项变革时，中国总裁和消费业务总裁都亲自督战，设立专门的客户经营组织和考核机制。不仅追踪各触点的单个客户平均收入（Average Revenue Per User，ARPU），也特别注重同时购买其他产品以及再次复购的收入，也就是 LTV 收入。在联想以客户为中心转型的大背景下，LTV 收入把连带、复购与裂变效果与考核直接相关，激励和推动了围绕客户经营的意识和能力转型。

在融合零售基础上，联想建立起一套客户全生命周期价值经营体系，如图 4-39 所示。它极大地提升拓客能力，促进了个性化智能触达互动和全域全周期持续经营。简单地说，构建私域经营能力提升了高品质流量。一些客户一次会购买多种产品，提升连带率；购买之后成为回头客，则会提升复购率；而产品和服务体验之后，进行口碑传播，则能提升裂变率。持续经营，循环往复。

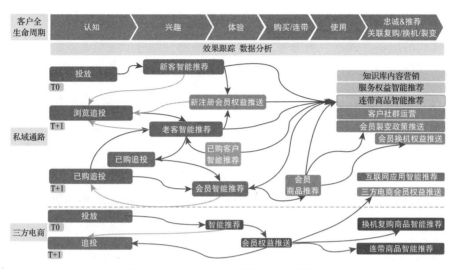

图 4-39　客户全生命周期价值经营体系

　　流量的触顶化和碎片化，考验着企业的精细化运营能力。企业要学会从存量客户中挖掘机会，也要尽可能提升每一次流量带来的价值。无论是融合零售平台还是围绕客户全生命周期经营的 LTV 智能经营平台，都意味着流量的精细管理时代已来临。而只有基于数据驱动和智能化应用的智能化转型，才能更好地理解用户体验，从而驾驭新的流量时代。

　　AI 技术的快速发展，对联想消费业务的客户直达模式产生了积极且深远的影响。在 AI 大模型的赋能下，联想推出了融合零售智能体，该智能体可以在客户全旅程中代表联想服务客户，提供更为优质的服务体验。

　　首先，融合零售智能体能够在不同的客户触点提供差异化服务。例如，在服务触点，智能体能够进行智能问答，快速响应并解决客户问题；在官网触点，智能体能够根据客户行为智能推荐产品，并跟踪销售转化情况；在设备触点，智能体能够实现设备的智能管理，提供更加个性化的服务。其次，融合零售智能体的推出，促进了联想业务能力的整合，构建了一个立体的融合零售能力体系。这使得融合零售智能体不仅仅是提供一站式服务的工具，更是客户的知心顾问，确保客户体验的连贯性和一致性。

融合零售智能体同时服务于联想的内部员工，让员工的工作更加简洁高效，也更具创造力。融合零售智能体遍布不同的触点和客户生命周期的不同阶段，具备识别、转化、服务、持续经营和关怀的能力，这使得联想与客户的距离更近，联想 LTV 客户经营能力也得到进一步提升。

4.7　人机协同的智慧客服魔方

联想的客户服务中心由来已久，而且随着时代发展不断变换形态。早在 20 世纪 90 年代末期，联想就创建了第一代呼叫中心，后来扩展到邮件、网页、微信等线上渠道。随着服务触点和交互方式日益丰富，服务内容日益多样化、个性化，以高成本的人工呼叫中心为主的客户服务模式也产生了诸多不便。

现在，联想每年客户服务的访问量约 2000 万次，这个访问量与大型金融服务机构的量级不相上下。除此之外，联想客服和简单的咨询类服务不同，需要工程师能快速诊断解决客户的设备问题。然而，支撑这巨大服务量的在线工程师只有 300 多人，并且客户满意度常年保持在96% 左右。高效客户服务的"魔法"，就在于联想的智慧服务——智慧客服魔方（以下简称魔方）。

4.7.1　构建智慧客服新蓝图

传统呼叫中心有以下几个痛点。首先，系统割裂极为常见。坐席人员可能无法根据业务繁忙情况灵活调整。例如微信渠道的坐席只能服务于微信用户，电话的队列即使超负荷，也无法将微信坐席转为电话坐席。其次，前后不通也是一个巨大的困扰。用户找客服解决问题，每打一次电话或接入一次会话，都需要重新描述一遍自己的问题，用户不堪其扰。然后，人员流失问题严重。如果有经验的员工流失，导致历史经验和优秀实践无法沉淀，新员工培训又费时费力，则会导致客服用人成本居高不下。

用户体验，也是后知后觉。"满意请按 1，不满意请按 2。"是以往收集客户满意度近乎唯一的方式。但在实际实践中，客户若不满意，则只能表现为一种笼统的负面结果。而且等到收到客户投诉再去改进，行动已经过于滞后，对企业品牌带来的负面影响难以预估。这就需要在客户服务的过程中及时感知客户情绪，将事后的负面结果转变为过程中动态调整下的令客户满意的结果。

此外，还有一个非常值得企业关注的话题，那就是客服中心营收提升与用户体验的矛盾。客服中心是保持客户交流与互动的重要界面，其流量的规模和质量均不容小觑。在数字化营销、私域运营等创新营销手段逐渐起势之时，包括联想在内的很多企业都在考虑如何让客服转型营销，希望将这些流量转化为销售机会，但也担心这一举动会影响用户体验，降低坐席产能，因而也都非常慎重。客户服务往往是企业的成本中心，提升用户体验、降低企业成本、提高企业收入这三点看起来又互相矛盾。联想通过数字化、智能化来变革客户服务模式的行动，化解了这个矛盾。联想客服团队、智能化转型团队及 IT 团队一同引入新 IT 架构和智能化技术，重新思考客服模式。经过多轮研讨、标杆案例分析以及局部测试，联想决定上云，融合原有系统，通过 AI、大数据等技术盘活数据，创造全新智能化客服新场景，构建智慧客服新蓝图，并以"魔方"为其命名。图 4-40 所示的是联想智慧客服魔方的全景蓝图。

图 4-40　联想智慧客服魔方的全景蓝图

从服务过程来看，客户遇到问题时，可通过打热线电话或通过微信、微博、网页、APP 等在线方式获得统一的支撑服务。在服务的前端，智能机器人为客户提供 7×24 小时自助服务，客户也可以随时切换到人工服务。若涉及硬件维修，比如更换主板，联想会同步提供到店或上门现场服务。联想在全国拥有 2000 多家服务站和几万名工程师，服务的备件管理也因此非常复杂，需要通过预测需求，把备件提前配送到距离用户最近的仓库，既要尽快满足用户需求，又要提升库存周转率。与此同时，客户体验必须可量化、可预测，系统需要能够自动感知用户体验。

而从运营管理来看，系统可以通过舆情倾听，感知用户对产品和服务质量的正面和负面看法。在突发事件产生时，提前准备安抚客户的应对方案。

4.7.2　以智慧客服魔方创新服务模式

1. 多层次洞察用户

为了提升用户体验，很多企业都很重视用户画像，用户画像是根据用户过往的访问行为来为用户打标签。

与此同时，数据质量方面的提升至关重要。联想很多业务都在线下，不出现问题用户不会轻易请求售后服务。而一旦收到客户的请求，企业需要快速响应并解决复杂问题。这需要企业有目的且持续地养护数据，因此需要全公司建立统一的标签体系。在服务的过程中，客服可以将用户的个性化需求记录下来，并通过 AI 进一步整理、打标签。通过全方位的积累，最终用户画像不断丰富。很显然，对任何一个企业而言，大数据不能只是部门级的数据，而是一个企业级的混合数据。

养护数据、混合数据、使用数据、运营数据，这是企业智能化地必经之路。

2. 智能机器人

很多企业的客服都在使用智能机器人，且随着大语言模型的爆火，智能机器人与大语言模型的结合也拓宽了智能机器人的边界。通常来说，智能机器人的运营有两个关键指标：理解率和解决率。

- 理解率。如果智能机器人的理解率低于85%，则不能用于商用。因为如果智能机器人总是答非所问，客户就会直接转人工，起不到自助服务的效果，智能机器人则成为摆设。因此，提升智能机器人理解率的关键是语义分析。传统的机器人需要维护大量的标准问题，一旦用户的问法无法与标准问题匹配，机器人就不能给出回答。而魔方的智能机器人则是利用海量的用户问题做训练，根据上下文识别用户意图，这使得魔方的智能机器人理解率接近95%。

- 解决率。提升智能机器人的解决率的关键是多轮对话的设计和知识运营。多轮对话指通过多轮次对话不断引导用户。联想魔方通过知识运营的方式让智能机器人不断学习人是如何回答问题的，由此逐渐提升回答的准确性。在联想的海量呼叫的业务场景下，魔方的智能机器人的解决率超过55%，这意味着超过一半的服务请求是通过智能机器人解决的。很多人质疑智能机器人会影响用户体验，而实际上只要问题解决率高，用户满意度是不会受到影响的；甚至一些标准化程度高的场景中，用户更接受智能机器人的自助服务，如预约报修、查询订单等，因为智能机器人可以提供 7×24 小时不间断服务。

除此之外，大语言模型的兴起也使智能机器人有了更多样化的应用前景。大语言模型可以极大地降低企业知识运营成本，且能够在用户问题超出知识库范围时，依然能够与用户流畅对话，给出相似问答。联想正在不断探索大语言模型在商用领域落地的无限可能，大幅提升机器人的理解率和解决率，进而极大提升用户体验。

3. 在线服务——智能匹配

通过用户画像和客服标签，魔方可以自动把适合这个用户的客服分配给用户。如果用户是老年人，那么解答热线就会自动分配给更加有耐心的客服坐席人员。如果用户是游戏爱好者，则会匹配给游戏专属客服人员等，以此更好地提升用户体验。在不增加人力成本的情况下，靠智能化技术驱动下的智能匹配，就可提供千人千面的定制化服务。

4. 在线服务——情绪识别

情绪识别改变了联想服务管理的方式。以往，要了解客服的服务质量而进行的服务质检，只能随机抽取录音，依靠人工听录音来识别那些不够成熟的话术。而有了魔方之后，可以全量、自动化、实时进行情绪识别。

情绪识别的本质是一个 AI 模型，以 SVM 作为基础算法来构建。与传统文本情感分析、任务分析不同，客服场景的用户情绪识别是一个持续的交互过程，需要根据多轮对话的上下文来综合判断当前用户的情绪，因此难度更大。此外，传统离散的情感分类标签（正面、负面、中性）也不够直观，难以真切地感受到用户情绪。针对以上难题，联想开创性地设计了针对客服场景的交互式情感分析混合模型方案，将通用场景情绪模型与针对服务场景构建的情绪模型相融合，并结合自主研发的交互式情绪增益和衰减算法，实现关联上下文的连续情感值预测，实时分析用户情绪。

通过使用情绪看板，运营团队可以看到不同用户实时情绪值，有愤怒、愉悦、惊喜等不同标识。如果坐席经理发现用户的情绪值过低，可以直接介入双方会话，挽回用户体验，无须等用户投诉才知道用户不满意。此外，每一个对话，运营团队都可以看到已征得用户同意的详细聊天记录以及用户不满的原因。经过信息脱敏，企业可以用来进行坐席培训。一个有意思的现象是，坐席人员因为想要获得更高的用户情绪值而不断尝试提供更好的用户服务，即时反馈功能对客服人员的主动行为改善起到意想不到的推动作用。

5. 现场服务——智能调度

在过去，联想会将服务工单派给服务站，由服务站协调安排工程师上门，这称为"派单到站"。然而，由于联想无法跟踪每个工单的服务过程，只有当用户投诉时，才会去服务站处理问题。但现在，智能调度可以在平台维度统筹调度工程师，全程跟进工单进度。更进一步，服务人员甚至可以在平台自由接单，这极大扩展了服务范围。这些实时调度方式过程透明，可以全程跟踪服务响应，避免用户因为等待而降低满意度。

6. 韧性运营

以前，客服人员只能在办公地点进行客户服务，限制较大。而随着魔方上云，客服人员可以在任意地点接入系统，随时服务客户。通过联想的魔方使客户服务总体提效17%，并创造出很多新的业务模式，带来巨大效益。联想将进一步对魔方进行内生经验和智慧客服解决方案的外化，服务更多客户，成为联想以方案和服务为导向进行战略转型的外化典范。

4.7.3　用服务智能体打造主动服务新体验

服务智能体可定义为在服务领域中应用的人工智能实体。它具备在服务环境中自主感知信息、理解客户需求，并根据这些信息做出决策以提供高效、精准服务的能力。服务智能体不仅展现了强大的自主性和决策能力，更通过其学习、推理和执行等智能特性，实现了对服务过程的优化和品质提升。

在服务领域，服务智能体通过其智能化的服务方式，不仅满足了客户的个性化需求，提升了服务效率和质量，还为企业创造了更高的经济效益。同时，随着技术的不断进步和应用场景的拓展，服务智能体将在未来发挥更加重要的作用，推动服务行业的智能化升级和发展。

在数字化浪潮的推动下，服务智能体正以其独特的优势，引领着消费服务模式的革新。联想的天禧 AS 作为服务智能体的杰出代表，是小天智能体与联想电脑管家的结合，与联想消费服务一体化共同推进消费服务由传统服务方式向主动服务变革；通过用户需求主动感知、资源调用智能履约以及服务大模型智能决策，为用户提供全新的、主动式的智能服务体验，不断加速消费服务一体化进程。

用户需求主动感知是服务智能体实现主动服务的基础。传统的服务模式往往是被动的，等待用户提出需求后再进行响应。然而，服务智能体通过先进的数据分析技术和机器学习算法，能够实时感知并预测用户的需求。服务智能体能够精准捕捉用户行为轨迹并分析，从而为用户提供个性化的服务建议。这种主动感知用户需求的能力，使得服务变得更加贴心、精准，提升了用户的满意度和忠诚度。

资源调用智能履约则是服务智能体实现高效服务的关键。在用户需求明确后，服务智能体需要快速、准确地调用资源以满足用户需求。服务智能体通过智能算法和平台对接，实现了资源的快速调用和高效匹配。服务智能体能够根据用户的需求和偏好，对备件等资源进行高效调配和履约安排。这种智能履约的方式，不仅提高了服务的效率和质量，还降低了运营成本，实现了服务的优化和升级。

服务大模型智能决策则是服务智能体实现个性化服务的核心。服务智能体基于大模型，通过深度学习和大数据分析，对用户的需求、偏好和行为进行深入挖掘。基于这些数据，服务大模型能够智能地进行决策和推荐，为用户提供个性化的服务方案。无论是产品推荐、服务流程优化还是售后服务，服务智能体都能够根据用户的个性化需求进行智能调整，实现主动精准服务。

消费服务一体化是联想服务实现主动服务的重要方向。通过将消费与服务紧密结合，天禧 AS 为用户提供了更加便捷、高效的服务体验。用户在享受消费的同时，也能够获得全方位的服务支持。这种一体化的服务模式不仅提升了用户的满意度和忠诚度，也为企业带来了更多的商业机会和价值。

服务智能体通过用户需求主动感知、资源调用智能履约以及服务大模型智能决策，改变营销推广的路径、改变用户触达的方式、改变产品内容和形态，实现了全新的、主动式的智能服务。以消费服务一体化和天禧 AS 为重要抓手，联想服务正引领着服务领域的发展潮流——主动服务，为用户带来更加美好的未来。

4.8　智能运营管理

产品、营销和运营是支撑企业顺畅运转的关键三要素。企业的运营能力在一定程度上决定了企业的盈利能力。智能化转型为联想运营管理能力的提升，提供了全透明的导航地图般开阔视野的引领。联想的决策人员和日常运营管理人员可以放开手脚，借由 CEO 智能驾驶舱和智能运营管理平台，实现从数据到洞察、从行动到价值的闭环管理。

4.8.1　CEO 智能驾驶舱

很多企业的运营大部分靠经验，而在智能化时代，数据分析可以起到更好的决策支撑作用。因此，数据的及时性、连通性和准确性就显得尤为关键。

2017 年下半年，联想的数据仓库与数据平台建成，并在上面搭建了许多数据集市，很多部门与团队利用这些数据集市创建分析报表。然而，随着部门级与团队级的数据应用的不断丰富，条块分割、各自为政的系统建设方式无法从联想全球一体化经营的高度为联想的决策者们提供全面即时的全景业务经营视图。为联想的核心管理层提供数字化决策平台被提上日程。由此，IT 数据部门负责设计与开发，智能化转型部门来协助梳理需求，CEO 智能驾驶舱的创建与演进之路就此开启。

CEO 智能驾驶舱面向公司的核心高管，展现全面即时的数据视野，提供了多维分析的强大能力，配合抬头可见的可视化数据体验，为企业的运营决策提供全天候支持。

CEO 智能驾驶舱解决了众多难题，如数据源的整合问题。高层次的 KPI 通常需要聚合与对齐来自多个源头的数据，对数据平台的计算能力和数据传输的稳定性有很高要求。而联想麦哲伦数据平台的一致性、扩展性和健壮性提供了有力的保障。面对高度定制化需求与多种商业智能产品的集成问题，联想采用敏捷迭代、逐步求精、多管齐下的方法，开发出一套能够同时支持多种异构可视化界面的组合功能模块。它既满足了专业人员的代码定制功能，也能够集成商业智能类常用工具如 Power BI、Tableau、QlikSense 等。历经多次的快速迭代，图 4-41 所示为 CEO 智能驾驶舱能够实现的销售追踪、电脑激活、每日收入、联想 ID 和每日损益五类关键运营功能。

这些模块涵盖了联想的核心价值链环节，覆盖了联想全部业务集团与全球所有的区域。通过 CEO 智能驾驶舱，联想的高管层不仅可以从顶层视野考察关键指标，还可以对业务线、地域等关键维度进行层层深入、向下挖掘，看到更为细节的数据。比如，假如从报表上看到某个大区产品销量不足，就可以实时下探，可追踪至销售代表和渠道销量，分

图 4-41　CEO 智能驾驶舱的运营功能

析原因，比如渠道库存太少，定价太高等。这些细节为管理层反查解决问题之道提供了足够的支撑。

智能驾驶舱功能模块的连通，还能够解决数据时效的问题。以前的报表都是静态的，即使发现业务问题，也都很难做到实时下钻分析。数据的分割性拖慢了决策效率。而有了实时的一体化数据和分析体系，这些报表的数据就可经过大量综合性的拆解和聚合进行连通，做到实时定

位问题，快速解决问题。

经过几年的发展，CEO 智能驾驶舱已经发展成为一个强大高效的数据智能决策与管理平台。它能够接入形式多样的异种数据源的支持，整合复杂的多源数据集，同时也能够直接嵌入其他商业智能产品的可视化，为联想的决策和运营提供强大的支持与帮助。

4.8.2 智能运营管理四要素

企业运营管理的精髓在于精细化，在确定战略计划之后，就需要制定运营管理路线，提升效能。联想的智能运营管理四要素如图 4-42 所示，分别是战略目标分解（分解指标、平衡记分卡等）、监控预警（绩效进展监控等）、业务分析和业务预测（洞察报告）、闭环管理体系（纠正措施或干预行动）。

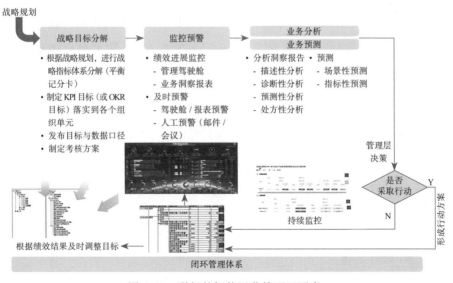

图 4-42 联想的智能运营管理四要素

联想运营管理的数据来源一直在发生变化，这也使得运营形态发生变化。联想从最初以人工为主的传统运营，进阶到以数据和商业智能支持的敏捷运营。随着不断引入 AI 技术，联想已经进入以全链路决策智能为特点的智能运营阶段。四项环环相扣的核心职能，也得到了完整的数据平台和严谨的数据治理，从底层加以支撑。

1. 战略目标分解

战略目标分解采用 AI 加持和系统辅助模拟的方式，用 AI 辅助决策，替换以前的人工目标设定。例如就渠道管理而言，联想采用渠道销售 5S 法进行目标设定。5S 法包括销售订单（Sale-Order）、出货（Sell-In）、渠道流通（Sale-Through-In）、库存（Stock）、终端销售（Sell-Out）。通过评估 5S 的比例，就可以判断出整体渠道的健康度。如果出货过多，而终端销售过少，表明产品在某些部位出现了梗阻。一旦出现这种现象且超过一定比例，就会进入预警机制。要想建立这种预警机制，需要提前开发各个节点的畅通率模型，并且根据渠道商、零售商的特性和促销节点不断进行调整。通过数字化渠道的 5S 法和 AI 技术来自动设定和调整目标，可以形成对销售渠道健康度的监控。以前的指标过度关注出货，而对终端销售重视不足，这背后也有终端数据很难获取的客观原因。自从有了 5S 模型和完善及时的数据支撑，渠道管理变得透明化。这样就可以防止为了过度追求销售订单目标，只顾将产品交付给渠道却不关注最终售出的情况发生。5S 模型形成了数据的透明性，消除了压货的潜在风险。

2. 监控预警

监控预警需要具有个性化需求的支撑能力。千人千面的自助报表和智能报表开始出现。涉及大量的商业智能驾驶舱和在线报告厅的在线报表，都能够完成多层下钻，而且数据是自动获取的。在联想，几乎所有部门以上的会议，都实现了报告去 PPT 化。无论是周例会、大区管理层会议还是业务部门专题会，都不再使用 PPT 进行汇报。每个员工都可以按照自己的权限调用在线结果，并随时进行页面操作，寻找更细颗粒度的数据进行展示。

报告去 PPT 化看似是一个报告形式，但本质是运营方式发生了根本性的改变。运营经理所使用的数据逻辑已经全然不同。可以说，考验智能运营水平的一个简单办法，就是看能否用在线实时报告来取代周会的 PPT 形式。当企业的业绩报告采用 PPT 的时候，很多数据是从多系统中获取并拼接而成的。不同系统之间的细微差别，恰恰可能是关键问题所在。不同部门的员工，各自 PPT 所采用的数据来源也不同，当出现歧义的时候，会议现场很难直接论证清楚。对于追求卓越运营的企业而言，实时决策显得越来越重要。当一个企业大量采用 Excel 表格的时候，往往意味着业务流程存在很多缝隙。同样，当企业一直使用 PPT 汇报的时候，通常意味着各个系统数据没有拉通，用于实时决策的数据中心还没有准备好。

3. 业务分析和业务预测

就商业价值而言，业务分析和业务预测可以分为五个不同价值区间。一是相对基础的分离式基本报告；二是商业智能，可以提供一致性看法，表明发生的情况；三是描述性分析，通过提供洞见来解释何以发生，并且可以进行原因回溯；四是预测性分析，即预测会发生什么；五是规范性分析，即提供如何应对的方案建议。只有到了预测性分析和规范性分析的价值区间，才真正进入了智能运营的阶段。以前只有描述性分析，而现在联想的智能化运营管理，增加了预测性分析和规范性分析。后两者形成对了行动对预案的准备。预测性分析和规范性分析都要基于海量的密集数据，这也正是 AI 技术大放异彩的地方。

4. 闭环管理体系

闭环管理体系将实现全链路智能决策。它拥有在每个步骤都可以进行系统记录查询和问询的功能，其中既有高层的监管职能，也包含一线人员的行动参考。例如基于人工智能的客户与渠道业务异常检测，可以在检测出异常时提醒一线人员尽早采取行动；当异常报警未能消除并升级时，经理层也可以尽早进行干预。这些在运营过程发生的问题，都有清晰的数据流和追溯机制。在周例会、月度汇报和季度总结会议上，会形成持续连接的问题脉络树，直到问题完全解决。

在整体完成数据治理的情况下，智能运营的四要素都采用统一的数据源来完成数据驱动。经过治理的高质量数据，可提高全链路决策智能的准确度。联想全球统一的数据治理与数据平台——麦哲伦平台，彻底打通了研 – 产 – 供 – 销 – 服的端到端的数据，并在此基础之上建立各式各样的业务通用数据模型，为全球智能化运营奠定坚实的基础。

4.8.3　财务智能化

全球化的市场环境和市场需求不断变化，联想需要实现快速、准确、可靠、灵活的财务管理以支持全球范围内的经营与决策。只有提升智能化运行能力，才能让财务指标成为一个能够实时辅助决策的前置指标。为实现这一目标，联想历经多次改革，重组组织结构和业务流程。

联想财务系统框架如图 4-43 所示，联想财税部门采用现代化的管理系统，将其按照符合智能化转型战略要求的方向进行迭代与更新，提升管控和预测能力，实现科学管理和精准决策。

业务系统	销售平台		电商平台	采购平台	服务平台
	Lenovo IP				
企业财务数字化能力	1. 财务主数据管理	2. 财务费控系统	3. 全球资产管理		4. 中国税务发票管理
	数据生命周期管理	对公预审管理	资产政策管理		策略管理
	数据建模管理	对公付款管理	资产生命周期管理		发票管理
	数据收集管理	对私预审管理	资产管理		发票邮寄和自取
	数据质量管理	对私费用报销	对接企业 ERP/SAP		自动对账
	5. 全球财务管理平台	6. 成本管理平台	7. 全球司库平台		8. 全球税务管理平台
	订单到收款管理	成本模型搭建	资金调拨		计税
	采购到付款管理	成本预测管理	金融管理		税务基础服务
	记录到报表管理	成本周期管理	外汇管理		纳税申报管理
	公司往来管理	智能和预警分析	资金预测		税务档案管理
	财务月结管理	信息和控制中心	银行对账单管理		税务法规管理
平台公共管理功能	单点登录/权限管理	审批管理/工作流	邮件管理/模板引擎		ERP适配器
SAP 数字底座	SAP	SD	GL	FICO	9. 付款精细化管理	SAP	合并
		MMPP	PS	Statutory report	10. 月结管理		BPC

图 4-43　联想财务系统框架

1. 全球司库平台

作为资金管理的核心部门，全球司库平台承担着现金管理、投资、风险控制等职责。面对交易币种繁多、外汇市场变动等诸多挑战，联想资金部门形成了一套应对跨币种、跨地区交易的大批量资金处理的线下处理工作流。随着联想业务全流程的智能化转型，资金管理主数据也被完整地搬迁到线上。如何提高业务的信任度，尽可能地规避资金付款系统潜在风险，是财务智能化转型需要解决的问题。

联想成立了在线司库专项项目组，充分运用业务与IT双轮驱动，以价值评估作为项目驱动的原则。联想财务系统采用了敏捷开发，搭建公开透明的业务对话机制，尽可能地还原实际业务中的测试场景。在这个过程中，创造性地开发出系统交互的可读性日志，极大程度上帮助业务部门分析系统交互过程中产生的问题，增强业务部门对智能化转型的信心和主动性。而在协助业务进行测试时，引入"先导测试"（Pilot Test）的方式，将潜在的问题通过集中压力测试的方法来加快解决。在线司库平台的实现，不仅大大提升效率，还通过方法论的积累，打造出一套安全推演的实践模式。这种模式，具备广泛的行业复制性。

目前，全球司库平台已经完成交易端到端业务闭环，包括资金调拨申请、调拨审批、付款执行、资金主数据管理等，还通过资金主数据的可视化监控，打通业务和财务的数据孤岛，由系统校验收付款信息及金额，支持预定义支付模板，极大降低了人力成本。

2. 全球财务管理平台

针对联想业务端系统复杂多变，与财务系统集成难的痛点，联想决定自主研发财务中台系统。在财务IT团队以及财务业务团队的支持下，重构了业务流程，完成流程再造和财务系统的变革。该平台涵盖了订单到收款管理模块、采购到付款管理模块、总账管理流程模块、预算管理模块和合并报表模块。它串联起整个的业务平台，并与SAP系统集成，实现了端到端的数据集成。

在订单到收款管理模块，有很多细节上的复杂性。产品类型多、销售渠道复杂，加之前端业务流程复杂多变，都导致了后端财务应收账款核销工作巨大的麻烦，反复登录退出多个系统是常见的事情。另外，各前端系统数据口径不统一、数据不一致，也导致财务核销效率极低。为了解决这个问题，联想将账务管理中台系统（LGAP），与业务平台和 SAP 财务底座串联，作为后端财务核销的唯一登录系统来对接复杂的业务前端系统。这些方式实现了应收账款自动核销更正的功能，大大提升了财务工作效率。

在采购到付款管理模块，需要充分适应联想款项类型多、流程复杂的特点。联想以前的生产性采购、一般日常采购、员工日常差旅报销等采用了多种采购系统和不同业务流程，非 SAP 的业务流程十分常见，整个过程出错率高、效率低。为了解决这个问题，联想重构业务运作模式，以线上管理代替传统线下审批管理。针对采购系统无法完成的特殊付款需求，该系统模块还支持普通付款、预付款、加速付款、手工付款等多种单据付款申请，实现与资金系统的直接对接，高效便捷。

在记录到报表管理模块，也进行了全新的设计。由于 SAP 系统手工记账无审批流程管理的特点，财务数据容易出错，从而影响审计和财务报表。为此，联想自主研发了手工账业务审批流程，减少财务风险，同时该模块还支持批量上传、过账、冲销等功能，以提高效率。统一的账务记账系统入口，能够解决财务人员多系统操作难题，提高账务数据的准确性。

在公司往来管理模块和财务月结管理模块，则通过更新和完善形成了新的系统。由于联想母子公司架构复杂、业务范围广且分公司多，在财务结账期间经常会出现数据庞大、系统操作困难导致的数据拥堵、账面调整困难、结账时间久等现象。这些复杂性，给预算管理和合并报表带来非常大的困难。针对此类问题，联想通过需求调研、选型分析、内部评级等方式，最终确认实施 SAP-BPC（Business Planning and Consolidation）系统来解决预算管理模糊和合并报表混乱的现象，提高企业财务业务效率。BPC 主要分为 Netweaver（网页版）、EPM（Excel 插件）、SAP GUI，三个平台依次对使用 BPC 的企业进行宏观系统配置、业务对报表数据调整与报表呈现、数据监控等。其中用户可直接在 Excel 中使用 EPM 进行预算数据和合并数据的调整，根据不同维度与层级，生成从 SAP 直接集成得出的精准报表数据，为决策者提供更为有力的数据支撑。

目前，BPC 已经成为联想财务数据流中尤为重要的一环，它向上承接 BW（SAP 数据仓库）传发过来的数据，向下分类别发送预算管理和合并报表的关键数据。由于打通了联想数字报表上下贯通性，数据链可以进化成一套流畅的数据流。财务在操作 BPC 时所体验到的易操作性以及数据调整的便利性，使结账期间的财务报表业务的处理效率显著提升。

3. 成本管理平台

联想在成本管理系统方面，先后上线过 SAP 的不同阶段的系统，从早期的 R3 到 ECC，再到现在的 S4 系统。伴随着系统的升级更迭，成本管理也在面对着一系列问题，比如财务成本分析模型无数据可用，财务数据颗粒度无法和业务匹配，成本动因无法追溯，业务时间错期导致无法及时反应财务指标，财务决策分析只能等到财务结账后，在完全市场竞争环境下无法体现成本优势等。

伴随着智能化转型，联想财务 IT 团队在不断解决问题的同时，也在不断迭代自己的最佳实践，升级系统架构，形成了如图 4-44 所示的成本管理的十字形定位，以及如图 4-45 所示的成本管理 IT 模块的一体两翼模型。

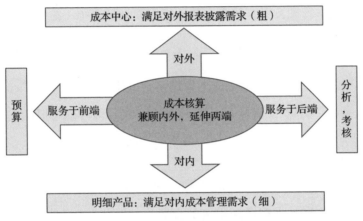

图 4-44　成本管理的十字形定位

图 4-45　成本管理 IT 模块的一体两翼模型

联想成本管理核算对外满足报表披露需求，对内满足内部细化成本管理的需求。成本核算向前端延伸是成本计划，是对成本控制结果的反映。成本核算对企业预算的执行水平起着动态实时监督、反馈和控制的作用。成本核算向后端延伸，与分析、考核连接，与个人薪酬挂钩。这种"十字形定位"方法论，构成了联想的成本管理体系，建立了一套适合自身的成本管理方案，并在主体系统层面做到了统一财务数据口径和核心流程标准化。

从 IT 模块的角度来看，成本管理平台采用了"一体两翼"的模式。决策为主体（实际），战略目标与绩效（计划）和内控与风险管理（分析），则为两翼部分。

左翼是完成对成本的计划和预测，联想为此自主研发了 CFE 系统。CFE 系统作为联想战略系统重要的一部分，旨在为业务提供全球化的、一致的、端到端的全自动解决方案。作为联想唯一的成本预测管理平台，它实时地将产品生命周期管理平台 PLM 和企业资源规划平台 ERP中的物料、产成品清单、销售信息、软件、版权、合同等基础信息进行融合集成，根据不同的业务流程对数据进行清洗和建模，采用不同的算法模型，并叠加 20 种以上的成本因素，从而为不同角色用户提供正确、及时的成本预测。该系统实现 6000 万级以上产品 SKU 基础成本和总成本未来一年的波动趋势预测，在确保成本准确性的前提下，同时赋能销售、成本分析及研发团队，实现错误成本及期间成本的智能识别和捕捉。

为了进行更精准的管理分析，需要右翼的支撑。内控与风险管理的核算结果可以揭示生产、技术和经营中取得的成绩和存在的问题，同时为生产经营决策、预测成本和利润提供客观依据。为此，联想量身定制出一套 MCMT 系统，集成 SAP 和 CFE 系统数据，从成本模拟、成本分析、成本数据三个维度对成本对象进行实时管理和报表监控。

"十字形定位"的方法论和"一体两翼"的系统架构模型的建立，让联想的成本管理做到统一、及时和准确，推动了财务智能化的发展。

4. 全球税务管理平台

在全球业务税务管理的进程中，联想经历了跨区域经营所带来的各种复杂性挑战。税收法规的频繁更迭、税务估算准确性不足、财务与税务系统信息不共享，税收机构错综复杂等，都是联想在财税智能化中必须解决的问题。这一点在以税务逻辑复杂著称的北美地区和巴西尤其明显。

北美地区包括美国和加拿大，计税逻辑较为复杂，需要多场景多法人逻辑并行。联想搭建了 ERP 与税务软件 Sabrix 的集成平台。一是使 Sabrix 系统可以自动收集和管理税务数据，简化税务数据记录和报表制作，确保税收数据准确性和完整性。二是利用 Sabrix 系统提供高度可靠的税收分析数据，可针对不同的税收情况，进行最优的税收计算和分配。三是协助企业提高税收管理运营效率，实现财务报表和税务报表的实时同步，并依法对免税客户及时创建免税证书，满足多业务场景实时免税的税务需求。

巴西作为全球计税最复杂的国家之一，其计税复杂程度让很多跨国企业对巴西市场望而却步。联想在 2008 年便在巴西市场通过 SAP 方案促进财务会计和税务管理的自动化，该方案涵盖税收识别、税种计算、税费报告和税款报税等方面。在 2015 年并购摩托罗拉手机业务之后，联想立刻着手解决业务模式差异所导致的计税场景差异。在确保正确税法编码和政府验证成功的前提下，按时完成上万条税务规则数据记录，在节省税收的同时也减少用户手工操作可能导致的税务风险。以上诸多努力使联想在巴西市场实现更准确有效的税务数字化管理，使得联想相较于竞争对手更迅速地在当地市场把握发展机遇。

2019 年，随着联想 3S 战略的部署及业务模式的不断丰富，为了快速支持多种新增的业务模式，联想进入 "ERP+" 的架构演进阶段。由于业务系统矩阵式增多，现有套装计税系统无法快速支持新兴业务税务需求，越来越多的前端自开发业务系统有税务计算需求。

基于自身的税务方案部署经验，经架构师反复推敲，联想建立了财务智能化的全球税务平台，联想全球税务管理平台技术架构如图 4-46 所示。在逻辑梳理及制定标准化且可复制化的计税方案时，做到求同存异。一方面，将数据结构按照税务需求模块化，在数据存储符合各国政府机构对信息安全的要求基础上，使财务支撑中台 LGTP 可以在不同国家的不同税收环境建立跨境税务框架，从而实现多环境快速迭代，以支持全球税收管理；另一方面，LGTP 可以提供全球税收数据收集和处理功能，实现全球税收的及时追踪，结合 Sabrix 系统，可以及时计算和跟踪多国税收，实现对多国的跨境税务自动化管理。

目前，LGTP 全方位支持税务业务。除提供计税方案以外，同时支持报税并提供各类税务服务（免税信息管理、地址校验等）。LGTP 不仅满足税务业务的需求，同时也缓解了新业务的税务顾虑，得到业务的一致信任。下一步，联想全球税务系统将持续迭代，发展全球税务规则中心，提供全球税务日历并支持优化纳税服务。

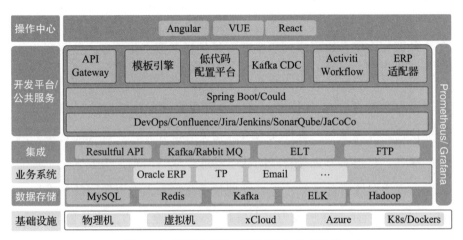

图 4-46　联想全球税务管理平台技术架构

联想的财税平台化、数字化和智能化实践，提高了财税效能，也为业界财税系统构建提供了参考。从系统架构上看，联想的全球税务管理平台将前端框架标准化，减少技术栈的复杂性；使用微前端技术，快速整合现有应用，减少定制开发的成本。而从用户体验看，由于联想的全球税务管理平台统一用户接口和计税平台，因此屏蔽掉全球各区域和国家的差异。这可以减少大量的前端的开发和运维负担，并能确保计税的准确性和时效性。从运维上看，系统架构的优化基于自动告警和开发运维一体化（DevOps）模式，应用的维护成本大大降低，也为 IT 和业务人员提升时间效能。

联想采用云原生方案创建了一系列的财务应用，包括财务支撑中台

LGTP、账务管理中台系统 LGAP 等。这些方案可以在公有云、私有云和混合云上快速部署，同时在集成、监控、安全等方向也形成完整的技术体系，保障系统的高效运维。

4.8.4　人力资源智能化

人力资源智能化建设是提高人力资源管理效率和质量的重要手段。通过运用大数据、AI 等技术，将人力资源管理本身智能化，可以帮助企业快速、准确地处理各种人力资源相关的事务。伴随着智能化转型战略的深入，联想人力资源管理团队主动适应战略需求，用数字化、智能化重构人力资源管理场景，提高管理效率并提升人力资源团队的服务水平。图 4-47 所示为联想人力资源管理平台功能全景图，涉及智慧招聘、人才发展、共享服务等多个方面。

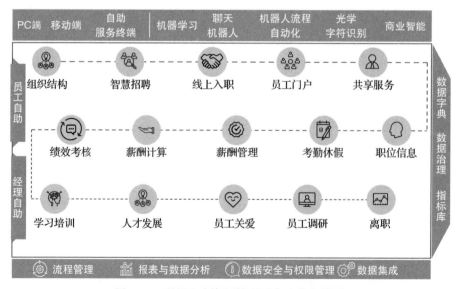

图 4-47　联想人力资源管理平台功能全景图

1. 智慧招聘

招聘管理是人力资源管理工作的起点，也是非常重要的一个环节。招聘工作的好坏，直接决定人力资源工作的成效。同时，招聘管理涉及招募、甄选、录用、评估四个环节，每个环节都有复杂且繁重的工作，消耗人力资源管理团队和业务团队的大量精力。筛选简历往往费时费力。招聘团队需要花费大量时间进行筛选，来评估简历与岗位的匹配性。一个岗位的简历投递量有时高达上百份，很多都是无效简历和重复投递的简历。而每份简历的甄别都需要时间，费时费力。为了扩大传播性，联想在多达十几个招聘渠道投放招聘信息，每个招聘渠道上的信息都需要及时维护。这就意味着，如果一条信息有变动，招聘的同事需要在十几个平台进行更新。同样的事情要做十几遍，个人工作效率变得极低。

为了提升招聘工作效率，联想以智能化技术重塑招聘业务的完整流程，升级招聘模块。

在智慧招聘的板块中，候选人投递简历后，系统可以自动进行简历与岗位的匹配，并给出匹配度排序。在这个过程中 AI 技术发挥关键作用，对于不符合需求的简历，系统自动识别并放弃。对于符合需求的简历，系统对简历进行赋分，招聘人员只需要根据分值排序，就可以轻松找到优质候选人。在面试环节，系统提供在线化面试工具和表格，方便多位面试官同步评价。候选人面试通过后，系统会自动触发聘用审批流程，自动生成聘用通知书，自动推送入职通知。

多渠道发布也变得简单。在新的招聘系统中，只要业务经理在系统上发布招聘需求，人力资源部的招聘团队可以同步看到需求审批进程，符合要求的招聘需求会在招聘渠道上发布。这些招聘需求得到了"一键同步"的支持，也就是说只需要发布一次，所有招聘渠道平台就会同步生成信息。当大量的人工作业被简化且出错率大幅度降低的时候，招聘人员可以把更多时间聚焦在招聘地图、岗位画像等高价值工作中，帮助企业寻找更多优秀人才。

2. 人才发展

人岗匹配是人才发展工作的主要目标，也是人力资源工作的难题。数字化、智能化技术的成熟，为解决这个难题提供了契机。

联想建立员工数字技能画像，为每一个员工贴上能力标签，并用大数据分析来支撑全程的能力培养。当有新项目产生岗位需求的时候，员工可以选择做自己青睐的项目。项目经理也可以通过能力标签快速选择和招募项目需要的人才。

数字技能画像是描述了员工的职业能力。在专门设立的软件系统中，每一名员工的职业生涯被数字化，形成一个成长曲线，包括入职、调用、升迁、离职等。通过对员工进行全生命周期的职业生涯管理，以更好实现人和岗的匹配。

在员工学习和发展方面，联想开发出完整的线上学习系统——联想智学。联想智学为员工提供上千门课程。员工可以根据自己的岗位需要或兴趣爱好，在系统中自主设立学习计划。系统会根据个人计划，发送学习提醒、更新学习进度。而在学习任务完成后，学员还可以获得积分奖励，使学员乐在学中。

人力资源知识库（Human Resources Knowledge Base，HRKB）是联想全球人力资源政策、流程、系统指引的一站式自助服务平台。系统根据用户角色（员工、经理、HR 等）而开放不同的权限，提供更有针对性的内容和指引，满足员工发展的需要。同时，知识库可针对不同国家维护相应信息，不仅为各地的员工提供更为准确的内容，也方便经理和 HR 查看其他国家相应的人力资源政策。

除了提供丰富的学习资源，联想还为每个员工建立人才卡片。人才卡片内容相当丰富，既包括履历、学历等基本信息，也包含能力、兴趣、过往成绩等发展信息。管理者可以通过人力资源管理 Workday 平台找到这些信息，以能定职。这些信息可以帮助联想对人才形成 360°画像，更好的选人、识人、用人，也可以让员工最大化发挥价值。

3. 共享服务

联想借助数字化工具，为员工提供更加便捷、个性化的服务。这些服务不仅提升员工体验，也增强员工对企业的归属感和忠诚度。极致化的服务体验，助力企业留住人才。

- 电子证明。员工因为各种需要，经常需要开具相关证明。联想多次升级相关业务流程，不断进化。从线下申请、各地 HR 分别处理，到线上证明速递统一申请、由共享服务中心集中处理；从证明打印机立等可取，到电子证明随时随地一键获取。证明开具的流程不断优化改进，降低人工成本的同时，提升工作效率。如今电子证明解决方案大为提升内部员工的服务体验，员工使用手机即可随时随地申请并接收证明，操作简单且便捷。
- 智能流程机器人。员工会有很多高频问题，如医疗报销如何走流程、公积金如何提取、社保如何查询等。这些问题回答并不难，却很占用时间。联想基于知识库架构构建了自助服务机器人，为员工提供 7×24 小时全天候服务，回答准确率稳定在 90% 以上。图 4-48 所示的联想自助人力资源服务机器人中还嵌入一键请假、一键申请证明的功能，让员工不用切换系统即可完成全部操作。集成机器人的服务与人工团队的服务，支持一键转人工，为员工提出的复杂问题给出定制化的解决方案。

图 4-48　联想自助人力资源服务机器人

在人力资源管理方面，联想机器人流程自动化（PRA）应用如图 4-49 所示。联想目前已经实际应用的 RPA 包括：新员工数据录入、工薪数据核查、报税与付款、请假材料审核、定向沟通邮件发送等识别机器人可处理的标准化流程。让 RPA 替代人工实现自动化，既增强员工体验，也让让工作人员可以专注在更有价值的工作上。

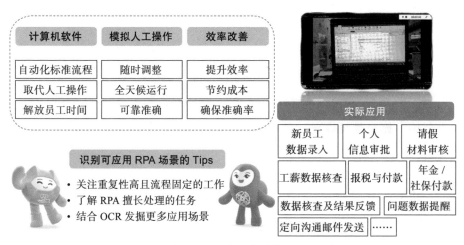

图 4-49　联想机器人流程自动化（PRA）应用

虽然大数据、AI 等技术被越来越广泛应用，但人力资源管理职能毕竟是以人为中心的工作。在利用技术的同时，也要注意不被技术所僵化，充分发挥人力资源工作者的创造力。人力资源部需要设计有吸引力的互动和沟通流程，切实帮助员工解决问题，让员工在体验到高效率服务的同时也感受到人力资源管理的温度和关爱。

4.8.5　法务智能化

一个健康的企业会时刻防范潜在的风险。智能化转型可以用来获得进取性的效果，也可以用来生成防御型的数字化盾牌。联想的法务管理也积极推动智能化转型，提高服务效率和质量，提升风险控制能力。

一个企业的转型要从顶层设计与蓝图开始，实际上每个部门也要有自己的"部门蓝图法则"。在联想的法务智能化转型过程中，总结了五个维度的内容。第一个维度是合规控制，例如贸易合规系统、产品合同系统、IP 管理系统等；第二个维度是转型赋能，实现流程设计的简单化和规范化；第三个维度是线下转线上，对于比较复杂难以规范的流程，要通过拆解和组合的方式迁至线上系统；第四个维度是关键的数据治理，由于各个业务系统都有自身的合同中心，数据难以统计和统一是难免的，数据源保持统一对于后续的智能化分析至关重要；第五个维度是报表分析，帮助业务决策。

基于上面五个维度，联想法律部启动法务智能化项目，将传统的法务业务和流程通过数字技术的手段进行升级，在不同维度呈现不同的能力。联想经历两年多的探索，形成以法人治理、合同管理、法律咨询、项目管理、争议解决、合规、知识产权、资源管理等八个板块为基石的智能化解决方案。联想法务平台架构全景图如图 4-50 所示。

联想法务智能化分为以下三个模块。

1. 合规性模块

合规性模块主要分为贸易合规门户（TCP）和产品合规门户（PCP）。贸易合规门户需要检查交易的客户以及物料，在各个交易环节进行扫描，以确保交易的合规性。借助于 AI 分析工具，联想对交易检查的正确率提升 60%，也为公司节省大量成本。

产品合规门户需要为每个产品细节亮起扫描天眼，它包含五部分。其中 PCRB 以产品合规审查委员会为主要用户，在发货之前，验证产品是否符合监管要求；PERD 验证产品是否符合环境监管要求，并收集所需的产品特殊材料信息；eSiS 存储所有国家特定的监管测试报告和证书；ECCN 是在产品出口前，对该产品标记出口管制分类号，以避免错误的 ECCN 可能导致的出口管制违规以及面临的罚款和其他法律风险；
Homologation 存储与无线相关认证信息。通过这些分解的子模块，联
想法务构成一个层层把关的体系，将合规性风险尽量遏制在近零水平。

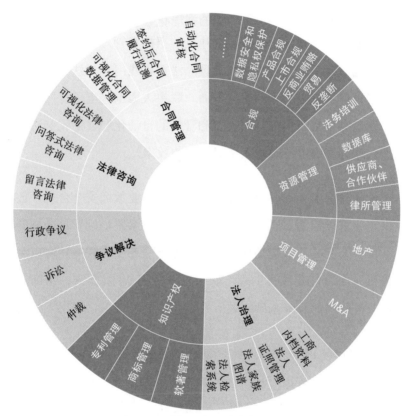

图 4-50　联想法务平台架构全景图

2. 合同管理模块

合同管理模块可以管理合同的全生命周期。为了简化整个流程，公
司部署了标准合同功能。这些合同会涉及全过程跟踪，包括合同采购、
供应商的合规性，以及后续付款的正确率等。如果用户选择使用标准合

同模板，则可以跳过法务流程，直接进行后续的业务与财务审批。这大大缩短了合同的审批时间。

3.其他法务日常管理模块

其他法务日常管理模块涉及与法务运行相关的各种平台和系统。例如通过供应商管理系统，可以实现律所的招标和管理，也可以实现招标过程的规范性以及对过程文档的管理。法律在线门户对法务知识和文档进行相应管理。在电子合同管理方面，联想大力推进电子合同管理平台建设，通过电子签章实现合同签署和管理的自动化和数字化。法人实体管理平台通过集成电子印章系统提升签约效率。

安全至关重要。安全网关产品可以赋能企业数据安全合规，数据化风险也需要重点控制。联想智能法务平台通过系统识别贸易合规的黑白名单，在各个交易环节提高风险控制管理。法务工作智能化可以为每个员工提供一个智能化法务助理。联想正在使用 AI 机器人，帮助法务解决其他业务部门的日常基础问题。

联想法务部门不仅采用大量的数字化、智能化技术提高法务管理的智能化水平，也通过模型提炼和方法论的使用，开发出专门用于法务的产品化软件。例如法律咨询自助机器人 Youda，可以解决日常小杂症，有效地释放了公司的律师资源，目前累计办理咨询案件数量近万。而合同自助审核工具，搭载协同编辑功能、人工智能等技术，全面提升合同审核效率。在联想内部，这些智能审核工具促进了格式合同的高效审批流程，适用于30多种不同的合同类型，几乎实现了对法务业务的全覆盖。

第 5 章

持续变革组织、人才与文化

企业的智能化转型实践，需要在新 IT 和战略的共同驱动下，围绕智能化转型价值而展开。然而，能否成功转型并最终转化为企业的核心竞争力，离不开组织、人才与文化的深刻变革。

战略决定组织，组织决定成败。智能化转型的战略要确定行动的一致性逻辑，也要指明清晰的方向和推进路线。而智能化转型的组织（包括人才与文化）则需要随战略而变，创造与转型相匹配的人力资源等内部变革的土壤。联想的组织、人才与文化是随着智能化转型战略的不断迭代进阶而主动调整、变革和优化的。在这个过程中，既有组织架构与岗位角色的调整、业务流程的重构，也有人才标准和结构的改变、员工数字化能力的培养，更包括员工思维的转变、企业文化的重塑。

5.1　组织再造

智能化转型的本质是业务转型，而新 IT 技术则是实现转型的支撑与基础引擎。无论是业务还是技术的升级突破，都需要一个企业展示出强大的组织连接能力，建立一套匹配智能化转型的专业化组织体系。

5.1.1　为智能化转型而生的变革组织

联想在启动智能化转型战略时，就由业务团队、IT 团队和智能化转型团队组成了转型"铁三角"，共同推动智能化转型蓝图的顶层设计和持续迭代。在 2017 年左右，联想上上下下很快意识到，智能化转型并非只是业务在平面维度的延伸，而是要跃迁到更高的轨道，迫切需要建立一个独立专业化组织引领转型。

联想智能化转型需要将业务与新 IT 深度融合，以智能化转型价值为驱动推进方方面面的变革。在这样的定位下，联想需要建立一个面向先进生产力，能够进行智能化转型规划与管理的"全能"组织。这个组织既需要对业务有深刻的理解，也要对新 IT 趋势有准确的把握；既能够理解战略的目标和意图，又能做落地规划和变革管理。这就不仅需要有一批专业人员来设计智能化转型的蓝图框架和路线图，而且需要有一批能够进行技术对话和业务对话的复合型人才，更要有数据工程师、数学科学家、人工智能科学家等围绕数据驱动创造数据价值。只有这样的组织才是能够将新 IT 与业务转型高效衔接并实现双轮驱动智能化转型的专业化变革管理组织。

由此，全新的智能化转型组织应运而生。它在新设立的首席智能化转型官领导下，向首席运营官直接汇报。它统一负责智能化转型需求洞察、规划、预算、路线图创建、项目组合管理，这为联想的智能化转型建立了强大的组织驱动力。

联想智能化转型组织除了既有的 IT 部门一部分人员之外，也引入了大量业务部门人员。例如原来在供应链团队的人员也加入其中，对供应链数字化变革进行业务改造的规划。这些不同部门一线员工，对整个流程和业务模式的每一个部分都烂熟在胸。在某种意义上，他们将起到"爆破组织"的作用，根据战略的引领重塑业务模式、重构业务流程。

联想智能化转型组织也会招募一批数据工程师。这些对数据科学非常熟悉的人才，负责建立基于企业大数据的分析模型和必要的 AI 算法。一个全新的智能化推动型组织需要既懂得新 IT 架构，也能够了解业务流程和数据算法的一大批人才。这种有近乎苛刻要求的组织，成为联想智能化转型的动力引擎。

联想智能化转型组织是一个全面推进智能化转型、通过新 IT 驱动业务变革的角色，目标是创新业务模式、打造新增长引擎。

5.1.2　重建新 IT 组织

联想的新 IT 组织负责承接智能化转型组织所确定的转型路线图、投资预算和项目建设计划，完成智能化转型所需的产品和技术的开发与维护等。联想的新 IT 组织实际上包括两部分：IT 部门和联想研究院。

联想的 IT 部门负责支持智能化转型所需的产品和技术开发、基础设施的建设运维，以及面向联想内部用户的 IT 服务等。联想作为一家新 IT 科技公司，一直高度重视 IT 能力的建设。随着联想智能化转型的深入，

IT 部门也主动拥抱变化，不断适应并应对新的挑战。打造敏捷组织成为 IT 部门重要的组织创新方向。通过打破条线割裂，在严密的传统组织系统内动态迭代，为联想智能化转型提供更加柔性、快速的服务。

IT 业务的指导准则之一，就是尽可能中台化、产品化，在满足联想自身使用的同时，也具备面向行业应用的能力。联想的 IT 部门进行了业务流程梳理，对业务流程价值链上的每一个模块都进行了详细分析，以确认是否具备产品模块化的条件，并最终形成了 140 个产品团队的雏形。对于如此众多的产品团队，联想 IT 部门进一步变革运营模式，采用敏捷运营模式，并设置了许多不同维度的 KPI，以考核产品团队的工作效率。这些敏捷团队需要和业务团队一起快速迭代产品。对于大的套装软件团队，联想也试图对系统进行解耦，鼓励团队复用。而对于自主研发团队，则全面应用研发运维一体化（DevOps）的开发方法。

这些敏捷的产品团队人员分为产品经理、敏捷大师、技术负责人、产品分析师、质量保证人员等，并细分为 10 ～ 12 人的小团队形成了全功能团队的配置。团队成员之间能力互补，拥有共同的目的、共担结果，以提高团队快速响应的能力。产品团队还进行充分授权使每个成员都可以更为自主和及时地响应内部客户需求。产品团队还每天有站会，用告示贴的方式讨论问题，有迭代、成果展示、复盘等管理活动，通过用看板、写故事卡、跟踪软件缺陷、持续集成等方式推进产品和服务的开发交付。

在产品团队进行敏捷转型之后，联想内部逐渐孵化出一系列产品、方案和服务，包括服务管理平台（ServiceForce）、一站式办公平台（乐聊）、数字化工作平台（Digital Workplace）、多云管理平台（xCloud）等。

IT 部门的全新运营模式，在大力推动联想智能化转型的同时，也孵化出众多的可以对外服务的商业化产品。

联想的 IT 部门不单服务于联想内部，也为外部客户提供卓越的 IT 服务。这得益于智能化转型过程中的软件开发，都是以产品模式而非项目制运作。联想对外提供服务的主打产品也越来越多，正在成为新的业务增长点。

联想研究院致力于引入先进技术，推动云计算、边缘计算、大数据、5G、元宇宙、人工智能等先进技术的创新，为联想的众多高科技产品和服务注入了最前沿的科技成果和理念。与此同时，联想研究院也为 IT 部门提供强大的技术支撑，不断为联想智能化转型注入领先的先进技术，实现先进技术从 0 到 1 的实践验证。

随着智能化时代的到来，联想研究院提前布局，成立了 AI 实验室。AI 实验室成立以来，积极与各类高校合作，研究探索新技术以及技术的落地应用。AI 实验室在计算机视觉、语音技术、自然语言处理、大模型训练与推理、知识图谱、智能推荐、机器学习及智慧数据等方向均有了深度的积累。AI 实验室既注重前瞻研究布局，也注重应用落地，并将 AI 技术率先应用于联想自身的数字工厂、智能供应链、智能营销、智慧客服等领域，强有力地支撑了联想的业务运营智能化。

5.1.3　重塑融合伙伴关系

联想智能化转型需要业务团队、IT 团队和智能化转型团队密切配合。联想的智能化转型团队有数百人，保持着与业务团队、IT 团队的紧密相连，进一步地，智能化转型团队和 IT 团队共同与业务团队重塑融合伙伴关系，联合推进智能化转型工作的落地实施。

再强大的技术能力，也需要与业务深度融合。业务团队往往更熟悉业务中长期发展战略定位和业务运作模式，而 IT 团队更了解新 IT 技术的细节、特点和价值，以及如何进行新 IT 资源部署配置，从而实现性能最优、技术路线最佳、性价比最优的方案。

业务团队承担主驾驶角色，是智能化转型的策源地，主宰着战略与组织的发展方向。因此，业务负责人对智能化转型的认知与态度就至关重要。在联想，每个业务负责人都需要拥有数字化思维，思考如何利用数字化工具来提升业务效率，以便能够更好地掌控具有颠覆性发展前景的核心业务。

在这种新型融合伙伴关系中，智能化转型团队和 IT 团队则承担副驾驶角色，是智能化转型的驱动机。一方面，智能化转型团队和业务团队紧密合作，将创新的目标和业务变革转化为智能化转型的蓝图和项目规划，并传递给 IT 团队进行技术设计、分解和开发。另一方面，智能化转型团队在充分理解新 IT 之后，以更加场景化、业务化的语言分享给业务团队，同时会直接落实到智能化转型蓝图规划中。这些交流会启发业务团队更多地理解技术特点，能够更加主动地探索智能化实践。

IT 团队承担至关重要的先进技术引领的任务。首席信息官领导下的 IT 团队，需要充分了解行业内的新 IT 变革与趋势，以及新 IT 可以为公司内部业务场景创造的更大的价值。与此同时，IT 团队要能够快速理解业务团队和智能化转型团队对智能化场景的规划，优化技术架构，引入先进技术，低成本高效地交付。IT 团队还需结合长期的实施经验，不断创新技术引进和创新的方式和方法，能够提供敏捷高效地产品开发流程，并实现快速迭代。

协调好智能化转型团队、IT 团队和业务团队三者的关系，是保障智能化转型工作机制有效运行的关键。

5.1.4　建立数据驱动的扁平化组织

智能化时代企业的成功之一是对市场的快速响应。对于大型企业而言，需要保持内部组织稳定且敏捷。稳定与敏捷，构成了智能化时代组织架构的基本要求。稳定体现了组织的秩序和规则，这是组织形态得以持续存在的根基；敏捷则反映出组织需要建立以数据驱动和实时决策为特点的自适应能力。

在智能化时代，数据驱动是一个组织制胜的核心要素。数据可以穿透组织的每个层级，这对决策链条产生了深远的影响。这些数据的相互连接，催生了扁平的组织形态。借助于实时而多元化的数据，这种扁平形态的组织可以做到高度敏捷化，对外部环境的反应可以更快，需求响应也更及时。

为了让组织更加扁平、决策更加高效，联想不断对组织进行主动调整。以工作流程为中心而不以部门职能为中心来构建组织，就是典型的做法。同时，联想更加注重专家团队的打造，削减了部分中层，资源也更多向专家团队倾斜，这点在调薪以及其他激励层面也得到了充分体现。联想推动组织的充分扁平化，要求从最上层到客户端不超过五层，从而能够随时响应变化越来越快、越来越个性化的客户需求。

联想还建立了多个虚拟组织。虚拟组织的成员在组织系统中并不存在上下级关系，只在某个具体项目里向有关领导进行汇报，这样可以保证项目组能够拥有更高效的决策力和执行力。比如客户体验（CX）项目、客户旅程（CJ）项目都是采用虚拟团队，通过共同的方法论和会议研讨，来推动一些目标的实现。一个员工可以在多个虚拟组织里工作，以项目角色身份，贡献自己的价值。虚拟组织并非一定是松散的，它同样可以具有鲜明的节奏感。当明确的目标、新鲜的想法被注入虚拟组织的时候，就会释放大量的活力。

与此同时，联想大数据平台的建立，则加速推动了数据驱动的组织的形成。从数据库到数据湖再到大数据平台，对数据的整理和利用，已经让联想的各级管理层实现了从经验决策到数据决策的转变，扁平化组织的管理效能得到了大幅提高。

5.1.5　建立中台职能的平台型组织

在智能化转型的过程中，为了快速响应业务需求，联想逐渐将前台系统中的稳定通用业务能力"沉降"到中台系统，以提高前台系统的响应时效。与此同时，后台系统中需要被前台系统直接使用的业务能力也"前移"到中台系统，赋予这些业务能力更强的灵活度，从而为前台系统提供更强大的能力支撑。这个过程中，不论前端的客服、销售、营销，还是后端的供应链、工厂、研发，乃至传统的财务、人力、运营、法务、行政等支持部门，都逐渐模块化自身的职能，转化为业务中台。业务中台化后，一种能力模块既能够被方便地调用，也能够调用其他模块，共同形成有力的组合。

另外，人力资源部门、财务部门和 IT 部门等，都向前端业务部门派驻"业务合作伙伴"（BP），与前端业务部门一起研究业务并给出专业化建议。这些派驻人员，充当了类似 CHO 或 CFO 的角色。这些业务伙伴的协同合作，又组成了另一个重要的中台——组织中台。组织中台是平台型组织的灵魂，业务中台的成功与否依赖于组织中台的建设。

为了贯彻智能化转型战略的既定目标，联想持续推动整体组织架构及人力资源管理的调整与变革。每个部门都要努力成为适应业务中台化的平台型组织，能够基于数据驱动部门的业务活动，能够被其他组织通过中台快捷调用并提供灵活服务。

联想 IT 平台是一个典型的例子。业务中台化后，IT 部门把大量应用场景多、调用频繁的功能提到中台，减少了开发周期，使得业务部门可以快速实现业务创新的功能。这大大提高了两个部门之间的合作紧密性。联想在 2018 年开始采用分管项目制，设立"小 CIO"，即 IT 部门向各个业务部门派出 BP，跟业务部门一起紧密合作，让数字化、智能化项目高度聚焦于业务需求之中，使得开发和交付效率大幅提升。IT 部门还会持续跟踪业务系统的使用情况，并不断进行优化，创造价值。

除了 IT 平台，联想还打造了官网平台、会员平台、营销平台、销售平台、人力资源服务平台、物流平台、工厂平台等多个平台型组织。这些平台型组织将各方资源整合起来，实现了资源共享和优化配置。

联想组织的扁平化、平台化充满韧性，对外部变化的反应也更加敏捷。员工之间、部门之间借助数据的连接来相互协同，发挥出系统最大的价值。

职能平台转型是联想的一项创新性管理实践。在外部市场快速变化、内部推动全栈智能战略落地的背景下，"职能即服务"战略应运而生。

职能即服务是指职能团队要以过硬的专业能力对内对外创造价值。这里的职能团队包括除了销售、营销、服务团队这些直接面对客户之外的广义职能团队，其中直接增值链职能团队包括研发、质量、供应链、市场等团队；间接增值链职能团队包括战略，运营、HR、财务、法务、行政、政府关系、安全、DT/IT 等团队。

职能即服务包括三个含义：服务有质量、服务有效率、服务有价值。

服务有质量，是指职能团队既要专业，让人信赖，更要以客户为导向解决问题。职能团队在企业里承担了管理、控制、服务三种职责，以专业能力支持企业管理层制定和完善公司管理方针、政策和制度，保证业务管理健全合规，并防范和控制风险，保障业务健康有序。最重要的是服务职责，要以客户为导向，为一线团队切实解决问题，发现了问题不但要提醒，还要帮助解决。衡量服务是否有质量，不能用满意度评价的方法简单处理，需要建立清晰的服务水平标准（SLA），并以此客观评价，从而更好地平衡专业性和客户导向。

服务有效率，是指职能团队要立足公司整体利益最大化，有效整合资源，推进组织和流程改进。需要上平台的团队要果断合并和瘦身，减少部门壁垒。衡量服务有效率的结果性指标是非销售人员的组织效能

（Productivity）提升。

服务有价值，是指有条件的职能团队要利用专业能力，对外创造价值，并反过来利用对外实践，更好地服务内部客户。有条件的可以直接外化，如联想中国研学中心，整合和开发了联想多年管理实践的精华，对合作伙伴和客户，也为员工提供专业支持。暂时不具备外化条件的职能团队，也会形成专家池，特别是研发团队、质量团队、供应团队的高级人才，要 100% 接受一线团队的调用，一起到"有炮火的地方"服务客户，直接支撑一线销售。这些专家反过来要带回"前线"的声音，更好提升本职工作。衡量服务是否有价值，可直接外化的团队会用业务计划（Biz Plan），内部专家团队则采用了灵活的利润共享方法。

职能即服务的提出和落实，促进了组织的平台化发展。这使得组织能够更加敏捷地适应市场变化，快速实现创新，提升竞争力，最终实现业务的持续增长和智能化转型的成功。

5.2　建设数字化人才梯队

人才建设是企业智能化转型的基石，智能化转型又会对人才格局产生全面而深远的影响。伴随智能化转型实践的进程，联想一直积极培养和引进数字化人才，以保证业务发展对人才的需求。

5.2.1　数字化时代的人才结构

为了更好地打造数字化人才梯队，联想把数字化人才分为数字化领导者、数字化专业人才和数字化应用人才三类，如图 5-1 所示。

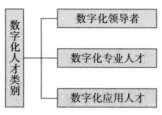

图 5-1　数字化人才分类

数字化领导者要具备在 AI 时代应对数字化新环境的领导力，带领团队迎接新 IT 技术、拥抱智能化，并且积极开创全新业务。数字化专业人才包括了数字化业务专业人员和数字化技术专家，这是推动智能化转型的中坚力量。数字化应用人才则是对全体员工的普适性新要求，也就是每个人要在不同程度上拥有数据敏感性和洞察力，能基于不同业务场景应用数字化技术、智能化技术实现各自的业务目标。

1. 数字化领导者：决定转型成败

智能化转型基于自上而下的共识与推动，转型周期比较长。这个过程会不断面临业务和组织变革的压力，需要动态调整转型策略。如果手握决策权力的管理者不主动求变，就会影响整个团队的信心，从而使转型过程变得非常艰难。在推动智能化转型的过程中，联想的数字化领导者表现出三项核心特征：对智能生产力的坚信、长期主义的价值观和开放包容的大局观。

- 对智能生产力的坚信。面对新技术，有些人选择漠视，被动接受新技术带来的变化。有些人则选择更为积极的态度，主动拥抱新技术。不同的态度和认识，决定了不同的结果。而保持好奇和积极学习正是联想数字化领导者所需要的。以中国区总裁为例，早在 2016 年，AI 还停留在阿尔法狗围棋突破的概念阶段时，他就坚信 AI 技术一定可以给个人、企业乃至社会带来巨大的改变。在这种信念下，中国区总裁认为数字化和 AI 就是下一代生产力，能给客户带来极致的体验，为公司创造新的增长引擎。中国区总裁亲自带领骨干团队到标杆企业学习，深入探讨技术与企业发展的融合，也多次邀请技术专家来联想，为骨干团队授课，讲解技术以及技术应用发展的新趋势。持续的学习和研究，让各级领导者能够与技术专家轻松对话，并很快转化为成果。联想推动智能化转型最重要的 IT 引擎——擎天引擎，在这种氛围下诞生。除了自身坚持学习，数字化的领导者也积极致力于打造学习型组织，亲自为学习项目站台，投入了更多的学习经费，这使得学习智能化技术成为一种风尚。

- 长期主义的价值观。数字化领导者需要有坚定不移的变革意志，更要践行长期主义价值观。在智能化转型过程中，企业不但要学习和掌握先进技术，还要摆脱过时的业务模式和传统的流程思维。在智能生产力的加持下，重新思考和布局新的业务组织逻辑。联想在智能化转型初期，也曾经面临短期的压力与矛盾。当时很多管理者对智能化转型的方向并不明确，对大量资源的前置也心存疑虑。在这种情况下，领导层必须要有坚定的变革信心，用长期主义的视角，为转型找到答案，打消大家心中的疑虑。

通常而言，投资回报率是企业衡量一个项目的投入产出是否合理的重要指标。然而这样一个看似严谨的指标，也容易将一些智能化转型项目的落地扼杀在萌芽中。一般智能化转型的项目投入周期都会比较长，例如联想的擎天引擎打磨几年才最终完成。然而对于智能化转型而言，这种基础性的投入是必不可少的。只有完成基础设施的云化，才能充分打通全价值链数据；只有将业务模块充分中台化、组件化，才能实现前台应用的长期灵活性；只有不厌其烦地调教和训练 AI，智能化的价值才能够充分释放出来。这意味着在数字底座和业务中台的建设初期，短期效果相对有限，而投资额却相对巨大。如果不能深刻认识到智能化时代下业务需要 AI 加持、数据需要积累、技术需要云化 / 中台化的基本规律，过于短期的财务眼光，会让很多智能化投资和应用项目从一开始就胎死腹中，或者草草收场。管理者只有坚持长期主义的价值观，从长期成长视角看待智能化价值，为智能化转型注定艰辛的征程保驾护航，才能收获丰硕的成果。

- 开放包容的大局观。智能化转型经常要面对业务场景的重构，这在最初往往很难被清晰定义，这就需要业务团队、智能化转型团队和 IT 团队联合起来做沙盘推演，大胆尝试。传统的管理者在面对模糊定义的项目和投资时，最先想到的往往是如何降低失败风险，失败容忍度很低，这容易封堵转型的实施路径。在企业创新过程中，最具杀伤力的因素不是失败，而是周边环境对于失败的苛责。这句话在智能化转型的场景下同样适用。智能化转型是探索性的实践过程，注定充满艰辛和不确定性。如果一开始就排除不确定性，也就从根本上扼杀了数据创造价值和 AI 生产力成为先进应用土壤的可能性。优秀的数字化领导者要能够激发员工，让员工在智能化的方向上大胆创新，并给予更多的包容，才能让智能化创新蔚然成风，才能真正从模糊地带中脱离，落到真切的企业运营活动中，完成正反馈的迭代进化。

2. 数字化专业人才：实现新 IT 与业务深度融合

数字化专业人才主要有三类角色。

第一类角色是算法工程师。算法工程师负责模型训练和优化，一般来自数学或是计算机专业。大多需要硕士以上学历，非常熟悉线性代数和概率统计。算法工程师需要实时关注最新研究与动态，熟悉各种算法的开源框架，有较好的编程功底。而联想研究院作为公共支撑平台，储备了大量这样的人才。

第二类角色是数据工程师。数据工程师负责管理所有相关的数据源，包括数据清洗、数据转换和数据抽取，以提升数据质量。数据工程师大多是 IT 工程师，对数据的来龙去脉极为熟悉。

第三类角色是 AI 产品经理。与其他类型的产品经理不同，AI 产品经理既要了解业务，也要了解算法。他的主要任务是设计 AI 场景和智能体，促成数据运营的闭环，这需要具备很强的综合能力和学习能力。企业从外部招聘的人才由于短期内不能彻底了解相关业务，往往不能迅速上手，内部培养至关重要。联想的 AI 产品经理，基本是技术出身，在联想服务多年，有着丰富的业务知识和经验。

3. 数字化应用人才：智能化实践的根基

如果说数字化专业人才是智能化转型的推手，那么数字化应用人才则是企业智能化实践真正落地生根的最后节点。数字化应用人才不是一个特殊群体，而是对企业全员提出的新要求。

联想数字化应用人才需要具备三大必修的数字化能力（亦称数字素

养），分别是数据分析与问题解决能力、AI 及大数据技术应用能力、数字化平台和智能业务运营创新能力。联想从这三大能力要求出发，形象地将数字化应用人才分为相应的四种：卫兵级的"大黄蜂"、巧匠的"补天士"、大师级的"擎天柱"、长老级的"领域专家"。

"大黄蜂"们从多种渠道和平台收集数据，能识别数据的准确性和完整性，熟悉数据安全和数据治理规范。这些员工能利用可视化工具呈现数据集，能制作不同格式的数字内容，比如短视频、数字文案或数字图片等。

"补天士"们对数据进行多维度分析并发掘深层的数据逻辑，从而对有效解读结果，还能评估和选择数字工具或平台来解决不同的业务问题。这些员工擅长提炼总结和数据分析，并使用多种数字化技术整合新的数据和内容，最终创造出全新的内容。

"擎天柱"们针对复杂的业务开发，使用数字化工具或平台创造新流程和产品，为业务提供最佳智能化解决方案，从而提高业务运营的效率和提升解决问题的效率。

"领域专家"的角色自然不可忽视。这些来自各条业务线的资深人员，熟知业务场景和流程。在智能化转型过程中，领域专家扮演的并不是一个单纯的需求方角色，而是全程深度参与。他们既能输出业务的准确描述、深度验证 AI 的预测效果，又能协调业务部门落实相应的运营方案。

在数字化应用人才梯队的建设过程中，联想尤其把引进和培养新生代员工作为重点方向。无论是在数字化赋能过程中，还是在 AI、大数据智能体等应用领域，新生代员工都有着无法比拟的优势。他们是和高科技一起成长起来的"数字原生代"，具有与生俱来的数字化思维。从用户体验角度看，现在的消费主力军正在转向 90 后，企业做数字化营销、智能化销售、智慧客服等业务，都必须跟上这个消费群体的变化。而新生代员工很容易与这个消费群体之间建立共心和共情。为此，联想从智能化转型战略启动之初，便持续引进新生代员工，并且倾尽全力培养他们。

在智能化变革浪潮下，拥抱新 IT，对自身工作方式进行重塑，是对所有数字化应用人才的普遍挑战。这也是建立新型人机协作模式、绽放个人价值的机会。只有升级全员的数字化技能与意识，创新数字化、智能化场景，企业的智能化转型才能百花齐放、自动加速。

5.2.2　数字化人才的赋能体系

除了外部招募具有数字化技能的专业人才和应用人才之外，企业还需要通过建立内部人才的持续赋能体系，实现全员数字素养的提升。联想通过实践，形成了数字化人才技能培训和数字化人才实践激励相结合的赋能体系。

1. 数字化人才技能培训

随着智能化转型从数字底座建设向智能业务运营的深入推进，数字化技能的需求变得无处不在。

以数字化营销技能为例，联想从 2018 年开始，就将其作为面向营销人员为主、全员覆盖为辅的主要培训内容之一。培训课程通过在线视频、线下课堂、实战案例分享等相结合的方式，既讲述数字化营销的概念和方法，又讲述大量联想内部利用 AI 改变营销方式的实际案例，以及优秀企业的大量精彩案例。这个培训需要结合课程完成率的考核和培训效果认证，让全员跟上数字化营销的步伐。联想的一线实操岗位的员工对培训课程的评价很高。随着数字化营销实践的深入，联想及时引进包括直播带货、短视频营销、内容电商、私域营销等课程，鼓励员工快速实践。

除了以上培训课程之外，联想内部还提炼出智能化转型通用力模型，用于明确通用的数字化人才技能标准。人力资源管理团队根据该通用力模型，制定基于员工能力培养的学习地图，涵盖数字化人才的所有学习课题和实践项目，并以此追踪学习效果。

除了面向广大员工之外，联想也加大了针对领导者的培训力度，开设了智能化转型工作坊，并成立智能化转型实验室，对新技术趋势、行业领先实践等进行深入探讨。联想对每一个领导者都从认知转型、行为转型和情绪转型三个方面给予深入体察和精准评估，并配备相应的智能化转型教练进行一对一的辅导。通过智能化转型工作坊，领导者共同学习智能化转型领导力，并为企业智能化转型创建项目蓝图。在智能化转型工作坊中，以分解项目的方式创建了众多微小创新项目，循序渐进地降低智能化转型的理解难度和实践难度，形成了"干中学、学中干"的氛围。

数字化人才培养体系，对于企业来说，并非只是一个普通的管理活动，而是影响深远的赋能过程。企业需要通过打造知识管理体系，让知识与业务融合，使得员工可以熟练掌握数字化技能。

2021 年，联想成立全球学习中心智能化转型研修院，以系统整理和总结联想智能化转型实践。智能化转型研修院（以下简称研修院）成立之初，就开始对联想智能化转型的经验、方法论和过程进行深入研究和深度挖掘。研修院通过内部专家的访谈，挖掘原本散落在各个业务中的转型的知识和实践经验，并对这些知识和实践经验在不同场景下重新封装，形成可以随时被调用的知识，从而为从外部标杆学习转为基于内部实践学习创造条件、培育土壤。例如，研修院将供应链的智能化实践经验封装成供应链的智能化升级案例库。随着实践案例的增多，研修院也进一步推出相应的课程体系。这些课程一方面用于内部员工学习，培养数字化人才，另一方面也对外开放，使更多企业可从联想的转型实践中得到启发。而在对外开放交流的过程中，研修院又可以了解外部企业转型面临的现实问题。这些现实问题也会反馈到联想进行评估，这就形成了一个不断循环的价值闭环。

2. 数字化人才实践激励

为了让员工更好地将技能和企业内部的实际应用相结合，联想进一步推出一系列鼓励员工实践的专题项目和评优等激励活动。

例如，在数字化营销策略启动伊始，联想便在全员发起"我为联想代言"的实践活动和评优激励项目。通过每季度评选"我为联想代言奖"，树立数字化营销标杆。多才多艺的员工会借助第三方数字化营销平台，将自己开发和设计联想产品和服务的过程和体会制作成短视频持续分享出来，与用户进行更加深度的互动。

代言达人来自各个岗位，很多都是技术工程师。有了专项项目的激励，他们放下自己的紧张情绪，将自己的实战能力分享出来。由于能够为用户切实"解密"很多产品开发的技术细节，并积极解决用户提出来的问题，他们更容易获得用户的青睐。在季度评优中获得嘉奖的员工能够获得对内对外的广泛宣传，也让员工因数字化实践而感受到极强的成就感和荣誉感，形成滚雪球般的正反馈促进机制。全员培训、全员激励让联想全员跳出岗位职能的局限，积极拥抱和探索数字化应用，这也促使员工深度拥抱智能化转型。

5.3 建立全员智能文化

文化是一种引导群体行动的无声准则。创业的激情、创新的思维和双手沾泥的实干动力，其实都潜伏在人们的心中。只要有合适的文化感召，就能够将它们激发出来。

联想智能化转型的全历程也是落实"全员智能文化"的历程，具体包括全员智能融入新创业文化、激活全员智能行动、塑造数字工程师亚文化 RISE 三个部分。

5.3.1 全员智能融入新创业文化

不同的员工对企业智能化转型的接受程度不同，态度自然也就不同。及时倡导一种沉浸式文化，以支持智能化转型变革是赢得变革的根本因素之一。这就需要在各个层面上达成文化共识，上下同心。

1. 点燃全员智能的文化火种

为了激发智能化转型所需要的组织活力，在联想文化的框架指引和日出东方战略的指引之下，联想大力提倡服务客户、创业精神、开拓创新、诚信共赢构成的新创业文化。新创业文化鼓励员工用数字化、智能化技术打破常规，用开放包容的心态拥抱智能化时代。

在智能化转型初期，每个员工的热情和想法都弥足珍贵。转型的成功依赖于每个人的创新求变的精神，以及挑战自我和团队的意愿。在倡导全员智能文化时，就需要激发人的积极性，全员思考，全员献策。为此，联想开放了多条渠道，广泛征集如何用智能化改造工作方式、提升工作效能的建议。

广泛的调研、全员的参与、体系性的宣传，是文化共建、共识的一种手段。在 CIO Listens（首席信息官在倾听）平台上，员工被鼓励献言献策。每天都有新点子，员工参与热情很高。这正是智能化转型过程中所需要的积极热忱的态度。对于大家给出的意见，CIO 领导团队成员亲自带队，在 72 小时之内进行回应。同时，联想还搭建智能化转型内部网站，及时发布有关转型信息，开放主题论坛，持续安排线上、线下的 CIO 圆桌座谈，以听取大家的心声。

传统的海报宣传阵地，也被智能化转型文化团队加以精心设计和使用。传统的海报设计，从形式到内容多以自我视角为主。而新的海报设计，更多关注他人视角，以大众更易接受的形式进行推广。文化评优，也是联想宣传文化的一种手段，每个季度，联想都会评出文化榜样，并将榜样的事迹公示出来，让更多的员工学习。通过长期多方面的文化沟通渠道宣传、文化火种标杆的传播、活跃员工的带动，逐渐形成一场自下而上的文化变革。

2. 用示范项目引领全员智能文化

新创业文化展示了一种突破自我的雄心。全员智能文化的落地需要优秀的示范项目来起到引领人心、坚定方向的作用。销售人员数字化示范项目就是众多文化示范项目中的一个。

联想大客户业务群面向大型、中型、小型客户会采用不同的销售模式。负责跑外销售人员在当地跑客户，尤其是当面拜访时也需要内部外呼人员提前进行电话联系和商机锁定。但二者在信息交互方面，经常并不充分。联想曾经对新加盟的 100 名跑外销售人员从到岗第一天至第三个季度销售订单增长的情况进行分析。结果发现，一名新跑外销售人员基本需要三个季度，才能达到岗位所需的销售能力的 80%。这种慢速增长与原有的客户信息无法全面共享有关。新入职的跑外销售人员由于对客户信息掌握不充分，很难掌握客户的真实状态。

在智能化转型开始时，联想的业务团队和 IT 团队仔细分析了销售生产力增长缓慢的问题，提出了两个改进方法。一是提升销售人员的单兵作战能力，给每个客户经理提供先进的单兵作战工具，帮助其洞察客户和市场，在拜访客户之前就做到心中有数。二是为销售总监等提供作战指挥系统，利用 AI 模型进行分析，迅速判断销售人员的差距，并且快速给出指导意见。

从关乎切身利益的痛点开始，正是转型行动最容易落实的时候，也是建立文化示范的最好时机。为此，联想业务团队和智能化转型团队、

IT 团队联合启动了打造助力单兵作战的 IT 平台。先从开发军团联盟小程序作为试点，打通并协同外呼人员和跑外销售人员的信息。让跑外销售人员在拜访客户前，能够看到外呼人员之前呼叫客户的交流信息，以及外呼人员留言建议的拜访客户名单。这个打通数据的小程序起到了非常好的联系沟通作用，大大激发了跑外销售人员使用的积极性。

这与以前销售人员容易排斥销售管理系统的状况形成了鲜明对比。能得到销售人员的支持，软件的持续迭代速度就会加快。小程序进而发展成平台模式，成为销售人员对客户进行"全旅程关怀"的关键智能化工具。当销售人员意识到这些转型项目能大幅度提高效率，他们的积极性被广泛点燃。这种热情会充满整个销售部，也会外溢到 IT 开发人员，甚至其他岗位也会受到鼓舞。

可以看出，智能化转型示范性项目对于引领全员智能文化、提振员工信心的作用非常明显。启动项目的时机很重要，智能化转型从小火苗的层层燃烧开始，逐渐变成熊熊烈火。

文化共识是联想企业文化建设中最重要的一环。通过积极行动与共识，团队凝聚在新创业文化中，转型的行动也更为果敢。部门之间相互影响，广泛渗透，联想的全员智能文化蔚然成风。

5.3.2 激活全员智能行动：智能创新大赛

为了大力推动全员智能文化全面转化为行动，联想成立了智能创新大赛项目组。联想每年举办面向全员的年度智能创新大赛，鼓励员工通过大数据和 AI 改造和变革自己的业务开展方式，发动全员用人工智能武装自己，大胆开辟人工智能的应用场景。由此，也助力了智能运营在全员范围内的普及推广。

智能创新大赛在推动全员智能行动方面，做了精心的设计和安排，并邀请了人工智能方面的专家，为全员做培训，启发全员智能化意识。联想高管也被纳入其中，分享智能化技术和实践案例。联想的技术专家也加入分享行列，形成全员学智能、谈智能的文化氛围。

与此同时，联想大赛的方式，在全员范围内征集可以解决工作难题、提升工作效率、改变工作模式的智能化提案。大赛的广泛提案模式促进了员工积极投身智能化对自身工作升级的思索中，全员推进智能化的氛围得以进一步加强。

申报提案的员工或团队可以通过直播介绍提案，在经过初步评比和筛选之后，就进入路演环节。评审专家也会在路演环节，给出更多完善提案的意见。最后，结合路演情况，联想再组织评比，评选出金点子奖、达人奖、团队奖等。

智能创新大赛并非只是为了比赛，最终指向应用。获奖的提案会得到启动资金，再经过开发，可成为业务部门进行智能化转型的重要工具。例如供应链智能补货的提案，用全球交付优先级的 AI 自动排序代替人的运算，提高了效率，成为智能供应链的一个重要功能。

利用大数据和算法预测产品系列的价值提案也在大赛中脱颖而出。产品经理以前决定开发一个新产品像一次"赌博"，需要提前确定每个产品的产量、元器件采购量等，并提前订货。这使得新产品在市场上的实际效果只能靠天吃饭，很容易产生大量滞销的长尾产品。而该提案可对历史销售数据、行情数据、市场信息等大数据挖掘，给产品经理提前预测产品销量提供参考依据。这个提案后来被开发成预测未来产品销量的智能软件 Jarvis，成为产品战略规划中的一个重要支撑。

　　通过智能创新大赛选拔出的精彩提案，也会作为全员培训素材，通过专家大讲堂平台进行分享，促进一线员工和管理层的学习与探索。

　　智能创新大赛得到了联想员工的普遍关注，期间商业智能的相关提案有 120 多个。很多提案都转化为真实的智能化项目得以开发和落地实施，还形成了多达几十门的培训课程，平均满意度达到 98.1%。培训课程的阶段性统计如图 5-2 所示。

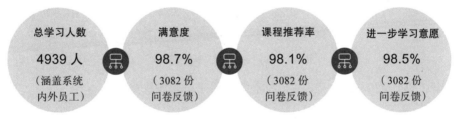

图 5-2　培训课程的阶段性统计

　　智能创新大赛有效推动了全员智能文化在业务中的践行，形成文化与业务互相促进的局面，这也因此成为推动联想智能化转型的重要平台。

5.3.3　塑造数字工程师亚文化 RISE

　　除了全员推广和内化的智能文化，在数字工程师这个智能化转型有生力量群体中，联想进一步打造出了数字工程师亚文化 RISE。

RISE 的英文首字母缩写分别代表的是韧性（Resilient）、创新（Innovate）、支持他人（Support）、追求卓越（Extraordinary）。RISE 文化的提出是以"四个打破"为前提，即打破原有的经理制度，不在组织中设立大量的经理人员；打破内部垄断，不再是经理才能享有某些资源；打破认为永远有预算的想法，不能想要做什么就申请高额经费；打破组织的官僚主义。围绕"四个打破"，联想推进一系列人力资源举措，使组织层级扁平化，将层级控制在五层以内，让每个层级的管理幅度科学可控。减少经理晋升的力度，将资源倾向于数字工程师，要求数字工程师在晋升中的比例超越经理晋升的比例，打造技术专家。

为了推动 RISE 文化的落地，联想采取了各种各样的措施。例如重新优化办公室环境，搭建创新中心实验室等，让员工时时刻刻都能从办公环境上体会到文化的改变。在 IT 部门的走廊里也展示着数字工程师亚文化 RISE，通过宣传画展示、小礼品发放等多种方式，让文化深入人心。数字工程师亚文化 RISE 的元素体现在员工评优的各个环节中，如鼓励工程师文化、奖励个人谏言、建立口碑制度等。

正是全员智能文化的落地，使得智能化转型成为全员转型，出现了一批"四转人才"，如图 5-3 所示。四转人才做到了四个转变：一是知识结构转变，通过自主学习数字化和智能化知识，用新 IT 生产力武装自己；二是思维模式转变，有了 AI 赋能就可以在工作上想以前不敢想、做以前不敢做的事；三是协作方式转变，IT 与业务深度融合，通过为行业进行智能化设计与开发，成为智能化时代人机协作的新型行业专家；四是经验积累转变，不断实践迭代，不断总结经验，并进行分享。

图 5-3　四转人才的四个转变

　　一个企业的组织与文化的变革是一个缓慢且逐渐渗透的过程。它发生改变的速度，有时候比新技术的应用更加缓慢。这就是联想在整个智能化转型过程中，非常注重组织的再造、人才的数字化技能重塑，以及全员智能文化的高举高打的根本原因。而设立专职专业的智能化转型组织，则是加速智能化转型进程的重要一环。这些新的变革也带来了联想业务模式上的全新形态。联想在大量实践的基础上所形成的方法论、能力模块，也可以商品化，从而实现对外服务。

第 6 章

从变革业务到成为业务

　　联想的智能化转型基于在 IT 行业多年深耕所产生的前瞻洞察，是一场波澜壮阔的变革历程。联想在自身智能化转型中，秉承"新 IT 即新生产力"这一理念，找到一条可供其他公司借鉴的路径，即从一开始的重构企业价值，到顶层蓝图上取得广泛共识，再到贯通全价值链环节的"智能化"升级的实现。

　　纵观整个智能化转型过程，联想采用的是"空中加油"的方式，一边加速战略转型，一边更换新 IT 引擎。这使得企业在快速敏捷地建立支撑业务需求的新 IT 系统时，业务也不会发生停摆。这种与业务紧密互动的方式，也使得联想沉淀出新 IT 架构下的一系列产品，包括云原生 / 中台化、AI 全面内嵌、以 ESG 为导向的擎天引擎等，这些都作为重要的支撑实现了对智能生产力的全面重构。

联想的智能化转型在企业中起步是比较早的，也取得了可观的成果。这也使得联想所服务的客户，特别是较大规模的企业客户，除了采购联想的产品和服务之外，也对联想智能化转型所积累的经验非常感兴趣。联想销售人员经常碰到的一个要求是"讲一讲联想是如何进行智能化转型的"。

客户所思考的，也是联想希望进一步探索的。如何将联想已有的智能化转型经验进一步转化为面向客户的方案和服务，帮助更多的企业快速踏上智能化转型的道路？联想实践中所形成的产品、方法论和经验，是否能够外化赋能给外部客户？这样全新的战略命题，几乎在联想内部开始投资建设数字底座、加速业务智能化运营实践的同时，就被提上议事日程。在实践中，如图 6-1 所示的联想自身实践成为第二增长引擎的方法框架已逐渐形成。

图 6-1　联想自身实践成为第二增长引擎的方法框架

6.1　确定内生外化战略

2020 年上半年，联想高管组团慰问了保持连续开工的合肥联宝工厂。在走访一些头部客户的过程中，数字化技术对于快速恢复工厂产能的支撑力，给人留下了深刻的印象。

在合肥现场，讨论智能化价值的"合肥会议"对今后的发展具有里程碑意义。在目睹了联想自己的智能化转型的成果之后，结合客户的反馈和需求，联想高管意识到这些实践具备一定的价值。很多企业都在寻找合适的方法论和工具以推动智能化转型，但往往由于转型的体系庞大而不得其法。而联想具有非常强的样本示范价值。联想是一个"研产供销服"全球价值链完整的链主型实体经济企业，也是一个对政府、教育、制造、金融、零售、公共事业、交通、能源等行业都有智能化赋能任务的新 IT 科技企业。联想的自身实践恰恰能够回答这些实体经济企业所面临的很多困惑与问题。

经过一番推演，"合肥会议"达成共识，那就是联想的智能化转型实践不必当作独家竞争力进行保密，而是完全可以对外开放的。这种对外开放的教训和经验，可以成为联想服务的一部分，从而推动企业实践反哺社会的"内生外化"。就这样，"内生外化"的字样第一次在管理会议纪要里正式出现，也迅速传遍联想上下。

联想内部有一个"大回响"论坛（Big Bang Forum），每年围绕当年的业务热点，邀请相关部门的高管参与讨论和演讲。2020 年的主题很快就锁定为"Lenovo Powers Lenovo——内生外化"。在这次论坛上，从 IT 部门到各业务部门都分享了将联想自身的智能化转型经验赋能客户的思考和探索。

在"大回响"论坛的演讲中，联想的一位高层管理者这样表示：

"首先，联想自身的业务模式变革带来了对 IT 系统改造甚至重构的需求。在这个自我智能化变革过程中，我们需要一个更为敏态化的、具备云化和中台特色的并且能够通过 AI 赋能业务的智能 IT 引擎，以便跟上我们快速变化的业务。在内部要形成一种 IT 与业务双轮驱动、敏捷开发再迭代应用的内生循环。随后，我们发现，联想服务的客户有很多与联想一样，在智能化时代有着同样的改造业务流程甚至变革业务模式的需求。我们自己打造的这样一套智能 IT 引擎，做一些产品化改造之后，同样能够提供给客户，满足客户需求。有了成功的内生经验，外化的旅程也就自然而然地开始了。"

这是联想高管第一次公开对"内生外化"做了较为明确的表述。

仅过了几个月，联想就开始在战略设计与沟通场合正式提及"内生外化"，并于同年的秋天将其写进"日出东方"战略，并借半年总结会向全体员工做了公开发布。一场将变革自身业务的智能化转型实践升级为联想对外服务客户的创新业务的帷幕，在联想正式被拉开。人们在讨论内生和外化的过程中，这个理念也逐渐从自发课题进入了自觉的科学设计。

6.2 统一内外的新 IT 架构

联想的内生实践是在不断完善的智能化转型蓝图上逐步展开的，并在共识的战略和框架指导下得以形成。早在智能化转型战略启动之初，联想在探索中就设计了内部统一的智能 IT 引擎（后期被命名为"擎天"）。自技术架构"1.0版"正式提出以来，该引擎就不断迭代，成为指导内部智能化转型的总纲领。由于一开始主要面向联想自身的智能化转型，蓝图的第一原则就是要与实际紧密结合，要以战略转型为指导。蓝图只有紧密扎根于业务环境，才能保证内部智能化转型实践的顺利启动。

不断实践迭代的智能IT引擎是在新IT思想下重构和发展起来的，它充分吸收了最新的数字化特点和智能化要素，因此体现出以下几个特征。一是新IT能力模块成功解耦。混合云基础设施、技术中台、业务中台、前端应用相互之间解耦，基于云化、中台化的敏捷柔性的特征，在随后的应用开发中发挥得淋漓尽致。二是快速建立起全集团统一的大数据平台。通过有效的数据治理，联想让全价值链都可以围绕全要素数据进行分析与决策。三是充分引入AI生产力工具。AI开发平台（联想大脑）很早便被研发和嵌入智能IT引擎，支撑起诸如智能推荐、智能预测、智能客服、智能排产等多业务场景的智能化升级。

随着面向联想自身的智能化转型组织、IT组织，以及与面向客户服务的解决方案业务群的沟通越来越频繁，大家都强烈地意识到，对内与对外二者并不矛盾，具有很多共性。联想公司就是千百万实体制造行业中的一员，它的智能化转型架构、蓝图和实践均具有典型性，千行百业的数字化、智能化转型所需要遵循的新IT架构，与联想智能化转型需要并无不同。联想已经建设的内部智能IT引擎，经过提炼和扩展，完全能够为不同行业内企业的智能化转型提供指导。统一内外的新IT架构使得IT实践可以同时服务于内生需求和外化需要，很快成为联想管理层的共识。

内外新 IT 架构统一的共识形成以后，联想开始正式推进架构统一的工作。联想设立了技术委员会，委员会主任由负责内生转型的首席智能化转型官和负责方案服务业务群的业务负责人联合担任，而首席战略官也一同参与到委员会有关内外技术架构统一的工作中。技术委员会成立初期的核心任务，就是要推进联想的智能 IT 引擎与面向企业客户的数字化、智能化需求的技术架构之间的统一。

内外统一的架构需要兼顾全面性和差异性，既要能够被各行各业的企业所认可，又要突出联想亲身实践的经验和特色，充分融合联想常年研发的各类产品、技术和方案。

在技术委员会的指导和推动下，经过反复推演和设计，内部智能 IT 引擎与对外服务的新 IT 架构逐渐弥合分歧，走向归一，形成联想对内对外统一的智能 IT 引擎。

6.3　探索与验证内生外化机制

在内生外化的实践中，联想本身就是零号客户（Customer Zero）。这既强调联想是第一个使用者，也强调业务的连续性，实现从联想到外部客户的可延展性。它是内生的终点，也是外化的起点，可以用一个首尾相连、同步循环的"莫比乌斯环"来形容这一过程。内生与外化统一的莫比乌斯环如图 6-2 所示，通过八个环节的阶段递进，形成浑然一体、往复不断的内外双循环来加速这个进程，服务联想的同时也能够成就客户。

图 6-2　内生与外化统一的莫比乌斯环

6.3.1　跑通智能业务运营：以智慧客服魔方为例

擎天引擎中的业务中台有一个重要的一级模块是智慧客服，这被命名为魔方。魔方本身的形成，恰如其分地诠释了一个受欢迎的产品所经历的内生外化机制的运行过程。

明确业务需求是第一步。联想每年在中国的线上服务量近 2000 万次，用户会从多种端口接入，包括微信、网页、APP、热线电话、钉钉、服务站、官网等。话务量大、问题多样化 / 个性化、响应和服务体验要求又高，这些都成为客服系统要解决的首要难题。这并不意外，这既是联想在推进客户直达业务模式变革过程中所面临的挑战，也是众多实体经济企业在更加贴近客户过程中所碰到的共性问题。

怎么快速地在客户接入的时候就知道他们想咨询哪类产品？怎么减少无效沟通，让客户不用对客服重复描述问题？怎么提取核心问题，快速给出对症解决方案？回答能否让客户满意？联想客服部门一直在为这些问题寻找答案。增加人手并不能彻底解决问题，这还会带来巨大的成本压力。这些巨大的压力反而给数字化和智能化技术提供了大展拳脚的空间。

按照方法论优先的实践特色，联想进入了随后的第二、第三和第四步，就是内生开发、应用和更新迭代的过程。

这其中，IT 与业务双轮驱动，反复迭代、多回合的磨合是至关重要的。正是在这种磨合与探讨中，智能客服魔方应运而生，它可以支持在线、热线的全渠道客服，以及营销预测、智能推荐、会员关怀等客户服务功能。联想作为"零号客户"，成就了魔方近乎纯自研的方案。

魔方上线并优化迭代了一段时间之后，把每一位客户的服务时间缩短了 17%，每一位客服人员每天接待客户的数量增加了 17%。"魔方"可以识别客户情绪、化身智能聊天机器人与客户交互，并为客户智能推荐增值服务，从而实现了智慧客服运营的一体化。2020 年自 1 月 25 日至 3 月 11 日 12 点，联想线上咨询服务总量突破 100 万，达到了往年同期服务量的两倍以上。联想魔方团队在 2 天内，实现 100% 全座席切换至在家办公的 SOHO 模式，83.4% 的线上服务量通过魔方统一调度，无论是极限还是日常，服务的五星好评率始终保持在 92% 以上。这些成绩证明了魔方能够创造巨大的业务价值。正是得益于魔方的魔力，联想依靠不到 400 名在线服务工程师，支撑了每个月 170 万次的呼叫量。

这样的客服效率很快就得到了很多企业的关注，一些企业希望也能引入这套客服系统。内生的实践，到了对外、对社会释放价值的时候。内生外化进入第五步，将内生方案进一步产品化的阶段。技术架构的先进性需要得到保障，而外化服务的要求也是重要的参考因素。由于这个产品从最初的开发起，联想就按照云原生、中台化、AI 智能应用的思路来总体规划和建设，这使得魔方拥有快速外化的基础。联想在内生中所生长出来的业务中台，一开始就设计成可插拔的重要功能组件。例如，客户管理系统、接入渠道、人工智能的识别重点、帮助客服人员的知识库系统，以及客服完成之后的对接系统，全部都可以完成自定义。这样不仅有利于联想自身的快速迭代、组合，也能够在外化的时候根据不同行业的客户快速拼接搭配，实现方案的低成本复制。

按照莫比乌斯环的闭环循环法则，联想内生外化实践到了第六步，即寻找灯塔客户，为客户创造真正的价值。

魔方的第一个客户是一家银行的信用卡客户服务中心。有了魔方系统，这个中心很快拥有了 7×24 小时的全覆盖能力。它全面支持人工智能、人工咨询服务和热线电话服务的复合应答能力，也满足客户从电话、手机 APP 等多渠道接入的需要。同时，基于金融行业客服的特点，业务智能推荐、用户情绪分析与智能匹配等人工智能模块也进行了快速部署。

紧接而来的另一个灯塔客户是一家智能热水器公司。该公司由于系统割裂、数据不通，导致客服工作经常处于疲于奔命的救火状态，穿梭于各个系统之间。在选用联想魔方之后，这家公司拥有了全媒体工作台、运营报表等多种功能，形成了一体化的客户服务平台。这使得月均服务量明显上升，整体效率提升 69%。产品带来的不只是一种提高运营的方式，更重要的是思维启发。这家公司也接受了联想的"客户之旅"的方法论体系，加强用户体验的考核权重。这家热水器公司开始在接通率、一次解决率、用户满意度等方面下功夫，迈向客服的新台阶。这个灯塔客户不仅获得了魔方方案，也吸收了联想的服务理念，这可能是比智能化工具更有价值的事情。

第七和第八个环节通过更新迭代和规模化，释放出内生方案更大的潜力。魔方先天具备高度的中台化特征和灵活的组件组装能力。魔方与擎天引擎中的 AI 开发平台、区块链平台、大数据平台等技术中台的模块之间，都可以快速组合、封装，成为城市运营管理平台的核心能力模块。这些能力模块还可以进一步与混合云、边缘云、广域网和局域网，以及核心设备及商用物联网设备集成，打造出智慧城市解决方案，通过快速调度城市服务资源和赋能城市运营管理应用生态，城市智能化运营变得更加简单。

在泰州，这套规模化复制逻辑取得成功的落地实践。联想智慧服务为当地政府输出的城市应急管理平台，提供了以魔方模块为核心的硬件＋软件＋服务全套解决方案，从指挥调度到决策与会议终端，都可以确保重大活动和重大突发事件的应急指挥，不仅决策信息能够即时传输，还可支持多部门协同作战、协同指挥。魔方系统能够让城市应急管理系统"看得见，听得到，连得通，叫得应"。

6.3.2　跑通数字底座：以混合云 xCloud 为例

作为企业智能化转型的基石，混合云的构建是长期的战略性任务，涉及技术选型、产品研发、平滑迁移、管理协作等诸多工作。这对于任何企业的 IT 团队来说，都是不小的挑战。无论是公有云，还是私有云，其实都包含了多种品牌、多种使用场景。不同的云往往用来完成不同的任务，这使得混合云的应用非常普遍。如果粗略地区分，可以认为公有云是服务，私有云是产品，而混合云则是解决方案。相对来说，混合云更考验供应商的顶层设计经验和整体交付能力。

联想混合云 xCloud 作为擎天引擎中的新 IT 基础设施和数字底座中的根基，源自联想自身的内生实践。在内生外化的转化机制下，各能力模块都实现了全面的外化，成为联想方案服务业务中极为亮眼的战略新兴业务。混合云解决方案 Lenovo xCloud 如图 6-3 所示。

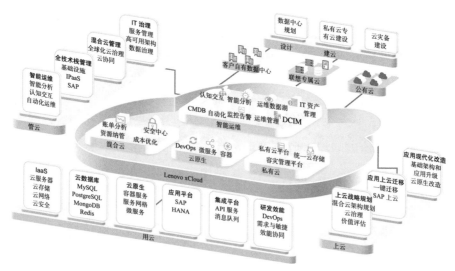

图 6-3　混合云解决方案 Lenovo xCloud

1. 内生打磨产品和方案，完成价值验证

联想混合云 xCloud 的诞生是基于内生沉淀的成果，一开始就孕育着产品化的基因。这个产品家族拥有四大能力，包括 IaaS 私有云平台、云原生平台、多云管理平台和智能运维平台，同时配套多种服务和解决方案。

- IaaS 私有云平台。Lenovo xCloud IaaS 私有云平台是联想混合云战略的基石，是实现基础架构现代化的关键能力，可以满足业

务在智能化转型中对多元弹性算力的核心诉求。图 6-4 所示为
Lenovo xCloud IaaS 私有云平台总体架构，可以满足客户资源动
态扩缩容、集群化智能调度，以及多租户、运营运维、安全可靠
等企业级特性需求；同时可以大幅提高 IT 基础设施的利用率和
运维效率，降低成本。

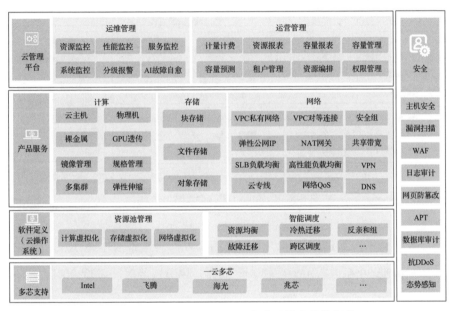

图 6-4 Lenovo xCloud IaaS 私有云平台总体架构

- 云原生平台。联想云原生平台是面向未来应用的核心使能者，是
基于开源技术的自研产品。图 6-5 所示为 Lenovo xCloud 云原生
平台，核心组件包括容器云平台、DevOps 平台和微服务平台，以
及一系列的云原生中间件，能够提供企业级开发生产环境及能力。
它充分支持敏态与稳态的"双态 IT"模式，支持互联网应用和企
业应用的充分解耦化，实现跨云分钟级部署及开发者的一致体验。

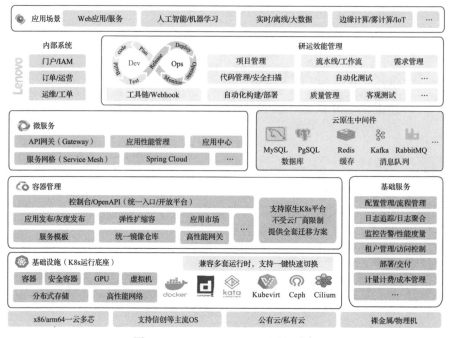

图 6-5　Lenovo xCloud 云原生平台

容器云平台帮助联想平均节省应用开发部署运维成本超 30%，运维工作量降低 80%，应用故障率降低 50%，故障恢复时间降低 90%。

DevOps 平台是对研发过程进行全生命周期管理的工具链平台。在"加速上云"项目中，DevOps 平台在应用的云原生改造中发挥核心作用，具备应用开发统一管理全程可控、全面实现软件供应链安全、支持企业级生产环境、落地"平台工程"理念等核心优势。实践数据显示，使用 DevOps 平台后，代码质量显著提升，敏态应用 bug 总数下降 82.4%，由小故障引起的宕机时间减少 95.6%。联想对代码的管控力度进一步增强，DevOps 平台覆盖 100% 敏态应用代码，实现 100% 敏态应用代码集中存储。项目迭代时间从三个月缩短至一周，其中测试周期缩短

60%，这使得联想 DevOps 平台在两年半时间内实现 70 万次代码发布。

微服务平台是管理众多微服务架构的应用平台，提供服务注册发现、分布式配置、API 网关、熔断容错、分布式监控等基础服务，除此之外，还提供 API 认证和授权、多集群管理、服务市场等企业级增强功能。随着在联想内部大规模使用，微服务平台已经支持超过 4000 个微服务、超过 300 个敏态应用、1200 台物理服务器。借助微服务平台，联想单一集群架构的服务组件共享能力提升 40%，服务交付速度提升 12%，资源利用率提升 28%，开发成本降低 30%，服务可用率提升至 99.95%，实现企业级而非开源级生产环境要求。

- 多云管理平台。多云管理平台是混合云的管理中枢，多云管理平台功能图如图 6-6 所示，可以提供一致性的用云体验，实现异构环境下的多云统筹纳管与优化、资源纳管与编排、成本管理及优化等核心功能。

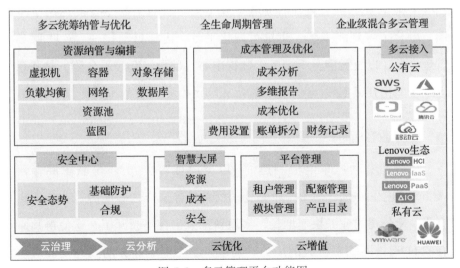

图 6-6　多云管理平台功能图

多云管理平台是联想混合云整体解决方案中不可或缺的关键组件，可以有效管理企业的数据和应用。基于成本、安全、性能的考量，企业可以拥有更广泛的选择空间。这种管理方式更加方便灵活，可以避免对某一种品牌的云锁定，使得数据更安全。联想多云管理平台已经能够接入并纳管国内外主流公有云服务，支持多种类型的私有云。通过云财务管理 FinOps（Finance 和 DevOps 的综合体），企业的云财务结算时间从 2 周缩短到 1 小时，云成本达到 50% 的节省。而良好一致的用户体验使服务效率提升了 70%，用户满意度提升了 30%。

- 智能运维平台。智能运维平台在联想混合云体系里承担着两项重要任务：一方面为私有云平台、云原生平台和多云管理平台提供共享的运维服务和共享的 AI 能力；另一方面则作为独立产品，为联想及外部企业提供全栈智能运维解决方案。

联想的智能运维是基于联想复杂的新 IT 架构、全球化的服务布局，以及专业的业务流程内生而成的。图 6-7 所示的是联想智能运维全景图，融合了可观测平台、运维可视化平台、运维自动化平台、IT 服务管理平台，以及智能分析服务、数据中心基础设施管理平台等，是联想运维智能化升级实践经验的结晶。

2. 打造灯塔客户，复制外化

某头部电动汽车电池制造商（以下简称 N 公司），是联想混合云 xCloud"内生外化"的第一个重要的受益伙伴。作为新能源行业的领头企业，N 公司的业务快速增长，多地新工厂也在不断开工，这使得其原有的 IT 运维面临着巨大的压力。其中，动力电池业务的高速发展对生产相关的核心系统的连续性有着极高的要求，电池制造过程的动态响应时间往往是毫秒级，这对于数据的交换要求很高。系统一旦停机，就会造成众多物料损失、交付延迟惩罚、产线停工、质量波动校验等系列重大问题。IT 系统宕机一小时，损失可能高达千万级人民币。

统一运维门户

服务目录	在线报障	单据管理	审批中心	知识查询

公共服务（Governance）	可观测平台（Hubble）	运维可视化平台（Insight）	运维自动化平台（AWP）	IT服务管理平台（ITSM）
租户管理	数字体验监控	大屏项目管理　场景模板库	自动化运维场景	工作台
产品管理	应用性能监控	低代码引擎　数据源管理	安装&部署&升级　日常配置	智能运维机器人
认证管理	基础设施监控（统一告警）	运维数据湖（Ops Data Lake）	资源巡检　备份&恢复	服务请求　故障管理
权限管理	带外硬件监控	数据集市	文件管理　超算运维管理	变更管理　问题管理
通知管理	日志监控	数据洞察	自动化引擎	任务管理　知识管理
日志审计	监控告警集成	数据存储（数据模型管理）	脚本管理　任务编排	流程管理
		数据处理	定时任务　RPA	服务SLA
		数据接入	基础资源纳管	
			资源的安全远程访问	
			录屏审计　高危拦截　账密托管	

智能分析服务（Analysis）

容量预测	智能调度	智能推荐	健康度分析	异常检测	根因分析	故障预测	事件降噪

配置管理数据库（CMDB）

配置信息建模	自动发现	配置信息管理	数据集成及调和	数据质量管理	资产管理	生命周期管理

数据中心基础设施管理平台（DCIM）

数据中心设备管理	3D 数据中心	数据中心监控及预警	数据中心运维流程管理	数据中心运营报表

图 6-7　联想智能运维全景图

为了帮助 N 公司提升 IT 系统的稳定性，联想向其提供了整体 IT 运维解决方案，实现了终端基础设备统一化管理，协助其升级基础架构。

与此同时，联想提供了内生成长起来的混合云 xCloud 方案，引起了客户的深度兴趣。联想通过咨询切入、与客户共创、输出经验和落地方案，协助 N 公司打造了包括自动化运维平台、配置管理平台、网络自动化平台和容灾管理平台等在内的一系列云化环境下的产品和解决方案。除此之外，联想还帮助 N 公司建立了面向新型全球化数字底座的 IT 联合运维。

对于数据保护灾备体系，N 公司有着极高的要求。由于早期 IT 体系的容灾两级设计，N 公司一开始并没有考虑到跨地域的双活问题（应用双活、网络双活、数据双活等），无法满足企业 IT 系统的健壮性要求。而 N 公司提出要建成达到国际灾备标准高级别 7 级双活的数据中心，这是一个巨大的跳跃。

联想决定采用 xCloud 来解决这个难题。但第一步的挑战，则是如同崇山峻岭般的数据。N 公司的数据种类很多，软件系统源自不同阶段的开发，而原来的设计思路往往已经无法寻找。尽管系统一直在运行，数据之间一直在进行交互，但是这些交互关系却在一个错综复杂的"迷宫"中穿梭。

联想数字化技术团队只能从网络上将数据跑动的流向进行镜像，然后反向编译，检验两个应用之间的数据关系。本来应该是透明的白盒数据规则，现在变成了一个不可知的黑盒数据。联想数字化技术团队不得不通过不断的镜像和测试，反向模拟推演。通过这种通信兵接线的方法，团队最终将各种复杂的数据线索整理成一张完整的数据拓扑图。

当数据治理完成之后，联想的 xCloud 双活云就可以作为云基础设施，支持 N 公司打造国际灾备标准高级别 7 级双活数据中心。N 公司的近十套核心系统全部实现了端到端的应用级跨数据中心的双活架构。通过双活数据中心，N 公司不仅能够节约 40% 的人力资源投入，而且可以实现高敏捷性和高弹性。这种双活数据中心可以同时承担业务负载，实现重要业务的零中断，从而使得系统可靠性显著增强。

当一个数据中心出现问题和宕机时，N 公司可以从另外一个数据中心恢复业务，不同行业不同企业的要求有所不同，N 公司的灾备需要是分钟级的。为此联想与 N 公司一起完成了双高数据中心（符合高敏捷、高弹性的要求），充分满足了 N 公司对于稳态 IT 系统和敏态 IT 系统的不同需求。

3. 外化反哺内生，实现内生外化的循环往复

企业的能力需要向顶级客户看齐。外化是知识反哺的过程，也是在寻求外部标杆以提升自我的力量。联想跟客户实现同步升级，这正是"莫比乌斯环"自我成长的魅力。xCloud 在顶级客户得以深度应用，并非孤例。一个企业无论是业务复杂，还是要覆盖不同的国家地区，或者要应对市场环境的多变，往往都需要建立一种敏态和稳态兼顾的新的 IT 基础设施，以敏捷、韧性来应对外部环境变化。而这种能力需要可靠的混合云架构来保障。这带来了全新的商业机会。当联想这样的以服务为导向的企业的数字底座的内生功力变强时，已有的解决方案和经验完全可以对外帮助客户。xCloud 混合云方案就是这样成为新的业务。

6.3.3　跑通管理思想：以智能化支撑全球化战略为例

联想多年征战全球化和多元化业务的经验，随着越来越多中国企业开启新型全球化战略，也开始在客户面前展现出巨大的外化价值。这种经过全球市场检验的数字化、智能化能力，以及成熟的全球化新 IT 架构，对于很多希望走出国门的企业来说，显得弥足珍贵。

　　尽管看上去，全球化和智能化并没有必然联系，但有了智能化的手段，管理者可以从容地在全球视野下进行全价值链运营管理。智能化转型正越来越成为实现全球化战略的核心抓手，成为志在全球卓越的企业的必经之路。联想在多年的全球化征途中，早已熟知全球各个国家和地区法律、政策、市场、文化、生态环境等方面的特点，通过长达近20年的努力，实现了全球数字化平台的和谐统一。这些数字化旅程过程中的每一份经验和每一次教训，对其他企业而言与数字化方案本身同样珍贵。

　　如何进行全球工厂的布局和管理以应对复杂的跨国生产运营的挑战，是每个全球化企业都要面临的问题。企业既要熟悉全球风俗文化、供应链特点的不同，又要实现持续的降本增效和韧性发展。当企业在全球布局时，如果依然采用两套甚至一厂一套的系统，则很难形成全局合力。当有更好的数字化平台、智能化技术和敏捷柔性运营能力时，全球制造资源就容易实现统一调配，对工厂运营的实时感知能力也会大幅度增加。联想通过一套跨越全球各大洲的智能供应链平台，轻松调配各地的产能，展现出巨大的韧性。这是各个工厂各行其是的多套IT系统难以做到的。

　　联想的经验可以复制。联想在全球业务智能化建设过程中，为了应对"无人区"的挑战，自主开发出大量的自研技术中台和业务平台，以及众多数字化、智能化应用，可以让很多商业套件在智能化时代发挥出更大价值。这些都是联想用金钱和时间才换回来的经验。联想曾经踩过的坑，客户就不必重蹈覆辙。联想的实践经验和参考方案让打算走向全球市场的企业大大缩短推动智能化转型的周期。这也意味着投入费用会下降，一次性成功率更有保障。有了外部经验的注入，企业在业务继续快速发展全球布局的过程中，可以同步实现智能化转型。

进一步地，企业全球数字化、智能化的挑战，不仅是系统迁移和整合，也穿插了文化冲突与妥协的智慧。在日本整合 NEC 计算机的商城平台，最后就成功实施，只有对全球化下的区域差异化有着深刻理解，才能快速实现 IT 系统的切换。借助联想在美国和欧洲的经验，以及成熟有效的电商平台，联想最终说服日本管理者向最优实践靠拢。这本身就是一个文化交流与融合的过程。大量的解释和沟通必不可少，而技术实施反倒是相对简单的环节。联想的电商平台在外化输出方面已经具备足够的实力，而它的全球化经验则起到了重要的加速器的作用。

联想积累起来的全球智能化转型经验，不仅让被并购公司收益，也开始得到更多行业客户的认可与采纳。例如，联想在庞杂的应用系统连续运行的同时完成全球统一的数据治理和大数据平台的建设，具备很强的行业共性。在与某重型机械装备制造集团的合作中，联想将分散在 100 多个不同应用的数据汇总到一起，近一年内就产生了超过 1.2 万亿条数据。后来该集团的工厂整体效率提升超 30%，产能提升 50%，人力需求减少 60%，场地压缩 30%。再比如，联想面向全球的 IT 智能化运维能力也得到客户的认可与采纳。某家电行业龙头随着海外业务增长迅猛，全球 IT 运维面临空前挑战。联想 IT 团队协助该集团，依托全球化下的内生经验和方案，与客户共同制定能满足全球运营要求的战略规划，为其海外 16 个国家和地区的用户提供 7×24 全天候运维服务，用自身既有经验快速解决美的 IT 运维团队的问题，并通过持续改进方案化解各类 IT 运维难题。

6.4 固化内生外化组织和机制

莫比乌斯环式的内生外化机制简洁明了，各团队也都按照相似思路实践内生外化。然而，真正的组织和机制还需要严谨定义，只有规范化固化组织，才能够让内生外化成为核心组织能力。具体而言，这包括重新定位 IT 部门价值、创建智能化转型培训与咨询组织、刷新解决方案规划与研发流程等三个方面。

6.4.1 重新定位 IT 部门价值

联想服务部门的实践具有很强的先导性作用。早在 2017 年，联想就在原来传统的售后服务部门基础上率先成立了服务事业部，探索围绕客户的服务导向的业务变革。服务事业部在独立成为业务单元的几年中，通过不断复用自身服务能力，逐渐从设备服务拓展到 IT 运维服务，最后发展成一个独立的系统集成及方案服务部分，在连续跨越式跳高的基础上，还取得了连续多年超高速增长的亮眼成绩。这让大家看到了智能化转型之下，服务所具有的独特魅力。有了成功样板，几年之后，根据联想的 3S 战略，公司将散落各处的服务业务整合，成立面向全球的方案服务集团——SSG（Solution Service Group）。SSG 作为新 IT 时代以客户为中心理念下的第二增长曲线来培育和发展，专门服务客户数字化、智能化转型的方案与服务需求。这也符合联想公司的服务为导向的转型战略。

与此同时，内生外化的思想也在彼时完成了从讨论、探索、实践到创造业绩的初步成功，这给了联想管理团队足够的信心。为了更好地实现外化服务，联想的 IT 部门发生了重大的变化。联想将庞大的 IT 团队全部整合到 SSG, 成为方案服务业务的部门, 成为 SSG 高速增长的研发与交付主体。

在传统概念里, IT 部门通常是一个面向内部提供服务的职能部门, 往往会以成本费用中心出现。而此次调整后, IT 组织已经转变为价值创造中心。它既服务企业内部的智能化转型, 也要满足外部客户的数字化与智能化转型有关的开发、交付与运维需求。由于 SSG 负责为各行各业提供解决方案, 而整个 IT 部门的加入大幅度提升了 SSG 对外服务的品质。内部大量实践所沉淀的实施经验, 以及数字化、智能化平台和实干派技术人才, 让联想的第二增长曲线变得更加健壮。

对于变革后的 IT 部门负责人而言, 开始同时担任两个角色: 联想首席信息官和新业务首席技术官。前者继续汇报给联想 COO, 把联想作为最大客户继续提供智能化服务; 后者则向 SSG 总裁汇报, 服务 SSG 的外部客户, 更加专注于客户构建未来数字化和智能化技术的需求。这对于首席信息官这样一个多年存在的岗位而言, 内涵发生了巨大的改变。IT 部门开始采用市场化、标准化的客户服务流程来同时服务联想和外部客户, 只有这样, 才能保持内生外化一体化高效运转的状态。

组织变革后, 每次在进行联想内部数字底座、业务中台及应用系统开发时, 已经归入 SSG 的 IT 部门和联想内部的智能化转型部门都需要回答一个问题: 未来该数字底座、平台或应用能否给更多的外部企业使用? 如果能, 则加大投资, 打造零号客户案例, 随后启动外化; 如果不能, 则以最经济的手段, 借助外部优秀企业的方案解决联想内部的数字化、智能化建设需求。

6.4.2 创建智能化转型培训与咨询组织

在实践的基础上，联想深刻体会到一家企业的智能化转型是一个有章可循的阶段性过程，首先要从企业战略分解出智能化转型战略，然后设计出实施规划，在完成顶层设计之后，才会进入具体项目的选型与实施以及动态运营和运维，最后需要根据执行情况来完善和迭代智能化转型战略。联想在这个完整的历程探索过程中，积累了各个阶段丰富的实践经验，沉淀出诸多经实践检验的方法论。联想新的组织也开始孵化。

为了进一步加深外化的服务，联想先是成立了致力于智能化技术、实践与管理培训的全球学习中心，随后成立了致力于为企业提供智能化转型咨询服务的联想禾木咨询。全球学习中心和禾木咨询代表了理论和实操的双重驱动，这意味着联想的转型实践已经被提炼为通用知识和方法论，为企业研讨和制定智能化转型战略提供更多支持。

联想全球学习中心兼具三大使命：一是赋能企业成长，助力企业智能化转型，创建竞争优势；二是提高国际化管理、智能化转型等业务的实践能力；三是加速人才发展，培养具有国际化视野的管理人才和智能化转型技术人才。全球学习中心既为联想内部战略、文化、业务和人才发展提供有力支撑，也通过分享前沿洞见和实战经验，为业务伙伴及企业持续赋能。联想全球学习中心下设智能化转型研修院、科技赋能研修院、销售赋能研修院、管理与文化研修院和人才发展研修院，全部围绕智能化转型而来。经过多年的打造和持续的经营，全球学习中心不仅建立了完善的内部人才培训体系，还结合自身最佳实践总结经验，沉淀方法论，打造了专业的讲师队伍，为对外赋能夯实了基础。

联想禾木咨询则在引导企业进行智能化转型方面跨出了一大步。与普通咨询不同的是，禾木咨询高度倡导以智能化转型价值为导向，战略共识为引导，在这个基础上，为企业提供智能化转型相关的战略规划、业务智能化运营规划以及数字底座技术规划在内的咨询服务。禾木咨询提供的转型咨询旨在创造四大独特价值：一是新 IT 架构，倡导按照"端－边－云－网－智"的新 IT 架构，充分考虑智能化带来的生产力变革；二是实战派，联想将自身的转型实践经验充分开放共享，为客户提供最真实的实战建议；三是一体化，联想倡导咨询与方案一体化，咨询以企业智能化转型全旅程为服务对象，充分考虑咨询成果的落地可行性，与解决方案做好充分衔接；四是伙伴式，建立与客户之间的全周期服务伙伴关系，提供持续的顾问式服务，动态解决转型难题。

6.4.3　刷新解决方案规划与研发流程

为了将统一的"擎天引擎"落地到实际的内部实践和对外解决方案业务中，真正形成从内生到外化再到内生的正循环机制，联想大量聘请外脑进行自我改造。很多知名咨询公司协助联想，共同推进"解决方案能力中台"项目，力求理顺"内生外化""外生外化"的流程，基于自身实践，形成解决方案的差异化。在这个过程中，联想形成了一套完整"内生外化"的管控方式和组织流程，成功地打造了以客户为中心的解决方案业务运作模型。刷新解决方案规划与研发流程如图 6-8 所示。

一方面，联想通过需求管理来触发内生外化和外生外化的持续成长机制，构建内生外化和外生外化研发体系，将来自既往项目的外生需求与主动规划和 IT 新开发的内生需求，通过需求管理进行统一；同时灵活剪裁，基于需求成熟度与紧急性灵活决定解决方案规划与开发流程起点，已有技术和经验沉淀的解决方案可进行快速定义和开发，以快速响应市场。

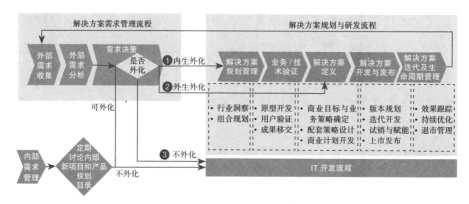

图 6-8　刷新解决方案规划与研发流程

另一方面，联想打造端到端的解决方案规划与研发流程，针对内生需求和外部客户需求两大需求，建立闭环流程，打造端到端的解决方案规划与研发流程，制定关键点决策机制，设置四大关键决策点，进行集中决策，对阶段产出进行评估和把控，明确各阶段的资源投入。

经过标杆企业对标学习、内部反复研讨和细化设计，联想逐步形成了市场与技术双轮驱动、内生外化与外生外化相互配合、端到端的解决方案规划与研发流程。这个标准流程可以针对不同情况进行剪裁，灵活快速响应市场／客户的需求。

在重新调整和定义的 IT 部门的推动下，在智能化转型培训与咨询部门的加持下，在内生外化一体设计的解决方案规划与研发流程的保障下，莫比乌斯环式的内生外化机制得以进一步提速。联想自有 IP 的解决方案不断积累，灯塔客户陆续生长出来，各类内生方案在各行业内的复制速度不断加快，在方案服务业务群组中的收入占比快速攀升，成为增长速度最快的业务之一。

智能化转型是一个长期过程，但也有起步的基本门槛。它不仅需要在战略上形成共识，还需要逻辑严密、前后一致的行动方案，也需要建立面向整体业务的数据治理体系和基于数据驱动的数字底座。这样的基础设施是必不可少的。只有完成前两者的基本认识，企业级的整个全价值链的业务转型才能真正发挥最大的价值。这期间，企业要格外推动思维的变革，重新适应智能化时代的新要求。当整个企业的各个组织、各个人员都被智能化文化所包围时，智能化转型才会产生新的裂变能力。新的业务模式出现了，联想也进入收获"第二成长曲线"的新篇章。千行百业的客户也可以从联想自身的实践获得加速奔跑、快速转型的经验，这正是"以客户为中心"的精髓。智能化转型正大步跑在路上。

结语　全栈 AI 加速智能化转型

联想的智能化转型至今已经历了七八年的时间，现在依然行走在这条道路上。而人工智能起到的作用正在越发凸显，人工智能必将给社会和企业的发展带来更多、更深刻的影响。

从产业发展角度来看，全球人工智能市场规模已经达到数百亿美元，并且呈现出快速增长的趋势。其中，中国人工智能市场规模增长非常迅速，成为全球人工智能产业的重要力量。人工智能的价值不仅体现在自身产业发展带来的经济增量，还体现在对其他行业发展的支撑作用。随着人工智能技术的成熟以及产品和服务的涌现，人工智能带来的经济社会价值也在持续释放。在可预见的未来，伴随着人脑仿生计算、虚拟助手、机器人、虚拟现实及增强现实技术的开发和应用，人工智能技术将嵌入更多的机器人与终端设备，改变人们的生产方式和生活方式。

从技术角度来看，人工智能技术的发展正处于快速成长阶段。2006—2022 年，自然语言处理、计算机视觉、语音识别和生成技术快速成熟，广度持续拓展，行业落地持续深化。进入 2023 年，GPT4.0 等人工智能算法"智能涌现"，提升了人们对通用人工智能能力的预期，大模型算法逐渐收敛到 Transfomer 及 Difussion 等算法为主的深度学习神经网络算法上，开启了人工智能的新时代。2024 年将成为 AI 大模型落地和商业化元年。尤其是智能体及大模型技术交织发展、加速落地，企业的智能化转型路径也必须更加敏捷快速。面向未来，量子计算、类脑芯片等核心技术也将走向前台，这些技术的突破都将有力推动人工智能核心技术的不断演进，让人工智能带给人类未来更多的想象。

从应用角度来看，数字经济给人工智能的创新发展提供了更多的应用场景。在医疗领域，人工智能技术正在帮助医生进行疾病诊断、辅助手术等；在金融领域，人工智能技术已经应用于风险评估、投资决策等；在教育领域，人工智能技术可以为学生提供个性化辅导、智能评测等；在交通领域，人工智能技术开始协助交通管理部门进行交通流量调控、路况预测等；在制造领域，人工智能技术正在提高生产效率，保证产品品质。在应用过程中，人工智能提供了更好的技术支持和解决方案，加速推动这些领域的创新和发展。

人工智能的概念在 1956 年被首次提出。随着时间的推移，人工智能技术逐渐发展成为一门独立的学科，涉及机器学习、自然语言处理、计算机视觉等多个领域。如果说 2022 年前，人工智能还处于弱人工智能（在特定领域等同或者超过人类智能或效率的机器智能）时代，那么 2022 年，ChatGPT 的问世就给了人们极大的惊喜和震撼。ChatGPT 的性能和使用体验远超预期，上线仅五天用户数就突破了 100 万，上线两个多月日活破亿，这是之前任何一款应用都无法做到的，甚至是无法想象的。ChatGPT 的成功源于通过大模型突破了 AI 瓶颈，在技术上是弱人工智能走向强人工智能的重要节点。这也预示着人工智能发展至下半场，强人工智能时代即将到来。未来，我们将看到更多的创新应用出现。例如，智能体将在更复杂的任务中表现出更高的性能，更智能的机器人将在生产和生活各个领域中发挥更大的作用，更高效、更环保的能源利用和管理将得到实现等等。

联想一直是 AI 技术的探索者和实践者。在生成式人工智能、大模型掀起新一轮人工智能应用热潮时，联想早已经开始践行 AI for All 的企业理念。为此，联想打造了全栈智能的产品和方案服务，包括 AI 内嵌的人工智能终端、AI 导向的基础设施、AI 原生解决方案及服务等。

联想的全栈智能战略框架与时俱进，已经完全嵌入了大模型的力量，主要体现在以下方面。

- 在智能终端方面，内嵌 AI 算力和个人智能体系统（简称天禧 AS）成为最显著的趋势。实践证明，人工智能要真正落地，就要从云端走向终端，以混合式人工智能的架构普惠千家万户，以大模型为核心的个人智能体离不开终端设备的承载。

当 AI 遇到 PC 时，二者珠联璧合。大模型自然语言交互、意图理解、多模态创作和生成的能力，与交互功能丰富、强生产力平台、本地大存储、强安全、算力强劲的 PC 具有很强的匹配性。这让大模型在端侧部署成为一种"天然"的需求，PC 也成为大模型在终端侧价值显现的第一个舞台。部署在 PC 上的个人智能体与用户本地知识库相结合，逐步展现其个性化的服务能力。在需求拉动和产业推动之下，AIPC 也将掀起 PC 领域新一轮的变革浪潮。联想正在朝着这个方向努力，试图把人工智能技术带给每一个人，并让它变得触手可及。

在终端侧运行大模型及个人智能体将加速终端智能化的发展。例如，AI 大模型和个人智能体部署于智能体可以避免对网络的依赖，减少数据传输的延迟，从而更快地对输入的数据进行处理和反馈；内嵌 AI 大模型及个人智能体的终端设备可以实现完全的自然交互，准确理解用户的意图、分解任务、调用 AI 应用生态提供的丰富工具和本地个人知识库，提供广泛、私密和个性化的服务；终端的智能化避免了用户按月订阅云端 AI 服务的订阅费用，对用户而言，具有更低的使用成本。可以看到，用户正在期待着 AI 大模型及个人智能体、个人知识库及 AI 应用生态给 PC 带来更智能、更富有创造力和更具个性化的创新体验。大模型及个人智能体部署于终端，必将催生 PC 产业的又一次大升级，催生全新物种——AIPC，而 AIPC 也将成为"个人 AI 助理"，并最终成为"个人 AI 双胞胎"。

- AI 大模型对基础设施也提出了新的需求，即更高性能的硬件集群、对大规模集群管理和性能调优的能力、对数据预处理和模型处理的能力等。例如，大模型训练阶段需要多 GPU 互联训练服务器、全闪企业级高速存储、高速 IB/RoCE 网络等，大模型推理阶段又对推理服务器、分布式存储（软件定义存储）提出了更多的要求。联想通过性能调优、拓扑设计、可靠性设计、液冷设计等手段实现了 AI 基础设施的高性能、高稳定性、高能效。

为了更好地支持 AI 大模型在企业端落地，联想对基础设施进行了全面升级。首当其冲的是服务器。服务器是算力的基本载体和硬件根基，传统服务器主要由 CPU 提供算力，CPU 可以用于执行通用的计算任务和数据处理，而 GPU 和 NPU 更擅长大规模的并行计算，可以用于执行神经网络计算任务。因此，随着 AI 应用逐渐走向规模化落地以及 AI 并行计算需求的迅猛增加，传统 CPU 服务器处理能力已不能满足需求，AI 服务器呼之欲出。AI 服务器是一种能够提供人工智能计算的服务器，可高效处理人工智能应用中繁杂的计算任务，大幅提升效率。AI 服务器与通用服务器组合搭配，形成了丰富的算力模式。

算力模式的丰富组合进而带来了异构算力统一管理和调度的难题。联想正在通过异构智算平台帮助联想自己和外部客户统一纳管各 GPU 服务器的硬件资源，管理不同软件栈之上的计算任务调度，实现动态资源调整，进行 GPU 资源池化，统一监控计算资源的可用性和使用率。

- 大模型时代的企业应用架构和智能化转型需求也在发生变化。大模型使通用人工智能成为可能，正深刻改变着企业的应用架构。大模型出现之前，智能算法需要针对具体的场景进行数据标注、算法设计、训练优化的完整过程，每个 AI 模型只能完成特定任务，业务应用系统按需调用 AI 模型；大模型出现之后，预训练的大模型已经具备一定的"通用能力"，成为"AI 底座"，算法开发分成预训练和场景微调两个独立环节，产业开始呈现出明确的"产业分工"。一方面，企业和应用开发者无须从头训练，基于 AI 底座微调即可，这大大加速了 AI 应用的上线流程；另一方面，大模型作为企业的大脑，自动理解意图、计划分解，而企业原有应用系统变成被大模型调用的原子能力，配合大模型完成多种任务。

在这种架构革新的趋势下，企业大模型的建设和服务、智能体开发和运营平台成为企业智能化转型的新需求。联想打造了 AI 原生的方案及服务，帮助先锋企业客户完成大模型技术支持下的智能化升级。

联想在升级后的擎天引擎 3.0 中形成了由企业大模型驱动、智能体为核心的新架构。企业大模型是以基础大模型为基础，通过企业内部数据微调，形成的企业私有的大模型。以企业大模型为基础开发的通用业务中台具有"自然交互、意图理解、任务分解"的能力，能够像"双胞胎"一样协助企业调用内外部各种系统能力，简化流程，自动完成一系列任务，从而提高效率。

"擎天引擎 3.0"架构中的技术中台主要强化了 AI 开发平台和智能体开发能力。联想用智能体（尤其是营销、销售和服务智能体）重构了业务中台。联想也会依托在构建智能体过程中积累的工具、沉淀的 know-how 和服务能力，与合作伙伴一起，共同为各行各业提供行业智能体的方案和服务。

联想自己的企业大模型已经在建设之中，依托这个大模型的能力，以及联想内部私有的知识，开发了多个"智能体"应用。智能体几乎全知全能，销售人员、销售管理人员、产品市场营销人员乃至合作渠道商都能够通过自然语言的方式与之对话，直接获取市场、企业、客户、产品、政策等方面的信息。

针对外部客户，联想可以为企业提供模型训练 / 微调和部署服务、企业知识库部署服务、企业系统与大模型集成服务、智能体开发平台方案等，助力企业建设企业大模型和开发智能体，并提供与智能算力一体化的交付。企业将基于联想提供的基于人工智能的服务，快速建设企业自己的企业私有大模型和"企业智能体"，上线内部企业助手等多种 AI 应用，大幅提升企业经营价值，加速自身业务创新。

在智能化转型工作中，联想深耕全价值链，在广泛的业务范围内深入展开，不仅塑造了联想智能化转型的骨骼，也对外输出了智能化转型的服务。在这个不算太短的时间里，人工智能已对联想多个领域产生了深远的影响。AI 的应用还在不断加深，且每天都有新变化，AI 力量源源不断地注入联想的智能化转型。这种成功的实践证明，要坚信 AI 的力量，积极探索，一定能够收获智能化转型的丰硕成果。